Nevill Drury

Magie für den Alltag

Wie Sie die magischen Traditionen
für Ihr Leben nutzen können

Aus dem Englischen von Dietrich Ruhn

atmosphären

Die Originalausgabe erschien 2001 unter dem Titel
Everyday Magic – Affirmations, Meditations and Magic
bei Simon & Schuster, East Roseville, Australien

Der Atmosphären Verlag und der AT Verlag sind Unternehmen der AZ Medien Gruppe

Umschlaggestaltung: Greenstuff, Iris und Jochen Grün, München
Lektorat: Diane Zilliges, München
Satz: AT Verlag / AZ Fachverlage, Baden, Schweiz
Druck und Bindearbeiten: Kösel, Krugzell
Printed in Germany

ISBN 3-86533-023-1

www.atmosphaeren-verlag.de
www.at-verlag.ch

Inhalt

Verzeichnis der Übungen

»Für mich ist die Welt unheimlich, weil sie überraschend,
Ehrfurcht einflößend, geheimnisvoll, unergründlich ist;
was mich interessierte, war, dich davon zu überzeugen
dass du Verantwortung dafür tragen musst, dass du hier
in dieser wundervollen Welt lebst ...,
in dieser wundervollen Zeit.«

*Der Yaqui-Schamane Don Juan im Gespräch mit Carlos Castañeda
in »Reise nach Ixtlan«*

Vorbemerkung zur deutschsprachigen Ausgabe

Die vorliegende Ausgabe des Buchs »Magie für den Alltag« von Nevill Drury basiert auf der 2001 in Australien bei Simon & Schuster erschienenen englischsprachigen Originalausgabe mit dem Titel »Everyday Magic«. Der Originaltext wurde nach seiner Übersetzung ins Deutsche in Zusammenarbeit mit dem Autor und mit dessen Autorisierung eingehend überarbeitet. Das Ziel war dabei, Text und Thema einem Publikum näher zu bringen, das der Magie prinzipiell interessiert und offen gegenübersteht, aber in der Regel noch wenig grundlegende Kenntnisse und keine praktischen Erfahrungen in diesem Bereich hat. Deshalb wurde der Aufbau des Buchs für die deutschsprachige Ausgabe leicht verändert, so dass er nun eher einer Schritt-für-Schritt-Anleitung entspricht. Zudem wurde der direkte Einbezug des Lesers verstärkt.

Den Schwerpunkt des vorliegenden Buchs bilden nun, mehr als zuvor, praktische Übungen, denen jeweils grundlegend inhaltliche Einführungen in die unterschiedlichen magischen Traditionen vorangestellt sind.

Die »zusätzlichen Texte«, die der Originalausgabe als Anhang beigefügt waren – insbesondere das »Buch der Visionen« –, wurden in der deutschsprachigen Ausgabe an verschiedenen Stellen dem Haupttext eingefügt. Im Gegenzug sind längere Erläuterungen zur traditionellen magischen Praxis des Temple of Golden Dawn und der Wicca gekürzt worden, da sie uns im Hinblick auf die neue Ausrichtung als »Einsteigerbuch« als unangemessen erschienen.

So bleibt zu wünschen, dass das Werk in der neuen Gestalt seinen Lesern tiefe Einsichten und wegweisende Erfahrungen bescheren wird.

München, Januar 2005 — Der Verlag

Vorwort

Die Magie bietet uns eine besondere Art, unserem Leben zu begegnen. In dem vorliegenden Buch geht es um magische Vorstellungen und Praktiken aus den unterschiedlichsten Weisheitstraditionen wie Kabbala, Wicca, Göttin-Spiritualität, Alchemie, Schamanismus und Tarot. Ich habe versucht, es möglichst allgemein verständlich zu schreiben, dabei aber die Magie so darzustellen, dass ihr großes visionäres Potenzial sichtbar wird.

Es ist einfach, die magischen Künste zu trivialisieren und sie lediglich auf eine Methode zur Selbsterhöhung oder Karriere- und Wohlstandsförderung zu reduzieren. Mit diesem Buch dagegen wurde der Versuch gemacht, die magischen Pfade unter einem weiter gefassten Aspekt darzustellen, das heißt zu zeigen, dass sie die Möglichkeit zu einer wahren Transformation der Persönlichkeit bieten, die über die Grenzen des einzelnen Individuums in einen größeren Kontext hinausreicht. Natürlich können wir es mit Hilfe der Magie nach unseren individuellen Ambitionen zu Wohlstand und Erfolg bringen, aber wahre Magie ist weit mehr als das. Die wahre Magie hilft uns, unser Gefühl für das Heilige wieder zu beleben. Sie verändert die gesamte Art und Weise, wie wir die Welt sehen, wie wir uns selber sehen, und die Art, wie wir zu unseren Mitreisenden auf den Pfaden des Lebens stehen. Sie zeigt uns, wie wir das spirituelle Potenzial, das in uns allen wohnt, entdecken und nutzen können, und sie öffnet uns dafür, die zyklischen und spirituellen Kräfte der Natur zu respektieren und zu verehren.

Ich habe versucht, etwas mehr als nur ein gewöhnliches Selbsthilfelehrbuch zu verfassen. Der vorliegende Text enthält zahlreiche magische Techniken und Visualisierungsübungen, so dass er Ihnen auf einer bestimmten Ebene auch einen praktischen Ansatz zur Entwicklung Ihres magischen Bewusstseins und Ihrer Fähigkeiten bietet. Vom ersten bis zum fünften Kapitel möchte ich Sie auf einem Pfad begleiten, der Sie mit dem magischen Weltbild, dem magischen Denken vertraut macht und Ihnen zunehmend wirklich spürbare und bereichernde Erfahrungen mit dem Praktizieren magischer Techniken ermöglicht. Ich hoffe, dass ich damit auch dazu beitrage, in Ihnen jenes Gefühl für Wunder und Verzauberung wieder zu erwecken, das in unserer modernen Welt fortgeschrittener Technologie und mechanistischer Komplexität so leicht verloren geht. Auch in dieser Hinsicht werden Sie hier, so hoffe ich, dieses oder jenes inspirierende Element finden.

Dieses Buch möchte zeigen, wie die Magie uns helfen kann, uns mit den Tiefen unseres psychischen und spirituellen Seins in Einklang zu bringen – die Gottheit in uns selbst zu entdecken. Die magischen Traditionen erinnern uns daran, dass wir alle als individuelle menschliche Wesen mit dem Geist des Universums verbunden sind. Es ist unsere Bestimmung, diese heiligen Bande zu erspüren und unseren Standort innerhalb des größeren Zusammenhangs zu erforschen. Somit bietet uns die Magie in Wirklichkeit einen visionären Zugang zu der Welt, in der wir leben. Wenn es uns gelingt, dieses Prinzip in unser alltägliches Leben einzubringen, dann praktizieren wir mit Sicherheit im besten Sinn *Magie für den Alltag*.

Nevill Drury

Einführung

Halten wir für einen Augenblick inne und stellen wir uns ein paar grundsätzliche Fragen über unser Leben auf diesem Planeten: Warum sind wir hier? Was bedeutet letztlich unser Dasein? Schnell werden wir uns eingestehen müssen, dass uns das Leben eigentlich ein völliges Rätsel ist. Wenn wir diese Fragen aufrichtig beantworten, muss die Wahrheit nämlich lauten: *Im Grunde wissen wir es nicht.* Und doch beruht so vieles in unserem täglichen Leben auf der Vorstellung einer klar umrissenen und spezifisch physischen Wirklichkeit – der Wirklichkeit der Welt, in der wir leben, der Welt, die wir erleben. Wir wissen, wie wir aussehen, uns kleiden und mit anderen Menschen verkehren. Wir wissen, welche Art von Arbeit wir gerade tun, welches Auto wir fahren, welche Musik wir hören. Wir wissen, welche Farben wir lieben und was wir im Restaurant am liebsten essen. Unsere Fähigkeit, mit der Computertechnologie umzugehen und die sich ständig ausweitenden Möglichkeiten des Internet zu nutzen, ist inzwischen für unsere persönliche Effizienz und sogar für unsere Selbstachtung von zentraler Bedeutung. Sie geben eine Webadresse ein und schon sind Sie Teil eines riesigen Netzes. Sie drücken eine Taste und sofort erhalten Sie ein Ergebnis. Sie scannen ein Bild – irgendein x-beliebiges Bild – und sofort können Sie es auf Ihrer Festplatte speichern und bearbeiten. Für die meisten von uns wird das tägliche Leben nicht nur immer schneller und immer effizienter, sondern es erscheint auch immer *fassbarer.* Wir denken und handeln, als hätten wir alles unter Kontrolle; wir glauben, wir wüssten selbstverständlich, wer wir sind und wohin wir uns entwickeln.

Aber das ist absolut nicht der Fall. Wie aber konnten wir zu so einem unbegründeten Schluss kommen?

Natürlich müssen wir von der Voraussetzung ausgehen, dass unsere Existenz real ist. Wenn wir das nicht täten, würden wir höchstwahrscheinlich den Verstand verlieren. Wenn wir uns auf einen Stuhl setzen, haben wir das Gefühl, dass er ein fester Körper ist. Wir wissen, dass wir uns, wenn wir mit hoher Geschwindigkeit an eine Ziegelmauer prallen, schwere, vielleicht sogar tödliche Verletzungen zuziehen. Die physischen Erfahrungen, die wir jeden Tag machen, erhärten die These: *physisch = wirklich.* Aber wie wirklich ist wirklich? Wie substanziell ist Substanz?

Wie klar definiert und fest umrissen sind materielle Gegenstände, darunter auch unser Körper? Und gibt es außerhalb der rein physischen noch andere Bewusstseinswelten?

Obwohl es in diesem Buch um Magie geht und wir uns schon bald ganz konkret den magischen Traditionen selbst zuwenden werden, ist die Antwort, die sich aus diesen Fragen ergibt, in hohem Maße auch ein Thema der Wissenschaft. Aufgrund der inzwischen längst etablierten Paradigmen der Quantenphysik – die die Wissenschaft ihrerseits an ihre entlegensten Grenzen führt – ist es eine erwiesene Tatsache, dass wir keineswegs so klar definierte und fest umrissene Körper oder Individuen sind, wie wir glauben. In einem strukturellen Sinn kann jedes auf dem Planeten Erde lebende, empfindungsfähige menschliche Wesen auch als einmalige Verschmelzung von Energie und Form betrachtet werden, und aus physikalischer Sicht enthält jeder unserer Körper mehr Raum als Substanz. Dies ist keine herabsetzende Bemerkung, sondern vielmehr eine Reflexion darüber, wie die Dinge sind – oder scheinbar sind.

Physikalische Wirklichkeit und das verschwindende Universum

Die meisten von uns halten unter Berufung auf die scheinbare Evidenz unsere Sinne nach wie vor an dem so genannten Kartesisch-Newton'schen Modell des Universums fest, das auf den Ideen der seinerzeit bahnbrechenden Denker Isaac Newton und René Descartes gegründet ist. In diesem Modell werden die Grundelemente des materiellen Universums als fest und letztlich unzerstörbar betrachtet. Descartes glaubte, dass Geist und Materie ihrem Wesen nach voneinander getrennt sind – dass Materie unbelebt und dass das Universum objektiv, das heißt unabhängig vom Prozess des Beobachtens wirklich ist. Dies nennt man die mechanistische Weltsicht.

Heute wissen wir jedoch aufgrund der Erkenntnisse der Quantenphysik, dass physische Materie auf subatomarer Ebene sich oft wellenförmig bewegt und in einem eher fließenden Zustand ist und dass die scheinbar festen Fundamente der physischen Welt weniger fest sind, als wir gedacht hätten und als es uns über unsere gewohnte sinnliche Erfahrung auch erscheint. Der berühmte tschechische Psychiater und Bewusstseinsforscher Stanislav Grof glaubt, dass sich die Autorität der mechanistischen Weltsicht – die Ansicht, dass die Welt ihrem Wesen nach fest ist – in dem Augenblick aufzulösen begann, als die Wissenschaftler erkannten, dass Atome ihrem Wesen nach leer sind. »In der subatomaren Analyse«, schrieb Grof, »verschwand die feste Newton'sche Materie. Was übrig blieb, waren Bewegung, Form, abstrakte Ordnung und Muster. Um mit den Worten des berühmten Mathematikers und Physikers Sir James Jeans zu sprechen, begannen wir uns mit dem Eindruck anzufreunden, dass das Universum weniger einer Maschine und mehr einem Denksystem gleicht.«[1]

Auf diese Weise hat uns die Quantenphysik zu einer völlig neuen Denkweise bezüglich unserer alltäglichen Existenz geführt. Außerdem hatte sie tief greifende Folgen für die Art, wie wir das menschliche Bewusstsein – und infolgedessen die unterschiedlichen magischen Bewusstseinswelten – betrachten. Die Quantenphysik hat aufgezeigt, dass sich Teilchen auf subatomarer Ebene in einem ständig fließenden Zustand befinden. Mit anderen Worten: In dem uns bekannten Universum gibt es keine festen und keine voneinander getrennten Bausteine. Der Quantenphysiker David Bohm, der noch mit Einstein zusammenarbeitete, hat ebenfalls vermutet, dass Geist (oder Bewusstsein) eine der Materie inhärente Eigenschaft ist.[2]

Nicht weniger faszinierend sind die psychologischen Implikationen der Quantenphysik. Die amerikanische Physikerin Danah Zohar setzt die Prinzipien der Quantenmechanik in direkte Beziehung zu einem Verständnis der *conditio humana* und gelangt zu der bemerkenswerten Schlussfolgerung, dass auf physischer Ebene auch der individuelle Organismus – das persönliche Selbst oder Ich, dessen wir so sicher sind – einem ständigen Wandel unterworfen ist. So ist es zum Beispiel eine interessante Tatsache, dass sich die Neuronen des Gehirns und die Zellen des menschlichen Körpers alle sieben Jahre vollständig erneuert haben. Worauf bezieht sich da, fragt Danah Zohar, unser Gefühl von Ich und Individualität? Wenn der individuelle Mensch »wirklich« ist, was hält ihn dann zusammen? Jeder von uns ist ein Organismus, der aus Milliarden Zellen besteht, von denen jede in einem gewissen Sinn ein eigenes Leben besitzt. Allein in unserem Gehirn bilden etwa zehn Milliarden Neuronen die reiche Tapisserie unseres Verstandeslebens. Und doch stellt sich die Frage: Wie kann, wenn unser Gehirn aus all diesen Myriaden Neuronen besteht, überhaupt die Vorstellung von einer »Person« entstehen? Wie fassbar ist dann eigentlich die Existenz dieser Person?

1 Stanislav Grof (Hrsg.), *Ancient Wisdom and Modern Science*, S. 10.
2 David Bohm, »A New Theory of the Relationship of Mind and Matter«, in: *The Journals of the American Society of Psychical Research*, Bd. 80, Nr. 2, S. 126.

Danah Zohars Schlussfolgerung ist die, dass sich Menschen genau wie subatomare Materie bald wie kleine Teilchen, bald eher wie Wellen verhalten und dass beide Zustände je nach der betreffenden Situation gleichermaßen möglich sind. Was wir als unsere Individualität – unser Gefühl der Eigenständigkeit, unsere Einzigartigkeit als Person – betrachten, ist gleichbedeutend mit der scheinbaren Eigenständigkeit eines Teilchens, während die Art, wie wir mit anderen und mit der Welt als Ganzem in Beziehung treten, eher die Merkmale einer Welle hat. Wenn wir den Menschen aus der Perspektive der Quantentheorie – mit anderen Worten: als ein »Quanten-Ich« – betrachten, treten beide Aspekte zu Tage. Auf diese Art betrachtet, meint Danah Zohar, ist »das *Quanten*-Ich [...] lediglich ein eher fließendes Ich, das sich jeden Moment verändert und entwickelt, sich bald in verschiedene Unter-Ichs trennt, bald mit einem größeren Ich vereint. Es ebbt und flutet, [bleibt] aber in einem gewissen Sinn immer es selbst ...«[3]

Dies ist in hohem Maße ein energetisches Modell dessen, was es bedeutet, ein Mensch zu sein. Ohne ein Gefühl der Ganzheit gibt es eindeutig kein Gefühl des Ich. Und doch wissen wir alle aus unseren eigenen Erfahrungen mit der physischen Welt, dass das menschliche Bewusstsein durch ein Gefühl ungebrochener, persönlicher Ganzheit und Kontinuität gekennzeichnet ist, das uns im Alltagsleben ein Gefühl des Zusammenhalts bietet. Danah Zohar glaubt, dass uns die Quantentheorie letztendlich zu der Erkenntnis führt, dass Bewusstsein entweder eine Eigenschaft der Materie ist oder dass Bewusstsein und Materie einer gemeinsamen Quelle entspringen. Alle empfindungsfähigen Wesen sind unausweichlich miteinander verbunden und teilen ein gemeinsames Schicksal auf diesem Planeten.

Aber was haben die Natur des menschlichen Lebens und die physikalische Wirklichkeit mit Magie zu tun? Die Antwort ist: Die Magie bietet eine energetische Weltsicht von der menschlichen Existenz, die von der These ausgeht, dass unser individuelles Gefühl von »Wirklichkeit« unmittelbar von der Ebene unserer bewussten Wahrnehmung abhängt. Wie wir sehen werden, gehören der physische Raum und der magische Raum dem gleichen Universum an und jeder dieser Räume ist seinem Wesen nach die Spiegelung des anderen.

3 Danah Zohar, *The Quantum Self*, S. 106.

Vergleichen wir nun, nachdem wir unsere wohlvertrauten Vorstellungen von der alltäglichen physikalischen Wirklichkeit in Frage stellen mussten, die Welt der Magie mit der Welt der Quantenphysik.

Wie wir gesehen haben, ist Materie nach den Erkenntnissen der Quantenphysik ihrem Wesen nach nicht fest, sondern sie besteht primär aus Raum und Gegenstände, von denen wir annehmen, dass sie fest sind, zeigen in Wirklichkeit die Merkmale von Wellen. Die Quantenphysik legt den Schwerpunkt eher auf ein Netz von Beziehungen als auf Vorstellungen von individueller Eigenständigkeit und dies führt uns zu der Sichtweise, dass auf einer primär energetischen Ebene alle Dinge innerhalb des bekannten Universums miteinander verbunden sind. Wie wir festgestellt haben, glauben manche Quantenphysiker auch, dass das Bewusstsein eine Eigenschaft der Materie ist. Aus dieser Sicht betrachtet, ist das Universum grundsätzlich *etwas Lebendiges.*

Das Faszinierende an alledem ist, dass sich die Paradigmen der Magie und der Quantenphysik in vielerlei Hinsicht sogar gegenseitig unterstützen. Seit der Altsteinzeit glauben nämlich die Schamanen – die frühesten Praktizierenden der visionären Magie –, dass alle Dinge innerhalb des bekannten Universums auf spiritueller oder energetischer Ebene miteinander verwoben sind und dass die Welt ihrem Wesen nach belebt ist. Von den Schamanen im Allgemeinen (und Schamanen sind noch heute in einigen Kulturen der Erde zu finden) wird die universale Lebenskraft als heilig verehrt und der Pfad des wahren Sinns wird durch das Erforschen eines Netzes von heiligen Wechselbeziehungen gefunden. Auch Magier sind Reisende in die Tiefen des Raums – wenn auch nicht in den äußeren Raum, den Physiker oder Astronomen untersuchen, sondern in den inneren Raum der Mystik. Durch das Erforschen von Trancezuständen und mystischen Bewusstseinszuständen haben es die Schamanen zu allen Zeiten der aufgezeichneten Kultur gelernt, den Pulsschlag der menschlichen Existenz zu erfahren. Und ihre Schlussfolgerung war dabei im Wesentlichen die gleiche wie die der Quantenphysiker gewesen: Der Kosmos dehnt sich nach allen Richtungen im unendlichen Raum aus, das Universum ist einem beständigen Fluss und Wandel – charakterisiert durch das universale Fließen von Lebensenergie – unterworfen und alles, was wir als menschliche Wesen erfahren, ist Teil eines universalen Stroms von Energie.

Die Magier aller Traditionen und Kulturen erkennen ebenfalls das wesentliche Einssein aller Dinge an und waren sich stets darüber im Klaren, dass bereits der Struktur des Universums an sich bewusste Intelligenz innewohnt. Magier wissen, dass auch in der materiellen Welt in energetischem Sinn alles miteinander verbunden ist. Wenn dies nicht der Fall wäre, würde die Magie nämlich nicht funktionieren. Denn sie arbeitet, wie wir an einer späteren Stelle in diesem Buch sehen werden, im Wesentlichen auf energetischer Ebene. Und da sich Energie auch durch Denken erzeugen lässt – nämlich durch Bündeln des bewussten Willens – können wir unser Bewusstsein allen beliebigen Möglichkeiten öffnen, die sich die menschliche Einbildungskraft nur vorstellen kann. Dies ist der Bereich, in dem die Magie ihre grundlegende Stärke besitzt und wo sie in unserem Alltagsleben eine wichtige Rolle spielen kann. Und dies ist unser Ausgangspunkt, von dem aus wir versuchen wollen, die Potenziale der Magie für unser alltägliches Leben und unsere persönliche und spirituelle Entwicklung zu verstehen.

Ein zentrales Thema dieses Buchs ist die Tatsache, dass die Magie eine Annäherung an das Leben ist, die sowohl ganz konkret als auch unbestimmt ist, denn sie ist in einem individuellen Sinn gebündelt, muss in einem universalen Sinn aber zeitlich stets unbegrenzt bleiben. Alle Magier sind sich bewusst, dass das Universum letztendlich rätselhaft ist, dass die höchste heilige Wirklichkeit außerhalb der Reichweite unseres begrenzten menschlichen Verständnisses liegt. Daher muss auch akzeptiert werden, dass wir uns, wenn wir uns auf die Magie einlassen, etwas Größerem, etwas Höherem öffnen. Was wir auf dem magischen Weg der spirituellen Entwicklung erfahren, wird mit Sicherheit nicht immer das sein, was wir uns vorstellen oder erdenken. Denn dann würden wir die Möglichkeiten der Magie empfindlich beschneiden – mit unserem alltäglichen Wissen von der Welt und unserem jeweiligen Grad an Bewusstheit können wir keinesfalls vollständig erahnen, was das Universum uns alles an Erfahrungen, Geschenken und Wegmarkierungen bereithält. Daher sind Offenheit und die Bereitschaft, die eigenen Anschauungen immer wieder zur Disposition zu stellen, eine überaus nützliche Eigenschaft eines Magiers.

Zu allen Zeiten der Geschichte hat es unterschiedliche metaphysische Ansätze gegeben, das Große Mysterium anzusprechen, es in Symbole und heilige Rituale zu kleiden, die uns helfen, die zentralen Wahrheiten seiner transzendentalen Natur zu erfassen und ihm einen fassbaren und konkreteren Sinn zu geben. Dies, so glaube ich, macht die

Bedeutung der Magie in unserer Zeit aus. Wirkliche Magie – *wahre* Magie – ist beileibe nicht mit Aberglauben und Illusion gleichzusetzen, auch wenn sie selbst heute noch von vielen Leuten dafür gehalten wird. Sie basiert vielmehr auf einem tiefen Verständnis der heiligen und symbolischen Wirklichkeiten, die der Welt und dem Leben Sinn verleihen. Und nichts könnte wirklicher sein als dies.

I
Die wichtigsten Traditionen der Magie

Alle Formen von Magie verwenden heilige Symbole, um spirituelle Erfahrungen zu vermitteln. Die magischen Traditionen stimmen darin überein, dass wir uns als Menschen mit einer Sache, die für alle Zeiten abstrakt und transzendent bleiben wird, so tief sie letztendlich auch sein mag, nicht auf einer alltäglichen Ebene befassen können. Daher verwenden alle bedeutenden magischen Traditionen – auch die unterschiedlichen Ansätze, die häufig unter dem Sammelbegriff esoterische Tradition des Westens vereint werden – eine Vielzahl von Symbolen und häufig ritualisierten Formen spiritueller Praxis, um sich dem großen Mysterium zu nähern, das im Herzen des Lebens selbst zu finden ist.

Die meisten praktizierenden Magier, die ihre Sache wirklich ernst nehmen, unternehmen die magische Suche in einem Geist der Ehrfurcht und Demut. Natürlich hat es auch Magier gegeben, die sich mit ihrer Arroganz und Gier im Streben nach spiritueller Macht einen beträchtlichen Ruf erwarben, sosehr dies den Kern der Sache auch verfehlen mag. Bei der wahren magischen Suche geht es darum, die tiefe spirituelle Natur aller Dinge zu erkennen und anzuerkennen, dass jeder von uns seinen Betrag zum großen Ganzen leistet und seine Rolle in dem großen Spiel auszufüllen hat. Eine wesentliche Absicht der Magie ist es, sowohl uns selbst als auch die Welt, in der wir leben, zu verwandeln.

Unterschiedliche spirituelle Traditionen tragen in ihrer Gesamtheit zur magischen Weltsicht bei. Anders ausgedrückt: Die Traditionen sind unterschiedlich gefärbte Ausdrucksformen des Wesens der Magie. Im Folgenden möchte ich die zentralen symbolischen Merkmale beschreiben, die jede dieser Traditionen als Beitrag zu dem liefert, was wir als immer währenden Weisheitspfad für unser noch sehr junges Millennium betrachten können. Da das vorliegende Buch kein historisches Werk ist, sondern eher einen Überblick über die unterschiedlichen magischen und symbolischen Herangehensweisen an die Welt und das Leben bieten möchte, habe ich die folgenden Kommentare nicht mit akademischen Details befrachtet. Für Leser, die an einer weiteren Vertiefung des Themas interessiert sind, ist am Schluss des Buches eine ausführliche Lektüreliste angefügt.

Die wichtigsten magischen Traditionen – die Traditionen, die einen wesentlichen Beitrag zu unserem Verständnis des magischen Bewusstseins geleistet haben – sind:

- Kabbala
- Tarot
- Alchemie
- Wicca und Göttin-Spiritualität
- Schamanismus

Bevor wir uns in den folgenden Kapiteln praktischen Übungen zuwenden, sollten wir ein wenig bei den Grundlagen dieser Traditionen verweilen. Die folgenden Ausführungen werden Sie daher mit der magischen Denkweise vertraut machen, Ihnen einiges an Handwerkszeug zur Verfügung stellen und Sie damit bestmöglich auf Ihre kommende Praxis vorbereiten.

Die Kabbala

Kabbala ist die Bezeichnung für die heilige Tradition der jüdischen Mystik. Das Wort *kabbala* bedeutet »von Mund zu Ohr« und meint damit eine geheime, mündliche Überlieferung. Im Allgemeinen wird die Kabbala als eine mystische Deutung der Thora, der ersten fünf Bücher des Alten Testaments, betrachtet, obwohl der Haupttext der Kabbala – das Buch »Sohar« – erst im 13. Jahrhundert von einem spanischen Mystiker namens Moses de León schriftlich niedergelegt wurde. Dennoch ist die Kabbala vermutlich so alt wie die alttestamentarisch-jüdische Tradition selbst. Viele Gelehrte glauben, dass das Buch Genesis und seine Darstellung der sieben Schöpfungstage ohne eine Bewusstheit der spirituellen Themen der Kabbala nicht in ihrem wahren Sinn verstanden werden können, denn in den kabbalistischen Lehren wird der Versuch unternommen, den Prozess der göttlichen Schöpfung und die kosmologischen Ursprünge des Universums symbolisch zu erklären.

Die kabbalistische Darstellung der Erschaffung des Universums gründet sich auf ein wundervolles und unermesslich tiefes Thema – nämlich auf die Idee, dass der Geist (oder das unendlich Formlose) Schritt um Schritt immer manifester wird, indem er eine Aufeinanderfolge verschiedener Ebenen mystischer Wirklichkeit erzeugt, bevor er sich schließlich zur physischen Welt verdichtet, wie wir sie kennen.

In einem gewissen Sinn unterscheidet sich dies nicht allzu sehr von der Vorstellung vom Universum, die sich die Quantenphysik wie einleitend besprochen erarbeitet hat – nämlich von der Vorstellung, dass physische Materie die Potenziale für Bewusstsein bereits in ihrer Struktur selbst zu enthalten scheint, und dies, obwohl die Materie selbst zum größten Teil aus Raum besteht. Anders ausgedrückt können wir sagen, dass der Kabbala zufolge das Universum, bevor die Welt erschaffen wurde, aus unbegrenzter göttlicher Energie bestand, die in der Kabbala *Ain Soph, En-Sof* oder auch *En Sof Aur* genannt wird. Diese heilige Energie erlangte allmählich eine immer fassbarere äußere Form, indem sie sich nacheinander in verschiedenen Seinsebenen manifestierte. Dieser Prozess verlief in aufeinander folgenden Phasen – in der Kabbala heißt es, ein Blitzschlag, der die heilige Lebenskraft repräsentierte, sei in den Baum des Lebens und seine zehn Ebenen hinabgefahren. Diese zehn Ebenen des Lebensbaumes werden als *Sefiroth* (»Energie-Essenzen« oder »Sphären«) bezeichnet. Sie sind symbolischer Natur und dürfen nicht im wörtlichen Sinn verstanden werden. Die ersten drei Sefiroth repräsentieren die Dreiheit und bleiben stets rein und transzendent, unbefleckt von dem Niederfahren des unendlichen Geistes in die endliche Welt der physischen Materie. Die folgenden sieben Sefiroth repräsentieren die sieben Tage der Schöpfung. Zwischen der Dreiheit und der manifestierten Welt der Schöpfung liegt der Abyssus, eine Ebene, die auf dem Lebensbaum deutlich markiert ist, um die Vorstellung vom »Fall des Geistes« vom unendlichen in das endliche Bewusstsein zu vermitteln.

Nach der Kabbala wird das mystische Universum durch das Aussprechen der heiligen Namen Gottes gestützt und die zehn Sphären auf dem Lebensbaum sind nichts anderes als »die schöpferischen Namen, die Gott in die Welt hineinrief, mit denen er sich selbst benannte«.[4]
Im »Sohar« heißt es:

> »Am Anfang, als der Wille des Königs zu wirken begann, grub er Zeichen in die himmlische Aura, die ihn umstrahlte. Eine dunkle Lohe entsprang im allerverborgensten Bereich aus dem Geheimnis des Unendlichen, *En-sof* [*En Sof Aur*], wie ein Nebel, der sich im Gestaltlosen bildet, eingelassen in den Ring jener Aura, nicht weiß und nicht schwarz, nicht rot und nicht grün, und von keinerlei Farbe überhaupt. Als aber jene Flamme Maß und Ausdehnung annahm, brachte sie leuchtende Farben hervor. Ganz im Innersten der Flamme nämlich entsprang ein Quell, aus dem Farben auf alles Untere sich ergossen, verborgen in den geheimnisvollen Verborgenheiten des *En-Sof.* Der Quell durchbrach und durchbrach doch nicht ganz die ihn umgebende ätherische Aura. Er war ganz unerkennbar, bis infolge der Wucht seines Durchbruchs ein verborgener höchster Punkt aufleuchtete. Über diesem Punkt hinaus ist auch nichts erkennbar, und darum heißt er *Reschith*, Anfang, das erste Wort der Schöpfung von allem.«[5]

Diese Worte versuchen einen Prozess zu beschreiben, der sich in seinem tiefsten Sinn nicht wirklich beschreiben lässt, denn wir stehen hier vor

4 Siehe Gershom Scholem, *Die jüdische Mystik in ihren Hauptströmungen*, S. 235.
5 Ebenda, S. 238.

dem Großen Mysterium – der Schöpfung der Welt aus dem »Gestaltlosen«, der Formlosigkeit. Und doch wurde das Universum, wie dieser Text beschreibt, mit der Manifestation des ersten Funkens der Schöpfung allmählich geboren. In der Kabbala sind die zehn Ebenen der Schöpfung die folgenden:

- **Kether**, die Krone oder erster Schöpfungspunkt;
- **Chokmah**, Weisheit (der Vater);
- **Binah**, Einsicht, Verständnis (die Mutter);
- **Chesed**, Gnade, Barmherzigkeit;
- **Geburah**, Strenge, Stärke, Macht;
- **Tiphareth**, Schönheit oder Harmonie (der Sohn);
- **Netsach**, Sieg;
- **Hod**, Herrlichkeit, Ruhm;
- **Yesod,** Gründung;
- **Malkuth**, das Königreich oder die Erde (die Tochter).

Diese zehn Bewusstseinssphären wohnen als Sphären oder spirituelle Zentren auch dem Körper des archetypischen Menschen inne, den die Juden als Adam Kadmon bezeichnen. In manchen Diagrammen, die diese Sphären schematisch darstellen, werden sie in ähnlicher Weise wie die

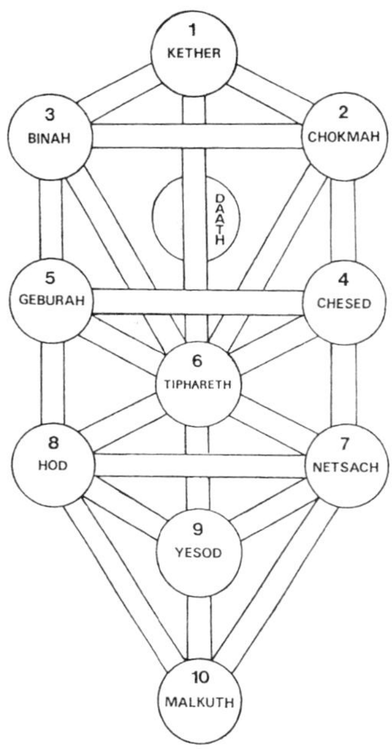

Chakras des indischen Yoga (siehe auch Kapitel IV) im menschlichen Körper lokalisiert. In der symbolischen Vorstellung dieser archetypischen Sphären kommt die Idee zum Ausdruck, dass wir, wenn wir im vollsten mystischen Sinne uns selbst kennen, auch Gott kennen lernen können, denn im Universum gibt es letztlich nur eine einzige höchste Wirklichkeit. Die gleiche Vorstellung lebt auch in dem Ausdruck der abendländischen Mystik »Wie oben, so unten« – womit gemeint ist: Jeder Mensch enthält die heiligen Potenziale sowie die göttliche Lebenskraft des gesamten Universums in sich.

In noch jüngerer Zeit wurde der Lebensbaum als eine Art universaler Rahmen des »mythischen« Bewusstseins auch in der Tradition der westlichen Magie verwendet. Dadurch wurde es möglich – obwohl strenggläubige jüdische Kabbalisten bei dem Gedanken zweifellos die Stirn runzeln werden –, auch andere Mythologien auf dem Lebensbaum zu lokalisieren, indem man sie den verschiedenen spirituellen Sphären zuordnete. Auch hier begegnen wir der Idee, dass die Götter und Göttinnen unterschiedlicher spiritueller Traditionen einander auf eine bestimmte Art und Weise entsprechen – kulturelle Variationen eines archetypischen Themas sind. So verorten viele praktizierende Magier zum Beispiel auch die Götter und Göttinnen aus dem antiken Hellas und Rom sowie diejenigen aus dem alten Ägypten und anderen frühen Zivilisationen auf diesem Baum. Die folgende Beschreibung der einzelnen Sefiroth lässt diese »mythologische« Art der Betrachtung mit einfließen, denn sie ist in der esoterischen Tradition des Westens heute zweifellos die gängige Weise, den kabbalistischen Lebensbaum darzustellen. Wir werden uns den Lebensbaum von der Krone hin zu den Wurzeln ansehen, wenngleich man sich vor Augen halten sollte, dass der spirituelle Weg des Menschen in umgekehrter Reihenfolge die Sefiroth durchläuft. Beginnend auf der physischen und gewissermaßen alltäglichen Ebene in der Sphäre Malkuth, muss der Mensch in seiner Entwicklung Sefirah um Sefirah nach oben klettern.

Kether

Dieses Bewusstseinsstadium symbolisiert die höchste Wirklichkeit – den ersten Schöpfungsfunken, der aus den Schleiern des Nichtseins hervordringt. Kether steht für sublime spirituelle Transzendenz. Als Krönung der mittleren Säule des Lebensbaumes steht es für das Sein jenseits jeglicher Dualität, die Vereinigung aller Gegensätze und wird daher auch mit dem göttlichen Hermaphroditen in Verbindung gebracht. Kether als die formlose Ebene vollkommener Neutralität ist von unserer zunächst physisch erfahrbaren Menschenwelt auf der Ebene Malkuth am weitesten entfernt, daher ist es auch nicht leicht, hier Entsprechungen aus den Reihen der anthropomorphen Götter zu finden.

Chokmah

Dies ist die Sphäre der Weisheit, repräsentiert durch den Großen Vater. Kosmologisch liefert er den Lebensfunken – reine Potenz –, der in den Schoß der Großen Mutter eindringt. Aus der Vereinigung des Großen Vaters mit der Großen Mutter gehen alle Bilder und Formen der Schöpfung hervor. Chokmah wird mit Gottheiten assoziiert, die das Sein stützen und erhalten wie beispielsweise Kronos.

Binah

Binah repräsentiert die Große Mutter in all ihren mythologischen Aspekten. Sie kann als Schoß der Schöpfung betrachtet werden, als Quelle aller Formen und Bilder, die in die manifestierte Welt eintreten werden. Oft ist sie mit dem Herrscher über das formgegebene Universum verbunden. So entsteht in der griechischen Mythologie zum Beispiel aus der Verbindung von Demeter und Zeus Persephone, in der römischen zeugt Jupiter mit Ceres Proserpina.

Chesed

Chesed wird mit Zeus und Jupiter assoziiert und repräsentiert das friedliche Gesicht des Herrschers über das Universum mit seinen Qualitäten der göttlichen Gnade und Herrlichkeit. Chesed wirkt schützend und hat die Tendenz, die Kräfte der Schöpfung zu verstärken und zu konsolidieren. In der Sphäre Chesed ist Jupiter auf seinem Thron sitzend zu sehen. Hier überwacht er sein Reich – das gesamte manifestierte Universum.

Geburah

Diese Ebene steht für Strenge und Gerechtigkeit. Geburah ist absolut unparteiisch, es ist nach Chesed das andere Gesicht des Herrschers, in dessen Walten es keine Spur von Sentimentalität geben darf. Die destruktiven Energien dieser Sphäre haben die Funktion einer läuternden, reinigenden Kraft und wirken in ihrer praktischen Anwendung positiv – alles Verbrauchte, was seine Funktion erfüllt hat, wird zerstört, um Neuem Platz zu machen. Geburah wird mit Kriegsgöttern wie Mars assoziiert.

Tiphareth

Tiphareth repräsentiert den Mittelpunkt zwischen der Welt der Alltagswirklichkeit und dem Reich der höchsten spirituellen Transzendenz auf der mystischen Wachstumsreise, es ist gleichsam eine Zwischenstufe auf dem Weg vom Menschlichen zum Göttlichen. Hier erfährt das Individuum seine spirituelle Wiedergeburt, es integriert seine emotionalen und rationalen Anteile und orientiert sich an höheren Seinsweisen. Die Sphäre Tiphareth wird mit Göttern der spirituellen Wiedergeburt und Auferstehung in Verbindung gebracht (hierzu zählen Osiris, Mithras und auch Jesus). Es ist dabei auch der Bereich der Opferung, da die alte Persönlichkeit für die neue Einsicht geopfert werden muss. Tiphareth wird planetarisch durch die Sonne als Spenderin von Leben und Licht symbolisiert und ist daher im Gegensatz zu Yesod eine Ebene der Männlichkeit.

Netsach

Netsach ist die Sphäre der Intuition und der Emotionen und repräsentiert die Künste, die Kreativität und die Subjektivität. Netsach liegt auf der rechten Säule des Lebensbaumes, der »Säule der Kraft«. Auch als die Ebene der Liebe und der spirituellen Leidenschaft zeigt Netsach seine Extrovertiertheit und einen gewissen Hang zu instinktiver Getriebenheit. Diese Sphäre wird mit dem Planeten Venus assoziiert und gilt als die Quelle der Schönheit aller lebenden Formen.

Hod

Netsach gegenüber auf dem Baum des Lebens liegt Hod, Intellekt und rationales Denken repräsentierend. Hod symbolisiert das Gefühl für Ordnung, das wir im manifestierten Universum beobachten, damit sind ihm Logik und Vernunft zugeordnet. Hier nehmen wir Gott als Schöpfer und Architekten wahr, der sich in Myriaden von Formen und Gebilden manifestiert. Auf dem spirituellen Entwicklungsweg des Menschen ist Hod die Ebene, auf der die tierhaften Instinkte schon teilweise überwunden sind, wenngleich auf eine eher verstandesmäßige als emotionale Weise. Diese Sphäre wird mit dem Planeten Merkur assoziiert, mythologisch betrachtet ist Hod ein niedrigerer Aspekt des Großen Vaters (Chokmah) und Merkur der »Bote« der höheren Götter.

Die magischen Korrespondenzen

Symbolische Eigenschaft	Kabbalistische Sphäre	Beispiele für Götter und Göttinnen
Transzendenz Androgyn (Alchemie)	**Kether**	Uranos (griechisch), Coelus (römisch), Abraxas (gnostisch), das Göttliche
Großer Vater, Weisheit	**Chokmah**	Kronos (griechisch), Saturn (römisch), Ptah (ägyptisch)
Große Mutter, Verstehen	**Binah**	Demeter (griechisch), Juno (römisch), Isis (ägyptisch), Boann/Danu (keltisch)
Gnädiger Herrscher	**Chesed**	Zeus (griechisch), Jupiter (römisch)
Aggressiver Herrscher	**Geburah**	Ares (griechisch), Mars (römisch), Dagda (keltisch)
Heiliger Sohn, Harmonie, spirituelle Wiedergeburt	**Tiphareth**	Helios (griechisch), Apollo (römisch), Ra/Horus/Osiris (ägyptisch), Lugh (keltisch), Jesus (christlich)
Liebe und Intuition	**Netsach**	Aphrodite (griechisch), Venus (römisch), Hathor (ägyptisch), Freya (nordisch)
Intellekt, Verstand	**Hod**	Hermes (griechisch), Merkur (römisch), Thoth (ägyptisch), Ogma (keltisch)
Sexualität, Fruchtbarkeit	**Yesod**	Artemis (griechisch), Diana (römisch), Bast (ägyptisch), Brigit/Rhiannon (keltisch)
Heilige Tochter, Erde	**Malkuth**	Persephone (griechisch), Proserpina (römisch), Shekinah (Kabbala)

Yesod

Die Sphäre Yesod steht mit der Weiblichkeit und dem Mond in Verbindung und ist mit der Mondgöttin assoziiert. Yesod empfängt Impulse und Ströme aus den höheren Ebenen des Lebensbaumes, die von hier aus zur Ebene Malkuth weitergeleitet werden, wo sie eine physisch fassbare Form erhalten. Yesod schwimmt geradezu in einem Meer astraler Bilder und ist mit dem Element Wasser verbunden. Außerdem ist Yesod auch das symbolische Zentrum der sexuellen Energien. Überträgt man den Lebensbaum auf den Körper des Adam Kadmon, liegt diese Sefirah oberhalb der Genitalien.

Malkuth

Malkuth ist mit der Erde, der Ernte, der unmittelbaren physischen Umgebung alles Lebenden assoziiert. Es ist die Ebene des vertrauten alltäglichen Bewusstseins und der Bereich, in dem sich Ideen materialisieren. So symbolisiert diese Bewusstseinssphäre auch den Anfang der inneren Reise, von hier aus beginnt der Mensch seinen Weg zu Gott. Symbolisch ist Malkuth der Eingang in die Erde, der zur Unterwelt – oder psychologisch gesprochen in das Unbewusste – führt. In der römischen Mythologie beispielweise befand sich der Eingang zur Unterwelt in einer Höhle unweit von Neapel. In der griechischen Mythologie ist die Erdsphäre Malkuth mit Persephone verbunden.

Die Großen Arkana des Tarot

In der Vorstellung vieler Menschen werden die Tarotkarten bis heute in erster Linie mit Wahrsagerei und dem Kartenlesen der Zigeuner verbunden. Wir wissen jedoch, dass es in Italien bereits ein Jahrhundert, bevor die Zigeuner dort auftauchten, mittelalterliche Tarotkarten gab. Der Ursprung des Tarot ist nach wie vor ein echtes Rätsel.

Oft wird auch heute noch behauptet, dass der Tarot aus dem alten Ägypten stammt. Diese Ansicht wurde erstmals im 18. Jahrhundert von dem französischen Theologen Antoine Court de Gébelin vertreten, der eines der ersten Werke über den Tarot mit dem Titel »Le Monde Primitif« verfasste. De Gébelin propagierte diese Theorie mit der Behauptung, der Tarot sei ein Bestandteil eines Einweihungsrituals gewesen, das man in der Großen Pyramide abgehalten habe. Bei näherer Betrachtung der Tarotkarten zeigen sich jedoch klare Bezüge zu Symbolen des Rittertums. Daher ist stark anzunehmen, dass der Tarot selbst, obwohl die verschiedenen Kartendecks in ihrer Bildersprache voneinander abweichen, aus dem mittelalterlichen Europa stammt.

Der französische Okkultist Eliphas Lévi (1810–1875) war der Erste, der vorschlug, die Großen Arkana des Tarot mit dem kabbalistischen Symbol des Lebensbaumes zu verknüpfen. Die Sefiroth lassen sich über 22 Linien miteinander verbinden und diesen wurden die 22 Arkana zugeordnet. Das bedeutete, dass zum ersten Mal Tarotkarten nicht nur zur Divination, sondern auch als potenzielle Pfade in die höheren, heiligen Sphären des menschlichen Bewusstseins verwendet werden konnten.

Die 22 Trümpfe oder Großen Arkana des Tarot beschreiben – im Unterschied zu den 56 Standardkarten oder Kleinen Arkana, die in vier Serien unterteilt sind – eine Reihe archetypischer Bilder. Diese »mythischen« Karten zeigen männliche Archetypen, darunter den »Magier«, den »Herrscher«, den »Wagenlenker« (»Wagen«) und den »Hohepriester«, und ebenso weibliche wie die »Hohepriesterin«, die »Herrscherin«, die »Gerechtigkeit« und den »Mond«. Daneben gibt es geschlechtsneutrale Karten wie den »Tod« und das »Rad des Schicksals«.

Im Tarot repräsentieren die Großen Arkana symbolische Pfade zur transzendenten Wirklichkeit – eine Art spirituelle Reise durch das Labyrinth des Geistes und der Seele –, und in der esoterischen Tradition des Westens lieferten sie insbesondere in der Übertragung auf den kabbalistischen Lebensbaum einen mehrschichtigen Rahmen für das mythische Bewusstsein des Abendlandes. Während die Kabbala der spirituellen Tradition des Judentums angehört, schöpft der Tarot seine bildlichen Assoziationen aus anderen spirituellen Quellen. So finden sich in manchen Tarotdecks ägyptische Motive – das »Rad des Schicksals« wird zum Beispiel manchmal mit dem schakalköpfigen Gott Hermanubis dargestellt und die »Hohepriesterin« sitzt häufig zwischen zwei Tempelsäulen in ägyptischem Stil. Figuren wie der Magier sind, obwohl in ihren optischen Attributen mittelalterlich, im Wesentlichen gnostisch – was ein Hinweis darauf sein könnte, dass sich hinter dem mittelalterlichen Tarot möglicherweise mystische Vorstellungen verbargen, die damals als ketzerisch betrachtet worden wären. Die meisten Tarotdecks zeigen den »Magier«, wie er spirituelle Energie aus einer höheren Quelle – der grenzenlosen Welt des Lichts – in die manifestierte Welt der Form herableitet, die durch die Symbole Erde, Wasser, Feuer und Luft repräsentiert wird.
Wenn die 22 Tarotkarten der Großen Arkana den Erkenntnissen des Golden-Dawn-Ordens folgend als mystische Pfade dargestellt werden, die die zehn Sphären des kabbalistischen Lebensbaumes von der nied-

rigsten Ebene bis zur höchsten miteinander verbinden, erhält man das folgende Muster:

- Die Welt – Malkuth-Yesod;
- Gericht – Malkuth-Hod;
- Der Mond – Malkuth-Netsach;
- Die Sonne – Yesod-Hod;
- Der Stern – Yesod-Netsach;
- Der Turm – Hod-Netsach;
- Der Teufel – Hod-Tiphareth;
- Tod – Netsach-Tiphareth;
- Mäßigkeit – Yesod-Tiphareth;
- Der Eremit – Tiphareth-Chesed;
- Gerechtigkeit – Tiphareth-Geburah;
- Der Gehängte – Hod-Geburah;
- Rad des Schicksals – Netsach-Chesed;
- Kraft – Geburah-Chesed;
- Der Wagen – Geburah-Binah;
- Die Liebenden – Tiphareth-Binah;
- Der Hierophant – Chesed-Chokmah;
- Der Herrscher – Tiphareth-Chokmah;
- Die Herrscherin – Binah-Chokmah;
- Die Hohepriesterin – Tiphareth-Kether;
- Der Magier – Binah-Kether;
- Der Narr – Chokmah-Kether.

Nun können wir uns der Reihe nach jede dieser Karten näher betrachten. Die folgende Zusammenfassung der Inhalte und tieferen Bedeutungen der 22 Großen Arkana folgt in ihrer Reihenfolge den Pfaden auf dem Baum des Lebens, beginnend mit der untersten Sphäre bis hinauf zu seiner höchsten.

Die Welt

»Die Welt« symbolisiert den Abstieg in die Unterwelt des Unterbewussten. In der griechischen Mythologie wird dieses Thema durch Persephone und ihren Abstieg in das Land der Toten personifiziert. Symbolisch betrachtet ist der Tod die andere Seite des Lebens, erst beide zusammen ergeben ein Ganzes. Persephone symbolisiert das Weizenkorn, das wächst, reift und geerntet wird und mit seinem Sterben einer neuen Saat Platz macht, es ist dem ewigen Zyklus der Ernten unterworfen. Persephone stirbt, um wiedergeboren zu werden: Ihre Existenz manifestiert sich sowohl im Reich der Lebenden als auch im Reich der Toten. Die auf der Tarotkarte »Die Welt« abgebildete Figur inmitten der Ährengirlande trägt eindeutig weibliche Züge, dennoch muss sie als Androgyn gelten, denn sie repräsentiert die männlichen und weiblichen Polaritäten zugleich.

Gericht

In ähnlicher Weise wie Persephone in der griechischen Mythologie sowohl den Tod als auch das Leben repräsentiert, ist das »Gericht« mit dem Thema der Wiedergeburt assoziiert. Aus dem unbewussten, verwirrten Menschen muss etwas Neues werden. Der Pfad auf dem Lebensbaum führt zu Hod, der rationalen Intelligenz, die die tierhaften Instinkte überwindet. Wir sehen menschliche Gestalten mit erhobenen Händen aus Särgen steigen. Während sie triumphierend dem Grab der Unwissenheit entsteigen, formen sie mit den Armen das Wort LVX – »Licht«.

Der Mond

»Der Mond« spiegelt auf typische Weise die Symbolik der lunaren Sphäre Yesod wider; eine Mondsichel dominiert die Bilderwelt auf dieser Karte. Zwei Hunde bellen den Himmel an, der eine ist domestiziert, der andere ungezähmt. Sie schauen zur Mondgöttin Hekate, die in ihrem todähnlichen Aspekt ebenfalls mit Persephone assoziiert ist. Der Mond verursacht die Ebbe und Flut der Gezeiten, Zeichen auch für das Auf und Ab, dem der Mensch in seinem Leben unterworfen ist. Die Karte zeigt zudem einen dem Meer entsteigenden Krebs, der als eine der ältesten Lebensformen auch auf spirituelle Entwicklung hindeutet. Das Element Wasser und die tiefe, oft Angst machende Gefühlswelt sind hier vorherrschend.

Die Sonne

»Die Sonne« spiegelt das Licht von Tiphareth, das sich auf dem Lebensbaum über ihr befindet. Die Karte zeigt ein Kind, das froh unter der Sonne auf einem grauen Esel sitzt. Es repräsentiert eine Art von Unschuld. Das Kind steht deutlich unter der Herrschaft der Sonne, die Einheit, Lebenskraft und den Pfad der Erleuchtung repräsentiert. In einem okkulten Sinn ist das Kind noch jung und unerfahren in seiner mystischen Suche; es gibt Barrieren, die ihm den Zugang zu den heiligeren Regionen des Lebensbaumes noch versperren.

Der Stern

Die Karte »Der Stern« ist mit Intuition, Meditation und den verborgenen Qualitäten der Natur, repräsentiert durch Netsach, assoziiert. Die bezaubernd schöne, nackte »Weiße Isis« – eine lunare Gottheit – kniet an einem Teich und gießt Wasser aus Krügen, die sie in ihren beiden Händen hält. Das eine Gefäß ist aus Gold (und entspricht der Sonne), das andere ist aus Silber (und entspricht dem Mond). Über der Göttin prangt ein goldener Stern am Himmel, dessen Energie über die Göttin auf die Welt herabgeleitet wird. »Der Stern« lehrt uns, dass jeder Mensch zu einem reinen Gefäß werden muss, wenn er ein höheres spirituelles Bewusstsein erreichen will.

Der Turm

Als Pfad auf dem Lebensbaum reicht »Der Turm« direkt hinauf zur höchsten Sphäre Kether – er umfasst das gesamte Universum. Ein Blitz schlägt in seine höchsten Zinnen ein und bringt ihn ins Wanken, man sieht menschliche Gestalten, die hinunter in die Tiefe stürzen. Der Turm dient zur Ermahnung, dass auf der inneren Reise Demut nötig ist und dass der Einstrom göttlicher Energie aus den höheren Bereichen des Baumes eine zerstörende Wirkung haben wird, wenn unsere »magische Persönlichkeit« nicht gut ausgeglichen ist und auf soliden Fundamenten steht. »Der Turm« wird von Mars regiert, der Unkenntnis bestraft und eitle Vorstellungen und Pläne unnachgiebig zerstört.

Der Teufel

Hier sehen wir einen dämonisch anmutenden Mann und eine ebensolche Frau mit Ketten an ein Piedestal gefesselt, auf dem mit einer Fackel in der Hand ein schadenfroher Teufel sitzt, der Finsternis und Tierhaftigkeit repräsentiert. Auf der Stirn trägt er ein umgekehrtes Pentagramm, das darauf hinweist, dass seine Ziele destruktiv sind und sich mehr auf die Erde als auf die transzendenten Bereiche des höheren Bewusstseins richten. Diese Stufe des spirituellen Weges verlangt von dem Sucher, sich mit seinen Schwächen, insbesondere mit seiner Verhaftung an materiellem Besitz und dem Verlangen nach Sicherheit, auseinander zu setzen. In diesem Kontext spiegelt »Der Teufel« das Elend aller unerleuchteten Menschen mit ihrem begrenzten Wissen und ihrem Verstand. Er zeigt deutlich die Trostlosigkeit im Leben eines jeden, der in seiner eigenen inneren Begrenztheit gefangen ist. Dennoch scheint jenseits davon das Licht von Tiphareth.

Tod

Wie die Karte »Teufel« zeigt wie die Karte »Tod« die Unzulänglichkeiten und die begrenzte Natur des ich-gebundenen Menschen. In den mystischen Traditionen ist der Tod aber auch der Verkünder neuen Lebens und jenseits des senseschwingenden Knochenmannes im Vordergrund der Karte sehen wir am Horizont neues Licht heraufschimmern. Die Sense ist ein Symbol des Kronos, des altgriechischen Schöpfergottes, der die Zeit transzendierte. Auf dem Lebensbaum führt der Pfad des Todes zu Tiphareth, der Sphäre des spirituellen Erwachens. Somit führt uns dieser Pfad durch den Tod trotz seiner vielleicht beängstigenden Bilderwelt zur Wiedergeburt.

Mäßigkeit

Diese Karte repräsentiert die Linie des direkten mystischen Aufstiegs zu einem Zustand spiritueller Erleuchtung. Raphael, der Erzengel der Luft, steht über einem Fluss aus Licht und gießt das Wasser des Lebens von einem Sonnengefäß in ein Mondgefäß. Dies bedeutet ein »Mäßigen« oder Vereinigen der Gegensätze – ein Vermischen von solaren und lunaren Energien. Raphael steht mit einem Fuß auf der Erde und mit dem anderen im Wasser. In einigen Darstellungen wird er gezeigt, wie er einen weißen Adler (der den Mond repräsentiert) und einen roten Löwen (der die Sonne repräsentiert) miteinander versöhnt. Über ihm wölbt sich ein herrlicher Regenbogen, der Gottes Bund mit der Menschheit symbolisiert, und hinter einem fernen Berggipfel dämmert neues Licht.

Der Eremit

Nachdem wir Tiphareth erreicht haben, bewegen wir uns nun auf Kether an der mystischen Spitze des Lebensbaumes zu. Der Pfad zwischen Tiphareth und Chesed steht unter der Herrschaft des Merkur, der wiederum mit Chokmah und Thoth – den Archetypen des »Großen Vaters« der Kabbala und der ägyptischen Mysterien – verbunden ist. Der Eremit befindet sich auf dem Weg zum Gipfel des magischen Berges, er geht langsam aufwärts und bewegt sich auf die Gefahren des Abgrunds und der völligen Einsamkeit zu. Auf dieser Stufe hat der spirituelle Sucher aber bereits eine tief greifende geistige Verwirklichung erfahren. Das Ziel sitzt fest im Bewusstsein des Eremiten und die Laterne, die er vor sich hält, erleuchtet seinen Pfad – als Symbol für sein inneres Licht.

Gerechtigkeit

In der östlichen Mystik würde die »Gerechtigkeit« als Pfad des Karma betrachtet werden – ein Pfad, auf dem man den Konsequenzen seiner früheren Handlungen begegnet. Die »Gerechtigkeit« verlangt Ausgewogenheit, Ausgleichung und vollkommene Unparteilichkeit. Dieser Pfad steht unter der Herrschaft der Venus, er führt zu der Sphäre ihres Geliebten Mars und zeigt daher in passender Weise die Gestalt der Göttin, die in der einen Hand eine Waage und in der anderen das Schwert der Gerechtigkeit trägt. Auf diesem Pfad beginnt der Mensch sein inneres Selbst zu entdecken, er muss sich mit den Bildern seines eigenen Karma, seines eigenen vergangenen Tuns konfrontieren. Vor dem göttlichen Gericht gilt nur die absolute Wahrheit und der Suchende muss Mut und schonungslose Ehrlichkeit aufbringen, sich dieser Wahrheit zu stellen. Dann kann er die illusorischen Aspekte des äußeren Scheins überwinden, die als Barrieren wahres Erkennen verhinderten.

Der Gehängte

Dieser Pfad führt wie der der »Gerechtigkeit« zu Geburah, der Sphäre der Tat. Der Gehängte hängt mit dem Kopf nach unten an einem Bein, was auf Opferung und Hingabe hindeutet. Aufgrund seiner Position wirkt er auch wie eine Spiegelung im Wasser, jenem Element, das diesem Pfad zugeschrieben wird. Der Kopf des Gehängten strahlt und leuchtet von einem Strahlenkranz und wir sehen, dass er inspirierendes Licht bis hinab zu den tieferen Ebenen des Lebensbaumes überträgt. Das Wasser strömt von Binah, der Großen Mutter, die den »Ozean des Seins« verkörpert. Der spirituelle Sucher wird hier zu einem Gefäß für ihre heilenden Energien, indem er sich ganz für sie öffnet und sich vollständig von ihnen erfüllen lässt.

Das Rad des Schicksals

Diese Karte symbolisiert die Kräfte von Schicksal und Bestimmung. In der kabbalistischen Magie haben Worte, die aus den gleichen Buchstaben bestehen, zusammenhängende symbolische Bedeutungen und TARO oder ROTA – das Wort, das auf dem Rad des Schicksals geschrieben steht – ergibt, von hinten gelesen, ATOR. Dies ist eine alternative Schreibweise von Hathor, der Weißen Göttin, was ihren Einfluss auf diesen Pfad offenbart. Der Pfad selbst führt zu Chesed und untersteht der Gerichtsbarkeit Jupiters.

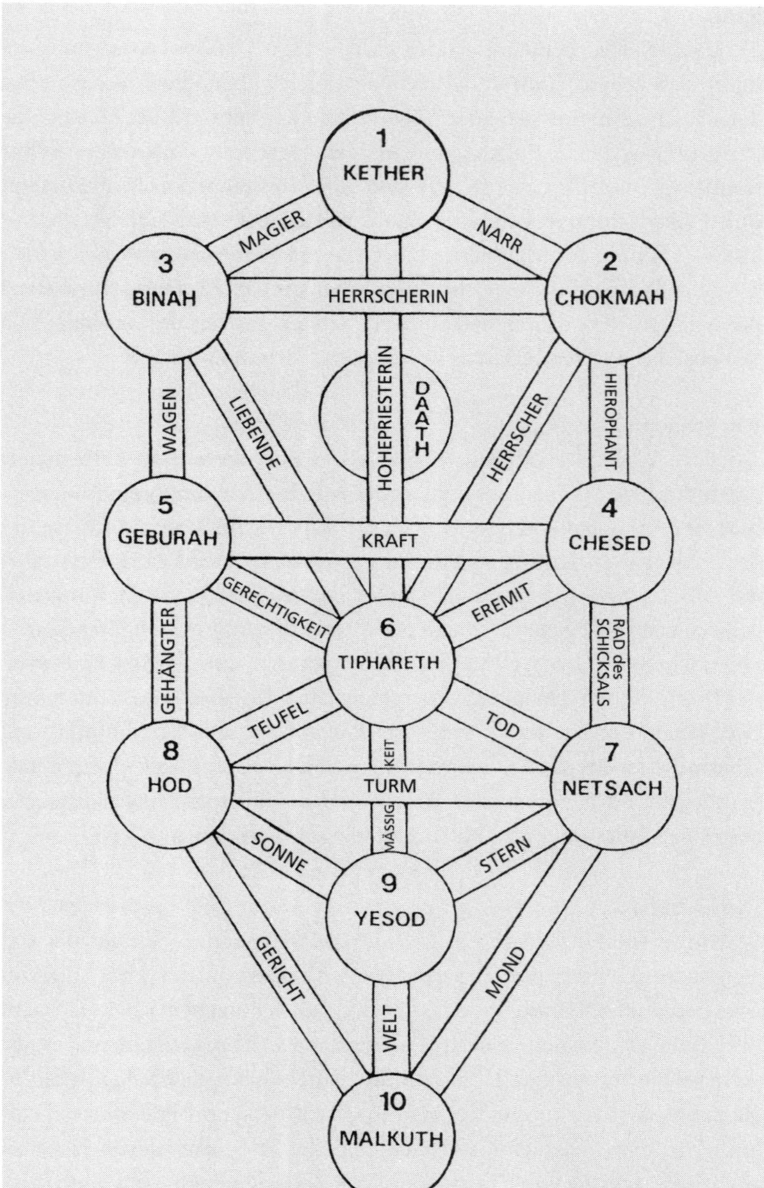
1
KETHER
MAGIER
NARR
3
BINAH
HERRSCHERIN
2
CHOKMAH
WAGEN
LIEBENDE
HOHEPRIESTERIN
DAATH
HERRSCHER
HIEROPHANT
5
GEBURAH
KRAFT
4
CHESED
GERECHTIGKEIT
EREMIT
GEHÄNGTER
6
TIPHARETH
RAD des SCHICKSALS
TEUFEL
TOD
MÄSSIGKEIT
8
HOD
TURM
7
NETSACH
SONNE
STERN
9
YESOD
GERICHT
MOND
WELT
10
MALKUTH

Kraft

Diese Karte, die »Kraft« oder auch »Stärke«, führt horizontal quer durch den Lebensbaum und nimmt eine gleich bedeutende Position wie der »Turm« ein, nur auf einer höheren Ebene. Während der »Turm« die ich-gebundene Persönlichkeit von dem wahren spirituellen Selbst trennt, repräsentiert die »Kraft« den Abgrund zwischen Individualität und Universalität. Auf dieser Karte wird uns eine Frau gezeigt, die mit bloßen Händen das Maul eines Löwen öffnet – eine unverkennbare Botschaft vom Sieg spiritueller Intuition über rohe Kraft. Dies symbolisiert die vollkommene Herrschaft über die letzten Spuren des animalischen Wesens, das noch in unserem Bewusstsein vorhanden ist.

Der Wagen

»Der Wagen« symbolisiert Bewegung und diese Tarotkarte liefert einen direkten Hinweis auf die so genannte Merkabah(»Wagen«)-Tradition in der kabbalistischen Mystik, die sich auf die visionäre Reise der Seele von einem Himmelspalast zum nächsten konzentriert. Hier fährt der Wagen den König zu den entlegensten Gefilden seines Reiches, während auf der gegenüberliegenden Seite des Baumes, in Chesed, der »Herrscher« des Universums sein Reich von der unbewegten Warte seines himmlischen Throns aus betrachtet. Auf diesem Pfad ist der König ein Mittler, der uns daran erinnert, dass auch wir zu Empfängern und Übermittlern des Lichts werden müssen. Dies wird durch das zentrale Symbol der Karte angedeutet, das den Wagenlenker auch als alles sehendes Auge Gottes oder als Träger des Heiligen Grals zeigt.

Die Liebenden

Auf diesem Pfad stehen die Liebenden (oder Zwillinge, die das gleichnamige Sternzeichen symbolisieren) nackt in der Unschuld des wiedererlangten Paradieses da, während der Schutzengel über sie wacht und ihnen seine Gnade gewährt. Sie sind auch die männliche und weibliche Verkörperung von Tiphareth und Binah. Die griechische Mythologie kennt die Verbindung der Halbbrüder Castor und Polydeukes (Pollux), von denen der eine sterblich und der andere unsterblich ist. In einer Anwandlung von Mitleid gewährte Zeus den beiden ein gemeinsames Schicksal, indem er sie als das unter dem Namen »Gemini« oder »Zwillinge« bekannte Sternbild in den Himmel versetzte. Der Pfad der »Liebenden« führt von Tiphareth (Harmonie) nach oben und zeigt die glückliche und dauerhafte Vereinigung der Gegensätze.

Der Hierophant

Dieser Pfad erinnert uns daran, dass die väterlichen, gnädigen Eigenschaften des Großen Vaters (Chokmah-Chesed) durch die Liebe und Anmut der Venus, die diese Karte regiert, noch erhöht werden. Hier finden wir eine dauerhafte Verbindung zwischen Weisheit und Gnade. Die Inspiriertheit des Geistes manifestiert sich im »Hierophanten« als archetypischer Ausdruck erleuchteter Intuition. Die göttliche Autorität verdankt den Ursprung ihrer Inspiration dieser Ebene des Lebensbaumes. Sie erinnert uns daran, dass ein spiritueller Führer stets ein »Eingeweihter« sein muss, einer, der die geistige Transzendenz, die Erleuchtung, selbst erfahren hat.

Der Herrscher

»Der Herrscher« hat den Blick auf Chokmah, den »unmanifestierten« Großen Vater der Dreiheit, gerichtet und schöpft aus dessen spiritueller Energie als der Grundlage seiner Autorität, mit der er das Universum der Schöpfung darunter regiert. Im Herrscher finden wir die Eigenschaft göttlicher Gnade, denn obwohl er in seinem Geburah-Aspekt zu Aggression fähig ist, dehnt er sein Mitgefühl auf alle seine Untertanen aus. Und das Universum selbst entsteht durch seine Vereinigung mit der Herrscherin oder Großen Mutter.

Die Herrscherin

Auf diesem Pfad betreten wir die reinste Sphäre des Lebensbaumes, die himmlische Ebene. »Die Herrscherin« ist gutherzig und wohltätig. Sie ist in gesegneten Umständen, denn sie ist symbolisch die Mutter des Weltalls, da aus ihrem Schoß sämtliche potenziellen Bilder und Formen hervorgehen werden, die im Kosmos existieren können. Mythologisch ist sie Hathor und Demeter und sie repräsentiert die Liebe und die Natur auf universaler Ebene. In der Darstellung auf der Tarotkarte sitzt sie umgeben von Bäumen in einem Weizenfeld und in ihrer Domäne entspringt der Fluss des Lebens. Die Herrscherin ist die weibliche Verkörperung der heiligen Lebensenergie, die den höchsten Sphären des Lebensbaumes emaniert.

Die Hohepriesterin

Dieser Pfad führt im Gegensatz zu dem der »Herrscherin« direkt auf den Gipfel der Schöpfung – der ersten Sefirah Kether, der »Krone«. Und die Hohepriesterin selbst ist unbefleckt und jungfräulich. Sie birgt zwar das Potenzial zu Mutterschaft in sich, die Möglichkeit des Gebärens – oder Essenz in Form zu verwandeln – wird aber von der Herrscherin etwas tiefer auf dem Lebensbaum erst umgesetzt. So gehört die »Hohepriesterin« den höchsten Sphären des Baumes an, in denen die sexuelle Dualität bereits transzendiert ist. Jeder, der ihrem Pfad folgt, macht eine dramatische Verwandlung durch, denn er beginnt über die Form als solche hinauszuwachsen und zu einem reinen und undifferenzierten Seinszustand zurückzukehren.

Der Magier

Der Pfad des »Magiers« ist mythologisch mit Merkur, der kosmischen Intelligenz, verbunden und repräsentiert den männlichen Aspekt transzendentaler Spiritualität, die noch nicht zur Vereinigung mit seinem weiblichen Gegenpart gefunden hat. Dieser Pfad spiegelt eine Form von männlicher Reinheit, die der Jungfräulichkeit der »Hohepriesterin« gleicht. »Der Magier« steht in archetypischem Sinn außerhalb des Manifesten, oberhalb der Schöpfung. Er erhebt eine Hand nach Kether, damit er seine Energie herabziehen und sie in die tieferen Ebenen des Lebensbaumes herableiten kann.

Der Narr

»Der Narr« ist ein Symbol für den, »der nichts weiß«, und dies lässt sich sowohl in einem esoterischen als auch in einem alltäglichen Sinn interpretieren. Auf diesem Pfad nähert sich der Suchende nämlich dem Schleier der Nicht-Existenz, des »Nichts« und »Nichtseins« – mit anderen Worten, dem Unmanifestierten oder dem, was außerhalb der Berührung mit der Schöpfung liegt. Dies ist ein Bereich wahren Mysteriums. Der Narr greift in den kosmischen Prozess ein, einem Blitz gleich bewegt sich die Resonanz seines Kräftespiels von einer Sphäre zur nächsten den gesamten Lebensbaum hinab auf einer Art Zickzackkurs. Auf der Karte ist der Narr drauf und dran, in den Abyssus der Formlosigkeit zu springen – und die grenzenlose und heilige Transzendenz von *Ain Soph Aur*, dem Grenzenlosen Licht, zu erreichen.

Alchemie

Auch die Alchemie operiert mit Symbolen spiritueller Transformation und ist deshalb für uns hier von Interesse. Historisch lassen sich die Anfänge der abendländischen Alchemie auf das zweite Jahrhundert verorten, sie blühte im hellenischen Ägypten auf, wo die Kunst der Metallverarbeitung – vor allem auf dem Gebiet der Silber- und Kupferlegierungen, die dem Gold verblüffend ähnlich sahen – ein hohes Niveau erreicht hatte. Zwei Papyri, die man in einem Grab in Theben fand und die aus einer Zeit um 300 n. Chr. stammen (der so genannte Leidener und Stockholmer Papyrus) enthalten Rezepte, wie man die Farbe eines Metalls in einer Weise verändern kann, dass es wie Gold oder Silber aussieht – dies sind bereits faszinierende Vorläufer der metaphysischen Vorstellung von der Transmutation niederer Metalle in Gold.

Das Wort »Alchemie« selbst stammt, wie man annimmt, von dem ägyptischen Wort *chem* (oder *qem*), das »schwarz« bedeutet – ein Verweis auf die Schwemmlanderde an den Ufern des Nil. Zosimos von Panopolis (auch Akhmim genannt), ein alchemistischer Autor aus dem Ägypten des vierten nachchristlichen Jahrhunderts, behauptete auch, eine Person namens Chemes habe die Suche nach der Herstellung von Gold begründet und ein von übernatürlichen Kräften inspiriertes Lehrwerk mit dem Titel »Chema« verfasst. Die historische Existenz dieses Chemes konnte nicht nachgewiesen werden. Wir wissen jedoch, dass das griechische Wort *chyma* mit der Bedeutung »Fusion oder Schmelzung von Metallen« schon bald als *al kimia* in die arabische Sprache einging, wovon wiederum der heute bekannte Begriff »Alchemie« abstammt.

Als heidnische Praxis florierte das Studium der Alchemie in Alexandria in Gebäuden, die an den berühmten Serapis-Tempel grenzten; dieser Tempel – das Serapeum – wurde zusammen mit zahlreichen Statuen und Kunstwerken im Jahr 391 auf Befehl von Theophilus, dem christlichen Erzbischof von Alexandria, zerstört. Die alchemistischen Gelehrten wurden verfolgt und zogen sich nach Athen zurück. Auf diese Weise gelangte ein umfassendes Wissen über die ägyptische Alchemie nach Griechenland. Obwohl die heidnischen Traditionen von Kaiser Justinian ab 529 streng unterdrückt wurden, wurde bereits im siebten Jahrhundert ein neues Interesse für die Alchemie entfacht, als Stephanos von Alexandria seine »Neun Abhandlungen über Chemie« dem byzantinischen Kaiser Heraklitos widmete.

Die mittelalterlichen Alchemisten glaubten an die Einheit des Kosmos und behaupteten, es gebe zwischen den physischen und geistigen bzw. spirituellen Welten eine klare Korrespondenz und in beiden Welten seien vergleichbare Gesetze wirksam. Im 16. Jahrhundert schrieb der morawische Alchemist Michael Sendigovius in seinem Werk »Das neue chymische Licht«:

»Den Weisen ist von Gott gelehrt worden, dass diese natürliche Welt nur ein Abbild und eine materielle Kopie eines himmlischen und geistigen Musters ist; dass die Existenz dieser Welt selbst auf die Realität ihres himmlischen Archetypus gegründet ist; und dass Gott sie in Nachahmung des geistigen und unsichtbaren Universums erschaffen hat, auf dass die Menschen Seine himmlische Lehre und die Wunder Seiner absoluten und unsagbaren Macht und Weisheit besser verstehen können. Daher sieht der Weise den Himmel in der Natur reflektiert wie in einem Spiegel; und er verfolgt diese Kunst nicht um des Goldes oder Silbers willen, sondern um der Liebe zu dem Wissen willen, das sie offenbart; dieses verbirgt er eifersüchtig vor dem Sünder und dem Spötter, auf dass die Geheimnisse des Himmels nicht entblößt werden vor dem gemeinen Blick.«[6]

Die Alchemisten machten sich die hermetische Vorstellung zu Eigen, wonach das Universum und die Menschheit sich gegenseitig spiegeln, und dies ist im Kern die Bedeutung der Vorstellung vom Makrokosmos und Mikrokosmos und von dem berühmten Satz: »Wie oben, so unten«. Die Alchemisten nahmen an, dass alles, was im Universum existiert, zu einem gewissen Grad auch verborgen oder sichtbar in jedem Menschen vorhanden sein muss. Ein antiker Text der hermetischen Tradition aus Syrien hebt diesen Punkt besonders hervor:

»Was ist die ständige Rede der Philosophen? Erkenne dich selbst! Dies verweist auf den Spiegel der Vernunft und der Erkenntnis. Und was ist dieser Spiegel, wenn nicht die göttliche und ursprüngliche Vernunft? Wenn ein Mensch sein Spiegelbild betrachtet und sich in diesem sieht, so wendet er sich von allem ab, das den Namen von Götzen und Dämonen trägt, und wird, indem er sich mit dem Heiligen Geist vereint, ein vollkommener Mensch. Dann sieht er in sich Gott ...«[7]

Im alchemistischen Denken des Mittelalters bestand jeder einzelne Mensch aus Geist, Seele und Körper und enthielt aufgrund dessen die Essenz des Universums als Ganzes in sich. Die Alchemisten glaubten, dass der Universale Geist unteilbar ist und alle Dinge im materiellen Universum vereint. In ähnlicher Weise waren auch die unterschiedlichen Metalle in ihrer Essenz eins und aus dem gleichen Samen im Schoß der Natur geboren. Aber die Alchemisten betrachteten die Metalle als nicht glei-

6 Zit. in: H. Stanley Redgrove, *Alchemy - Ancient and Modern*, S. 10f.
7 Zit. in: Marcellin Berthelot, *La Chimie au Moyen Age*, S. 262.

chermaßen reif oder »vollkommen«. Gold symbolisierte die höchste Entwicklung in der Natur und personifizierte als Element mit der Zeit auch die Erneuerung oder Regeneration des Menschen. Ein »goldener« Mensch war einer, der vor geistiger Schönheit strahlte und über die Versuchungen und die verborgen lauernde Macht des Bösen triumphiert hatte. Im Gegensatz dazu symbolisierte das niederste aller Metalle, das Blei, den sündigen und unbußfertigen Menschen, der weiterhin der Sünde frönte und leicht von den Kräften der Finsternis zu besiegen war. »Die Alchemie«, schrieb H. Stanley Redgrove, »war ein Versuch, die Prinzipien der Mystik auf die Dinge der physikalischen Welt anzuwenden.«[8] Man wusste, dass Gold der Einwirkung von Feuer und den meisten ätzenden Flüssigkeiten widersteht, während Blei durch andere chemische Agenzien leicht angreifbar ist. Unterdessen wurde der Stein der Weisen – von dem es hieß, er führe einen Zustand alchemistischer Transmutation herbei – von manchen christlichen Alchemisten sogar direkt mit der Gestalt Jesu gleichgesetzt. Von diesen wurde die alchemistische Transmutation als eine Form spiritueller Erlösung betrachtet und die Symbolik von niederen und kostbaren Metallen lieferte ihnen eine Metapher für die Transfiguration oder Verklärung des Menschen.

Nach Ansicht der Alchemisten waren alle Aspekte der Materie eine Spiegelung Gottes und die Materie selbst wurde in die vier Elemente Erde, Feuer, Luft und Wasser unterteilt, die wiederum aus einem fünften, der *quinta essentia*, der »Quintessenz«, hervorgegangen waren. Manchmal wurde diese symbolische Einteilung durch ein Kreuz in einem Kreis dargestellt, worin die vier Quadranten die vier Elemente darstellten und der Mittelpunkt die *quinta essentia* symbolisierte. Oder die Elemente wurden durch Dreiecke dargestellt: Ein Dreieck mit der Spitze nach oben bedeutete Feuer, da Feuer »aufsteigt«; ein Dreieck mit nach unten weisender Spitze bedeutete Wasser; ein nach oben zeigendes und von einer waagrechten Linie durchzogenes Dreieck symbolisierte Luft und sein nach unten zeigendes Gegenstück symbolisierte Erde. Außerdem setzten die Alchemisten bestimmte Metalle mit den astrologisch bedeutsamen Planeten oder Wandelsternen in Beziehung: Gold mit der Sonne, Silber mit dem Mond, Quecksilber mit dem Merkur, Kupfer mit der Venus, Eisen mit dem Mars, Zinn mit dem Jupiter und Blei mit dem Saturn. Sie glaubten aber, dass der Prozess der Transmutation eines niederen Metalls in Silber oder Gold nicht möglich ist, wenn das betreffende Metall nicht zuerst

8 Redgrove, S. 14.

zu seiner *materia prima* oder »Grundsubstanz« reduziert würde. Dies entsprach der Reduktion jedes Metalls zuerst in einen Zustand der »Seele« oder »Essenz«.

Die Seele in ihrem Urzustand reiner Empfänglichkeit wurde von den Alchemisten als grundsätzlich eins mit der *materia prima* der ganzen Welt betrachtet. Die Vorstellung der *materia prima* bezog sich auf das Potenzial der Seele, eine materielle Form anzunehmen. Auf dieser Ebene konnte man ein Metall als verborgen oder »unrealisiert« betrachten. Die Alchemisten selbst beschrieben ein Metall in diesem Zustand als uncoaguliert – das heißt frei von konkreten Eigenschaften. Auf der anderen Seite waren bestimmte Metalle normalerweise fest, eingegrenzt oder coaguliert. Daher bedeutete die alchemistische Transformation eine Formveränderung von der ursprünglichen Coagulation durch Prozesse wie Kombustion (Verbrennung), Dissolution (Auflösung) und Purifikation (Reinigung), um ein neues Produkt – das heißt eine völlig andere Zusammensetzung der ursprünglichen Substanz – zu erhalten.

Auf einer Ebene war die Alchemie ein physikalischer Versuch, aus niederen Metallen Gold herzustellen, und manche praktizierenden Alchemisten – die Vorgänger moderner Laborwissenschaftler – verstanden und betrieben sie auf dieser Ebene. Wenn wir uns aber vor Augen halten, dass die Alchemie vor allem aber auch das Potenzial für die Transformation des Menschen symbolisierte, können wir sehen, dass sie auch einen seinem Wesen nach geistigen Prozess beschrieb. Genau wie die Alchemisten glaubten, dass sich amorphe *materia* verbrennen, auflösen, reinigen und dann in die Form eines vollkommenen Metalls wie Gold – im ganz buchstäblichen Sinn ein Symbol der Ganzheit – coagulieren lasse, so lasse sich dieser Prozess auch auf die mystische Suche des Menschen nach dem Einssein mit Gott anwenden. Nach Ansicht der spirituellen Alchemisten konnte die Seele wiedergeboren werden und ihren wahren Sitz im Reich des Geistes finden. Alle Seelen und somit wir alle, schrieb Titus Burckhardt, »sind wie Wellen eines gleichen Meeres ... Der höchste Sinn der Alchemie ist die Erkenntnis, daß alles in allem enthalten sei, und ihr magisterium ist nichts anderes als die Verwirklichung dieser Wahrheit auf seelischer Ebene.«[9]

9 Titus Burckhardt, *Alchemie. Sinn und Weltbild*, S. 80-83.

Wicca und Göttin-Spiritualität

Einer der interessantesten heutigen magischen Pfade konzentriert sich auf das, was zuweilen als das archetypisch Weibliche bezeichnet wird – auf die Universale Göttin. Es ist kaum überraschend, dass in jüngster Zeit die weibliche Spiritualität in das Zentrum des Interesses gerückt ist, da die internationale feministische Bewegung dazu beigetragen hat, ein offensichtlich männlich orientiertes Ungleichgewicht in der Gesellschaft zu korrigieren.

Bezüge auf das Weibliche haben die unterschiedlichsten Formen. Es kann durch die heilige Metapher von Gaia, der Verkörperung der lebenden Erde und des planetarischen Bewusstseins, ausgedrückt werden oder es kann von der feministischen Auffassung abgeleitet werden, dass die männerdominierte Gesellschaft lernen sollte, sich die »weiblichen« Begabungen des Nährens und der Intuition anzueignen. Und es spiegelt sich auch im gegenwärtigen Wiedererwachen des Interesses an esoterischen Wicca- und neopaganen oder neuheidnischen Traditionen, die die Universale Göttin in den unterschiedlichsten Formen der Zeremonie verehren.

Der moderne Hexenkult wird häufig als Wicca bezeichnet. Dieser Begriff stammt von den altenglischen Wörtern *wicca* (maskulin) und wicce (feminin), die einen männlichen oder weiblichen »Praktizierenden von Hexenkunst« bezeichnen. Das Pluralnomen *wiccan* in der Bedeutung »Hexen« bzw. »Hexer« taucht zum Beispiel um 890 in den Gesetzen von König Alfred auf. Das Verb *wiccian* – »verhexen«, »verzaubern« – wurde ebenfalls in diesem Kontext verwendet. Manche der neuzeitlichen Hexen meinen, dass diese Begriffe einen weisen Menschen bezeichnen, weshalb Wicca zuweilen auch als »Kunst der bzw. des Weisen« bezeichnet wird.

Der Hexenkult ist seinem Wesen nach eine Naturreligion, deren Hauptgottheit die Große Göttin ist. Sie kann vielerlei Gestalt annehmen – sie kann die Große Mutter oder Mutter Natur oder konkreter die Göttin Artemis, Astarte, Athene, Demeter, Diana, Aphrodite, Hathor, Isis, Persephone und viele andere sein. Die Hohepriesterin des *coven* oder »Hexenzirkels« inkarniert im Kontext einer Zeremonie den Geist der Göttin, während der der Hohepriester »den Mond« in ihren Körper »herabzieht« (ausführlicher beschrieben in Kapitel V). Im Hexenkult ist die Hohepriesterin das Gefäß der Weisheit und Intuition und wird durch den Kelch symbolisiert, während ihr Partner, der Hohepriester, durch ein Kurzschwert oder einen Dolch repräsentiert wird. In vielen Hexenritualen spielt daher der Akt der Vereinigung von Dolch und Kelch als Symbol sexueller Vereinigung eine zentrale Rolle und auch in der keltischen Mythologie gibt es eine ähnliche Beziehung zwischen dem heiligen Eichbaum und der Mutter Erde. Dementsprechend wird der Hohepriester manchmal auch – in Erinnerung an die Eiche der Kelten – Eichenkönig oder Cernunnos, der »Gehörnte« oder »Geweihtragende«, genannt. Im Hexenkult personifiziert der Gehörnte Gott Fruchtbarkeit und im antiken Hellas war der große Gott Pan, der Bockfüßige, ein Symbol der Natur und der universalen Lebenskraft. Zwischen dem Gehörnten Gott des Hexenkults und dem gehörnten Teufel des Christentums besteht jedoch keinerlei Verbindung, obwohl diese irrige Annahme seit den Hexenverfolgungen des Mittelalters weit verbreitet war.

Die Wicca-Covens können in ihrer Größe variieren, haben traditionell aber meist dreizehn Mitglieder, bestehend aus sechs Männern, sechs Frauen und der Hohepriesterin. Wächst die Gruppe über diese Zahl hinaus, so verlassen sie einige Mitglieder und gründen einen neuen Coven. Wiccaner nehmen spezielle magische Namen an, die sie im rituellen Kontext verwenden. Sie treffen sich zu bestimmten Zeiten des Jahres zu ihren Zeremonien, diese Treffen oder Sabbate folgen den Zyklen der Natur und den traditionellen Erntezeiten.

Die vier großen Sabbate sind

- Lichtmess, von den Kelten *Imbolc* genannt, am 2. Februar (auf der südlichen Hemisphäre am 1. August gefeiert);
- Mainacht/Walpurgisnacht oder *Beltane* am 30. April (auf der südlichen Hemisphäre am 31. Oktober);
- Lammas oder *Lughnassadh* am 1. August (auf der südlichen Hemisphäre am 2. Februar);
- Halloween oder *Samhain* am 31. Oktober (auf der südlichen Hemisphäre am 30. April gefeiert).

Daneben gibt es vier kleinere Sabbate – die beiden Sonnwenden am Anfang von Sommer bzw. Winter sowie die beiden Tagundnachtgleichen im Frühling und im Herbst.

In vorchristlicher Zeit wurde *Imbolc* traditionell mit den ersten Anzeichen des Frühlings gleichgesetzt; *Beltane* war eine Fruchtbarkeitsfeier, bei der die heilige Eiche verbrannt, Misteln geschnitten und den Göttern Opfer dargebracht wurden; *Lughnassadh*, das mit dem Herbst und der

Ernte verbundene Fest, feierte gleichzeitig das Ernten der Produkte und die fortwährende Fruchtbarkeit der Erde; und *Samhain* symbolisierte den Übergang vom Herbst zum Winter und war mit dem Abbrennen von Holzfeuern verbunden, die dazu dienten, die eisigen Winterwinde fernzuhalten. Zudem war *Samhain* auch eine Zeit, in der die Geister der Toten auf die Erde zurückkehrten, um ihre geliebten Angehörigen oder Lebenspartner wiederzusehen.

Auch die modernen Hexen versammeln sich in ihren Covens, um gemeinsam diese keltischen Rituale zu zelebrieren (in der südlichen Hemisphäre gleichen die meisten praktizierenden Wiccaner, wie bereits angedeutet, die Feiertage an die dortigen Jahreszeiten an). Die Sabbate sind eine Zeit der Gemeinschaft, der Zeremonie und der Initiation und nach dem Ende der Rituale wird mit Speis, Trank und Tanz gefeiert.

An dieser Stelle lohnt es sich, etwas näher auf das Umfeld einer Wicca-Zeremonie einzugehen. Die Rituale finden in einem magischen Kreis statt, der entweder auf dem Boden eines besonderen, als »Tempel« separierten Raums oder auf der Erde – zum Beispiel in einer heiligen Waldlichtung oder auf dem Gipfel eines heiligen Berges – markiert wird. Dazu wird der Boden zuvor zur Reinigung mit einem Ritualbesen gefegt. Den vier Himmelsrichtungen werden rituell die vier Elemente zugewiesen: dem Norden die Erde, dem Osten die Luft, dem Süden das Feuer und dem Westen das Wasser. Der Altar wird traditionell im Norden aufgestellt. Über die vier Himmelsrichtungen herrschen Wesen, die als »Herren der Wachtürme« bezeichnet und in den Ritualen um Schutz und Segen angerufen werden.

Innerhalb des Kreises und auf dem Altar befinden sich das »Buch der Schatten« der Wiccaner (eine Sammlung persönlicher Rituale und Anrufungen), eine Schale mit Wasser, ein Fässchen mit Salz, Kerzen, eine Geißel (als Symbol des Willens und der Entschlossenheit), eine Glocke, ein Seil (um die Kandidaten während der Initiation symbolisch zu fesseln) sowie geweihte Symbole der verschiedenen Elemente: ein Pentakel bzw. eine Scheibe (Erde, weiblich), ein Kelch (Wasser, weiblich), ein Rauchfass oder anderes Behältnis, in dem Weihrauch verbrannt wird (Feuer, männlich) und schließlich ein Zauberstab (Luft, männlich). Die Hohepriesterin hat ihr eigenes *athame* oder Ritualschwert, das Schwert des Hohepriesters liegt dagegen vor dem Altar auf dem Boden.

Im modernen Wicca-Kult wird zwischen drei Initiationen unterschieden. Die erste verleiht der Novizin bzw. dem Novizen den Status einer Hexe bzw. eines Hexers, die zweite erhebt die Hexe oder den Hexer auf die Stufe einer Hohepriesterin bzw. eines Hohepriesters und die dritte vollzieht im Großen Ritual durch reale oder symbolische sexuelle Vereinigung den Bund zwischen der Hohepriesterin und dem Hohepriester.[10] Außerdem wird in der Wicca der dreifache Aspekt der Großen Göttin in ihrer Rolle als Jungfrau (Jugend, Bezauberung), Mutter (Reife, Erfüllung) und Greisin (Alter, Weisheit) hervorgehoben. Diese symbolischen Personifizierungen der drei Phasen des Frauseins finden sich zum Beispiel in der keltischen Triade Brigid, Danu, Morrigan, in der dreifachen Gestalt der griechischen Göttin als Persephone-Demeter-Hekate oder in den drei Furien Alekto (Göttin des Anbeginns), Tisiphone (Göttin der Kontinuität und Fortdauer) und Megära (Göttin des Todes und der Wiedergeburt) repräsentiert. Dieser dreifache Aspekt wird von den feministischen Wicca-Gruppen in ihrer Entwicklung von »Frauenmysterien« besonders in den Vordergrund gestellt. »Bilder von der Muttergöttin, dem weiblichen Prinzip des Universums und der Quelle des Lebens«, schreibt die Neuheidin Zsuzsanna Budapest in ihrem »Holy Book of Women's Mysteries«, »gibt es in Hülle und Fülle ... [denn sie ist] die Göttin mit zehntausend Namen«.[11]

In der Praxis können Wicca-Zeremonien Verzauberungen, Anrufungen zu Heilungen sowie Initiationen sein, die ein Mitglied des Coven auf einen höheren Grad der Einweihung befördern. Hexen halten auch ihre eigene Form der Hochzeit ab, die *handfasting* genannt wird und ein Wicca-Paar entweder für ein Jahr und einen Tag oder »bis in alle Ewigkeit« vermählt. Zudem feiern sie das *wiccaning* als heidnische Entsprechung zur christlichen Taufe. Ein Coven funktioniert vergleichbar einer Familie, wobei die Hohepriesterin und der Hohepriester eine fürsorgliche, elterliche Rolle gegenüber den Mitgliedern der Gruppe einnehmen. Einer der Aspekte, in denen sich die Wicca von intensiver strukturierten Religionen unterscheidet, ist ihre Überzeugung, dass das göttliche Prinzip potenziell in jedem lebenden Menschen zu finden ist. Eine streng formale Struktur oder Systematik des Glaubens ist daher nicht erforderlich. Margot Adler, die Enkelin des berühmten Psychologen Alfred Adler und viel gelobte Autorin des Buchs »Drawing Down the Moon«, einer detailreichen Studie über den amerikanischen Neopaganismus, schreibt: »Das Grundlegende der magischen und paganen Religionen besteht darin, dass sie letztlich sagen, dass der Gott in dir selbst ist, dass du selbst die Göttin

10 Eine vollständige Beschreibung dieser Initiationen siehe in: Janet u. Stewart Farrar, *The Witches Way*.
11 Zsuzsanna Budapest, *The Holy Book of Women's Mysteries*, S. 278.

bist – du kannst also all das, wonach du auf dieser Erde und darüber hinaus verlangst, in dir selbst aktualisieren und erschaffen.«[12]

Miriam Simos, besser bekannt unter dem Namen Starhawk, eine weitere Schlüsselfigur der Wicca-Bewegung, betrachtet die Fähigkeit, Bewusstsein willentlich zu verändern, als ihre magische Kunst und glaubt, dass der weiblichen Magierin eine besondere und privilegierte Rolle zukommt. Als Stellvertreterin der Göttin ist die weibliche Wicca-Anhängerin metaphorisch ausgedrückt die Spenderin des Lebens.

> »Die Bilder der Göttin als Gebärende, Webende, als Erde und wachsende Pflanze, Wind und Meer, Flamme, Netz, Mond und Milch – all dies spricht für mich von Verbundenheit, Ernährung, Heilung, Schöpfung [...]. Mein Machtmodell besagt, dass die Welt als solche heilig ist und dass die Göttin lediglich unsere Bezeichnung für den lebenden Organismus ist, dessen Teil wir alle sind.«[13]

Schamanismus

Es ist weithin anerkannt, dass auch heute noch existierende indigene Völker ihr Leben in größerer Nähe zur Natur und in qualitativ stärkerer Abgestimmtheit auf ihre Zyklen leben als die »modernen« Menschen in ihrer städtischen Umgebung. Daher ist es die native Mythologie von Himmel und Erde, vom Kosmos und den gründenden Ahnen, verbunden mit einem tiefen, angeboren scheinenden Verständnis der archetypischen Kräfte, die unsere Welt gestalten, was viele Menschen an den traditionell lebenden Völkern fasziniert. Ob es nun richtig ist oder falsch – und zu bestimmten Zeiten wurde es allzu sehr romantisiert –, es entstand das Bild von einer archaischen nativen Weisheit, einer authentischen Lebensart, die wir Abendländer verloren haben. Und es kam die Hoffnung auf, dass wir sie vielleicht wiedererlangen könnten.

Eine Spur dieser ersehnten Weisheit findet sich in dem folgenden Navajo-Lied:

Das Denken der Erde ist mein Denken
Die Stimme der Erde ist meine Stimme
Alles, was der Erde gehört, das gehört mir
Alles, was die Erde umgibt, das umgibt mich
Das ist herrlich, gewiss; das ist herrlich, gewiss.

12 Zit. in: Nevill Drury, *The Occult Experience*, S. 51.
13 Zit. in: Victoria Williams, »The Sacred Craft«, in: *East West*, Oktober 1984.

Diese Form von ganzheitlichem Bewusstsein findet sich auch in dem Bericht von Black Elk, einem Medizinmann der Ogalalla-Sioux: Er stand auf dem Gipfel des Harney Peak in den Black Hills von South Dakota und erlebte die Vision eines Universums, das von einem tiefen Gefühl von Harmonie und Ausgewogenheit getragen und erhöht wurde:

> »Dann aber stand ich auf dem höchsten von all diesen Bergen und ringsum unter mir in der Tiefe lag der ganze Erdkreis. Und während ich dort stand, sah ich mehr, als ich sagen kann, und ich verstand mehr, als ich sah; denn ich schaute auf heilige Weise die Gestalten aller Dinge im Geiste, und die Gestalt aller Gestalten, wie sie wie zusammen leben müssen, gleich wie *ein* Wesen. Da sah ich, daß der heilige Ring meines Volkes ein Ring von vielen Ringen war, die einen Kreis bildeten, weit wie das Tageslicht und wie Sternenlicht. In der Mitte aber wuchs ein üppig blühender Baum zum Schutze all der Kinder einer Mutter und eines Vaters. Und ich erkannte all dies als heilig.«[14]

Ähnlich hat auch Galarrwuy Yunupingu, ein australischer Yolngu-Aborigine aus der Yirrkala-Gemeinde im nordwestlichen Arnhem-Land, seine tiefe Liebe zur Erde ausgedrückt:

> »Das Land ist mein Rückgrat. [...] Ich stehe nur deshalb aufrecht, glücklich und stolz und nicht über meine Hautfarbe beschämt da, weil ich immer noch Land besitze. Ich kann malen, tanzen, schaffen und singen, wie es meine Vorfahren vor mir taten. Für mich ist Land die Geschichte meines Volkes. Es erzählt, wie wir entstanden und in welchem System wir leben. [...] Mein Land gehört nur deshalb mir, weil ich genau wie meine Vorfahren im Geist aus diesem Land kam. [...] Mein Land ist mein Fundament.«[15]

Diese Wiederentdeckung der Verbindung, die die Eingeborenenvölker mit der heiligen Erde spüren, hat viele Menschen dazu geführt, indigene Glaubenssysteme und die älteste aller spirituellen Traditionen, nämlich den Schamanismus, eingehender zu erforschen. Der Schamanismus ist nicht nur die früheste, sondern auch die am weitesten verbreitete spirituelle Tradition der menschlichen Kultur. Sie reicht bis in die Altsteinzeit zurück und noch heute finden sich lebendige Reste von ihr in so weit verstreuten Gegenden wie Sibirien, Tibet, Nepal, Japan, Indonesien, Nord-, Mittel- und Südamerika und Australien.

14 Schwarzer Hirsch: *Ich rufe mein Volk. Leben, Traum und Untergang der Ogalalla-Sioux*, S. 50f.
15 Zit. in: Eugene Stockton, *The Aboriginal Gift*, S. 82.

Seit der frühesten Vorzeit haben die Schamanen in ihren magischen Ritualen Vögel und Tiere nachgeahmt und heilige Pflanzen verehrt. Sie haben etwas gelebt, was wir heute als ein »holistisches« Verhältnis zum Kosmos bezeichnen würden.

Doch ist der Schamanismus weit mehr als nur imitative Magie. Er kann als eine animistische Annäherung an die Natur und den Kosmos verstanden werden, die sich visionärer Bewusstseinszustände als Mittel zur Kontaktaufnahme mit den Bewohnern der Geisteswelt bedient. Der Schamane – der je nach den kulturellen Bedingungen ein Mann oder eine Frau sein kann – ist seinem Wesen nach ein praktizierender Magier, der sich willentlich in einen Trancezustand begeben kann und dann in das Land der Götter reist oder vielleicht, der Erdenheimat näher, mit divinatorischen Techniken und der Hilfe von Geistwesen die Ursachen von Krankheit und Unglück erkennen und beheben kann.

Allen Formen des Schamanismus liegt die Vorstellung zugrunde, dass das Universum von Göttern und Geistern belebt ist. Die Rolle des Schamanen besteht darin, die Präsenz schädlicher oder bösartiger Geister zu erkennen, die einzelne Krankheiten verursachen oder bestimmte Mitglieder der Stammesgruppe »verfluchen«. Der Heilerschamane ist daher ein Vermittler zwischen der alltäglichen und der metaphysischen Welt, der den Geistern auf ihrem eigenen Territorium begegnet.

Ein klassisches Beispiel einer Schamanenreise ist im Bericht eines sibirischen Schamanen zu finden, die ich hier in groben Zügen wiedergeben will. Das Volk der Nanai im Gebiet der Tungusen hat höchsten Respekt vor der Fähigkeit des Schamanen, zwischen den verschiedenen Welten hin und her zu reisen. In einem Zustand der Trance begibt sich der Schamane in die »Unterwelt« hinab, wo er magischen Tieren begegnet, die ihm als Geistführer dienen. Auf seiner initiatisch visionären Reise nährt sich der Schamane der Nanai zunächst an den Brüsten einer Göttin, die als die Herrin des Wassers benannt wird, dann wird ihm von den ihn führenden Krafttieren eine Gemeinde von Geistern gezeigt, die für die Verursachung von Krankheit auf der Welt verantwortlich ist. Später »fliegt« der Schamane in seinem Geistkörper in die Krone eines riesigen Baumes, der zu ihm sagt: »Ich bin der Baum, der die Menschen befähigt zu leben.« Daraufhin versieht der Baumgeist den Schamanen mit einem Ast mit drei Trieben. Aus diesen, so erfährt er, soll er drei besondere Trommeln bauen: eine zur Durchführung von schamanischen Ritualen für Frauen beim Gebären, die andere zur Behandlung von Kranken und die dritte, um Sterbenden beizustehen.

In Sibirien spielte die Trommel stets eine besondere Rolle, denn der Schamane »reitet« auf dem rhythmischen Trommelschlag in den Zustand der Ekstase hinein. Und die Vorstellung des Schamanismus als »Reise« in die metaphysische Welt ist nicht nur für die Kosmologie der Nanai, sondern für die schamanischen Kulturen ganz allgemein kennzeichnend. Daher ist es nicht verwunderlich, wenn zum Beispiel auch bei den Jivaros des östlichen Ecuador die normale Alltagswelt als falsch oder als Lüge betrachtet wird, während die Wahrheit über die wirkliche Natur der Dinge nur gefunden werden kann, wenn man die übernatürliche Welt betritt.[16] Diese Visionssuche ist die Aufgabe des Schamanen.

Ein Schamane werden

Schamanen erhalten ihre große und verantwortungsvolle Rolle durch eine magische Berufung. Manche Schamanen übernehmen ihre Funktion in der Gesellschaft als Teil einer von den Vorfahren ererbten *lineage*, andere werden durch Träume und Geistvisionen auf den Weg des Schamanen berufen. Die sibirischen Tschuktschen behaupten, künftige Schamanen hätten einen bestimmten Blick in den Augen, der darauf hindeutet, dass sie über die Welt der Alltagswirklichkeit hinaus und in die Welt des Geistes sehen können. Und da diese seherische Fähigkeit nur wenigen Menschen gegeben ist, fanden sich die Schamanen häufig in den Randgruppen der Gesellschaft wieder. Oft introvertiert und manchmal selbst mit Krankheiten oder Unglück geschlagen, leben potenzielle Schamanen häufig in geistigen Parallelwelten und wurden infolgedessen von Psychiatern zuweilen mit Schizophrenen verglichen. Zwischen Schamanen und Schizophrenen besteht jedoch ein ganz entscheidender Unterschied: Schizophrene verfallen ständig wechselnd und unkontrolliert in unterschiedliche Geisteszustände und leben daher in einer Welt des empirischen Chaos. Schamanen dagegen lernen, ihre seherischen Fähigkeiten in ihr Leben zu integrieren und dem individuellen Willen bzw. dem Weg ihrer Berufung zu unterwerfen. Daher hat der berühmte vergleichende Religionswissenschaftler Mircea Eliade den Schamanen oder Medizinmann als einen Menschen definiert, »dem es gelungen ist, sich selbst zu heilen«. Mit dieser Herrschaft über sich selbst entwickelt sich auch die Fähigkeit, Geistreisen zu unternehmen, helfende Geister zu gewinnen, böse Geister zu vertreiben und Kranke zu heilen.

16 Nähere Informationen darüber siehe in Michael Harner, *The Jivaro*.

Oft kommt es während der Initiation zum Schamanen zu besonderen Offenbarungen. Isaac Tens, ein nordamerikanischer Gitskan-Indianer, begann als Dreißigjähriger in Trancezustände zu verfallen und hatte dabei häufig entsetzliche Visionen. Einmal war ihm, als würde er von tierischen Geistern und schlangenartigen Bäume gejagt und als versuche eine Eule ihn anzugreifen und in die Lüfte zu entführen. Später sah Tens auf einem Jagdausflug wieder eine Eule und erschoss sie. Als er die Beute holen wollte, war er jedoch außerstande, sie zu finden. Er fiel in Trance, sein Körper begann zu »kochen« und zu »zittern« und er bemerkte, wie er ganz spontan zu singen begann. »Ein Sang kam aus meinem Innern, ohne dass ich etwas hätte tun können, ihn zurückzuhalten«, erklärte er. »Viele Dinge tauchten gleichzeitig vor mir auf: riesige Vögel und andere Tiere. Sie riefen mich. Ich sah einen *Meskyawawderh* [eine Vogelart] und einen *Mesqagweeuk* [einen Kaulkopf oder Katzenwels]. Die waren nur mir sichtbar, nicht den anderen in meinem Haus.«[17]

Der Paviotso-Schamane Dick Mahwee hatte seine ersten schamanischen Visionen, während er in einer Höhle träumte. Als er etwa fünfzig war, befand sich Mahwee in einem Zustand »bewussten Schlafs«, als er eine mystische Begegnung mit einem großen, mageren Indianer hatte, der eine Adlerschwanzfeder in der Hand hielt. Der Indianer lehrte ihn Methoden zur Heilung von Krankheiten und seither weiß Mahwee, dass er sich in einen Trancezustand begeben muss, um seine schamanischen Heilungen vornehmen zu können.

»Ich rauche, bevor ich in Trance gehe. Während ich in Trance bin, macht keiner irgendein Geräusch. Ich gehe hinaus, um nachzusehen, was mit dem Patienten geschehen wird. Sehe ich einen Wirbelwind, so weiß ich, dass er die Krankheit hervorrief. Sehe ich den Patienten auf Gras und Blumen wandeln, so heißt das, er wird wieder gesund. Bald wird er auf den Beinen sein und umhergehen. Sehe ich den Patienten zwischen frischen Blumen, und er pflückt welche, so heißt das, er wird wieder genesen. Sind diese Blumen welk oder sehen aus, als hätte sie der Frost getötet, so weiß ich, dass der Patient sterben wird. Manchmal sehe ich in einer Trance den Patienten über den Erdboden gehen. Lässt er dabei Fußspuren zurück, so weiß ich, dass er leben wird, aber wenn es keine Fußspuren gibt, kann ich ihn nicht heilen.«[18]

17 Zit in: Joan Halifax (Hrsg.), *Die andere Wirklichkeit der Schamanen - Erfahrungsberichte von Magiern, Medizinmännern und Visionären*, S. 229.
18 Ebenda, S. 226.

Wie bereits erwähnt, wurde der Schamane traditionell als ein Meister der Ekstase betrachtet; stets war es die Rolle des Schamanen, für seine Geistvision in das Reich der Götter zu fliegen, denn dort konnte er die Offenbarungen empfangen. Der Schamane ist fähig, von einer Dimension wahrnehmbarer Wirklichkeit in eine andere zu reisen. Dabei verkörpern seine Rituale und sein Kostüm Elemente dessen, was in der betreffenden Kultur heilig oder mythisch relevant ist.

Mancherorts pflegen die Schamanen ihre Gewänder mit Motiven, die einen Bezug zu ihren magischen Verbündeten unter den Tieren haben, oder mit wichtigen Symbolen ihrer Mythologie zu schmücken. So trugen die traditionellen japanischen Schamanen Hauben aus Adler- und Eulenfedern und ihre Mäntel waren mit ausgestopften Schlangen verziert. Die Schamanen der sibirischen Jakuten trugen Kaftane, die eine Sonnenscheibe zierte – die für die Öffnung in der Erde gehalten wurde, die in die Unterwelt führte –, während die Schamanen der Nanai Umhänge trugen, auf denen der Kosmische Baum sowie Krafttiere wie Bären und Leoparden dargestellt waren. Die Burjaten trugen Kostüme, überladen mit Gegenständen aus Stahl, die die stählernen Knochen der Unsterblichkeit darstellten.

Wie wir bereits gesehen haben, imitieren die Schamanen in ihren Tänzen Vögel und Tiere. Die Jakuten konnten Kiebitz, Falke, Adler und Kuckuck imitieren, während die kirgisischen Schamanen nicht nur lernten, den Ruf der Vögel nachzuahmen, sondern auch das Geräusch, das ihre Flügel beim Flug machten. Die Zuni-Pueblo-Indianer rufen ihre Tiergötter noch heute in Zeremonien herbei, in denen sie tanzen, Rasseln schlagen und trommeln. Dabei tragen sie Ritualmasken und steigern sich in einen Zustand der Ekstase hinein, in dem sie das Gefühl haben, sie würden sich durch einen Akt ritueller Identifikation direkt in die Tiere selbst verwandeln. Nach dem Anthropologen Michael Harner, der sie intensiv kennen lernte, spielt sich bei den Zuni-Tänzern wesentlich mehr ab als nur die Darstellung und bloße Imitation der tierischen Gestalten. »Wenn [der Schamane] durch das Tanzen, Trommeln, Rasseln und Heulen des Stierbrüllers in einen veränderten Bewusstseinszustand versetzt wird, dann wird er für diese Zeit tatsächlich die Verkörperung des Geistes, der nach seiner Meinung in der Maske wohnt.«[19]

19 Siehe Michael Harner, *Der Weg des Schamanen*, S. 97.

Wie aus Berichten dieser Art zu sehen ist, spielt die Trommel in schamanischen Praktiken eine ganz entscheidende Rolle: Sie ist buchstäblich das Transportmittel, das den Schamanen in die magische Welt befördert. Der rhythmische Laut des Trommelschlags wirkt für den Schamanen als Konzentrationsmittel, das ihn befähigt, sich auf kontrollierte Art in Trance zu versetzen. Manche Schamanen bemalen und verzieren ihre Trommeln auch auf eine Art, die eine symbolische Funktion hat. So dekorieren zum Beispiel die Schamanen der Lappen ihre Trommeln mit Motiven wie dem Kosmischen Baum, der Sonne, dem Mond oder einem Regenbogen, während die traditionellen Evenken ihre Trommelrahmen aus dem Holz der heiligen Lärche herstellten.

Hilfsgeister

Zum visionären Erkennen der Ursprünge einer Krankheit bedienen sich manche Heilerschamanen auch magischer Hilfsgeister oder »Verbündeter«. Für diese Wesenheiten gibt es die unterschiedlichsten Begriffe – darunter »Schutzgeister«, »Traumheiler« oder »Krafttiere« – aber im Allgemeinen stimmen die Fachleute der vergleichenden Religionswissenschaft darin überein, dass die Heilerschamanen bei ihren divinatorischen Praktiken die eine oder andere Form eines Geistführers benötigen. »Ein Schamane«, so Michael Harner, »ist ein Mann oder eine Frau, der in einen anderen Bewusstseinszustand eintritt, um mit einer normalerweise verborgenen Wirklichkeit in Berührung zu kommen, um sie auszuwerten, um Wissen, Kraft und Hilfe für andere zu erhalten. Der Schamane hat wenigstens einen oder meistens mehrere ›Geister‹ zu seiner persönlichen Verfügung.«[20]

Diese Verbündeten erscheinen dem Schamanen in Träumen und Visionen und die hilfreichen Beziehungen zu ihnen können in bestimmten Fällen auch von anderen Schamanen oder älteren Familienmitgliedern geerbt werden. Die Verbündeten können durch Lieder und Tänze aufgefordert werden, in Aktion zu treten, sie verlangen dafür häufig rituelle Opfergaben. Einige Schamanen haben sogar behauptet, sie seien mit ihren Geistführern verheiratet!

Die Hilfsgeister haben die unterschiedlichsten divinatorischen Funktionen. Sie können von dem Schamanen in den Körper des Patienten hineingeschickt werden, um die Ursache der Krankheit herauszufinden,

20 Ebenda, S. 45.

oder sie können ausgesandt werden, um verlorene Gegenstände ausfindig zu machen. Und wie wir gesehen haben, können Heilgeister den Schamanen auch auf seiner Visionsreise in die magische Welt begleiten. Die Yurok-Indianer aus dem Nordwesten Kaliforniens praktizieren noch heute schamanische Heilkunst mit der Hilfe von Geistführern. So beschreibt die Yurok-Heilerin Tela Lake den Schamanen als »einen ganzheitlichen Heiler, der die physischen und spirituellen Kräfte der Natur dazu verwendet, um eine Heilung durchzuführen«.[21] Sie glaubt, dass die Seele die eigentliche Essenz eines Menschen ist und dass Körper, Verstand und Seele durch ein Kraftfeld aus Macht oder Geist zusammengehalten werden. Auf dieses Energiefeld kann der Schamane mithilfe von Geistdivination einwirken. Vor einer Heilzeremonie mit Tela Lake halten sich die Patienten von Drogen, Sex und Alkohol fern. Danach gelten sie als »sauber«. Wenn der Patient eingetroffen ist, geht Tela hinaus und berät sich mit ihren Hilfsgeistern, worauf sie den Patienten für die Heilzeremonie entweder annimmt oder ablehnt (zu einer Ablehnung kommt es gewöhnlich nur dann, wenn der Patient in irgendeiner Weise die spirituellen Gesetze der Yurok verletzt hat). Unmittelbar vor der eigentlichen Zeremonie müssen alle Teilnehmer ein Bad nehmen und der Patient wird mit unterschiedlichen Pflanzen und Kräuterheilmitteln gereinigt.

Wenn die Zeremonie beginnt, sitzt die Schamanin vor ihrem Patienten, richtet den Blick nach Osten und ruft mit Liedern und Gebeten ihre Geister an. Nach Telas Aussagen assistieren ihr die Geister beim Identifizieren der Ursache der Probleme. Manche Geister, so erklärt sie, können in der Zeit zurückfliegen, um nach den Ursachen einer Krankheit zu suchen, während andere Geisthelfer in der Lage sind, die Information, die sie in verschiedenen Sprachen meist ohne Worte empfangen hat, zu deuten. Zu Telas Hilfsgeistern gehören ein Specht (der in der Lage ist, aus dem Körper des Patienten Schmerz zu entfernen) sowie ein Kolibri (der die Fähigkeit besitzt, Gift aus ihm herauszusaugen). Bei Bedarf ruft sie auch »verbündete« Bären und Wölfe an, um die Krankheit zu bekämpfen, oder auch einen Geistfisch, damit er die Krankheit von dem Menschen abfrisst.[22]

Der Schoschonen-Medizinmann Tudy Roberts erzählte Prof. Ake Hultkrantz, dass ihm Geisthelfer von tierischer wie auch menschlicher

21 Siehe Robert G. Lake, »Tela Donahue Lake - Traditional Yurok ›Doctor‹«, in: *Shaman's Drum*, 15, Mittwinter 1989, S. 47f.
22 Ebenda.

Gestalt zur Verfügung standen, als er einen Sonnentanz aufgeführt hatte, und dass er dann, als er auf den Vorbergen von Fort Washakie einschlief, mit drei menschengestaltigen Geistwesen Kontakt hatte. Diese Geister hätten wie Indianer ausgesehen, Federn in ihren Hüten getragen und »sehr saubere Kleider« angehabt. Roberts erfuhr, dass es Blitzgeister waren und dass sie ihm bei seinen Heilzeremonien helfen wollten. Die Geister zeigten ihm, wie man mit einem Adlerbürzel und einer Adlerschwinge schamanische Divination praktiziert, und darauf erlangte er die Fähigkeit, Erkältungen, Masern und Lähmung zu heilen. Aber Robers versuchte nie jemanden zu heilen, bevor er in schamanischen Traumvisionen von seinen Hilfsgeistern Anweisungen erhalten hatte.[23]

Die magischen Traditionen als unsere Lehrer

Wie wir sehen können, hat die magische Tradition des Westens die unterschiedlichsten Wurzeln, die weit in die Vergangenheit – ja sogar bis zu den frühesten Ausdrucksformen spirituellen Bewusstseins der Menschen – zurückreichen. Und nicht nur ich bin davon überzeugt, dass wir aus jeder dieser magischen Traditionen praktische Lehren für unser heutiges Leben ziehen können, auch wenn die Symbolik dieser verschiedenen mystischen Sichtweisen zuweilen sehr kompliziert sein kann. Für unseren weiteren Gang durch dieses Buch und Ihren Einstieg in Theorie und Praxis der Magie können wir aus jeder der hier vorgestellten Traditionen eine Art spirituelle Kernwahrheit gewinnen:

- **Kabbala**: Alles in der materiellen Welt entstammt einer heiligen und unendlichen Quelle, die im Bereich des Ungeformten liegt.
- **Die Großen Arkana des Tarot**: Wir können auf verschiedenen Pfaden zum wahren Ursprung unseres Wesens zurückgelangen, aber alle führen am Ende zu dem unendlichen Reich des Geistes.
- **Alchemie**: Wie oben, so unten. Der Kosmos spiegelt sich auf der Erde. Während wir dem Geist entgegenwachsen, müssen wir unterschiedliche Stadien persönlicher Transformation durchlaufen.
- **Wicca und die Göttin-Spiritualität**: Wir verdanken unsere Existenz der Großen Mutter. Alle geborenen Dinge dieser Welt sind aus dem Schoß der Universalen Göttin hervorgegangen.
- **Schamanismus**: Alles im Universum lebt – alles ist Geist.

23 Siehe Ake Hultkrantz, »The Wind River Shoshoni Sund Dance and Curing Pratices«, in: *Shaman's Drum*, 17, Mittsommer 1989, S. 17f.

Diese grundlegenden Wahrheiten, hier nur ganz kurz angedeutet, lassen sich zu einer Art magischen Denkens zusammenführen. Wir werden sie im Folgenden weiter vertiefen und Schritt für Schritt auch praktisch zu nutzen beginnen.

II
Erste Schritte auf dem visionären Pfad

Eine der zentralen Vorstellungen in der Magie ist die, dass jeder von uns das werden kann, was er im tiefsten Inneren anstrebt, dass im Grunde also die einzigen Schranken, die unser visionäres Potenzial begrenzen, diejenigen sind, die wir uns durch die Beschränkungen unserer Vorstellungskraft und unserer Ängste selbst auferlegen. Letztlich definiert nämlich das, was wir von uns selbst glauben, das Terrain unserer persönlichen Entwicklung. Mit anderen Worten, wir können uns entweder mit den Mauern negativer oder restriktiver Glaubenssysteme und Vorstellungen umgeben oder wir können nach Möglichkeiten in unserem Leben suchen, die befreiend, verwandelnd und ermächtigend wirken. Die zweite dieser beiden Alternativen ist die, mit der sich die positive, manchmal auch weiß genannte Magie befasst.

Viele Menschen heute setzen Magie mit Zauberei und Verkleidungen – ja sogar mit Taschenspielertricks und Täuschung – gleich. Das Ziel der echten Magie – der *wirklichen* Magie – ist es jedoch, dass wir erkennen, wer wir sind, feststellen, was wir im Leben erreichen können und was wir anderen zu bieten haben. Dann können wir uns Ziele vornehmen, die unserem Leben einen Sinn verleihen. Sobald wir uns auch nur vorstellen können, einen Pfad der Transformation – das heißt einen Pfad, der unsere wahre Natur und innerste Zielsetzung widerspiegelt – zu beschreiten, werden sich diese magischen Wirklichkeiten auch in unserem Leben widerzuspiegeln beginnen. Und bei entsprechender Mühe wird das, was wir uns für unser Leben vornehmen, am Ende in unserer alltäglichen Erfahrung wahr werden.

Ganz wesentlich ist es dabei natürlich, dass wir sehr genau hinhören, wenn uns Stimmen aus unserem Inneren (oder sogar von außen, von anderen Menschen) sagen, was wir uns im Leben wünschen, was wir erreichen könnten oder sollten. Es braucht schon einiges an tieferem Einfühlungsvermögen, um herauszufinden, was man vom Herzen her wirklich ersehnt. Denn sehr leicht kann es passieren, dass sich das Ego unserer magischen Fähigkeiten bemächtigt und versucht, sie für seine Belange zu benutzen – oder besser: zu missbrauchen. Und es wird uns natürlich mit allen Mitteln davon überzeugen wollen, dass seine Ziele die richtigen für uns sind.

Obwohl wir alle eine Menge Geschichten von Menschen gehört haben, die unglückliche Opfer mit einem magischen Zauberbann belegt oder ihre Gegner mit okkulten Ritualen und Bannsprüchen verhext haben, geht es bei der wahren magischen Ermächtigung keinesfalls darum, magische Techniken zu verwenden, um über andere Macht auszuüben oder um auf Kosten eines anderen vorwärts zu kommen. Letztendlich geht es bei dem Erreichen von Zielen auf magische Art eher darum, dass wir aus unserem eigenen magischen Potenzial schöpfen und zu einem Mittler für positive und kreative Ergebnisse werden. So werden wir unser Leben mit einem Gefühl von Sinn und Zweck erfüllen, das unser ureigenes Gefühl von innerer Authentizität widerspiegelt.

Erkenne dich selbst

Die meisten von uns in der westlichen Gesellschaft Lebenden sind auf höchst effiziente Art mit den dominierenden kulturellen Normen programmiert worden. Schon früh lernen wir, dass unser Überleben im Alltag in erster Linie davon abhängt, dass wir uns ein kräftiges Ego, eine *persona* – das Ich, das wir der Welt präsentieren – errichten. Dieses Ego, mit dem wir uns identifizieren, versuchen wir nun in einer zunehmend konkurrenzorientierten und oft unfreundlichen Welt, die vor Stärke größeren Respekt hat als vor Schwäche, um jeden Preis auszuspielen und zu verteidigen. Wir werden aufgefordert, uns nach Kräften für uns selbst einzusetzen, und schon in jungen Jahren wird uns eingetrichtert, dass die Gesellschaft uns keinen Lebensunterhalt schuldet. Den meisten von uns wird auch durch die Eltern oder durch Gleichaltrige beigebracht, dass positive Anstrengung, das heißt tüchtiges Schuften, eine Tugend ist und dass denen, die hart dafür arbeiten, eine reiche Ernte winkt. Während wir heranwachsen, lernen wir auch, dass die Gesellschaft diejenigen zu belohnen scheint, die ihre Forderungen geltend machen und ihr persönliches Image am wirkungsvollsten auf andere projizieren. Bei so vielen Menschen heute ist das unermüdlich verfolgte und immer wieder ein Stück weiter in die Ferne rückende Ziel aller Bemühungen reine Ego-Befriedigung; immer mehr betonen sie ihre persönliche Karriere und den materiellen Gewinn als Ziele des täglichen, rastlosen Strebens.

Viele von uns werden in wachsendem Maße konkurrenzorientiert – und häufig aggressiv. Wir versuchen, weiter voranzukommen als die anderen Mitreisenden auf den Wegen des Lebens, und wenn wir von Natur aus geneigt sind, mit faulen Tricks zu arbeiten oder rücksichtslos zu sein, werden wir auch geneigt sein, Strategien zu entwickeln, die uns garantieren, dass unser Vorankommen auf Kosten der anderen geschieht. Gleichzeitig entwickeln wir wahrscheinlich einen wachsenden Stolz auf unseren angehäuften materiellen Besitz, der dann zu einer Art von greifbarem Beweis dafür wird, dass sich all unsere Mühen gelohnt haben.

Bei alledem wird uns das Leben früher oder später dazu führen, dass wir erkennen, *wer wir wirklich sind und was wir in unserem Leben tun*. Definieren wir uns überwiegend über unseren Besitz, unseren materiellen Wohlstand oder über unser Dienstalter am Arbeitsplatz? Wenn dies der Fall ist, dann ist es in Ordnung – denn auf dieser Ebene kann, wie wir sehen werden, die Magie sehr effizient wirken. Und doch wird die Magie auf der materiellen Ebene zuweilen als »niedere Magie« bezeichnet, denn das Praktizieren von Magie auf diesem Level ist ausschließlich auf physische und nicht auf spirituelle oder ganzheitliche Ergebnisse ausgerichtet. Wer auf dieser Ebene Magie praktiziert, verbindet dies nur äußerst selten mit einem Gefühl von spiritueller Verantwortung und ist sich auch selten des persönlichen, inneren Wachstums des Menschen bewusst. Hier geht es lediglich um das Manifestieren von Physischem, nach dem wir in unserem alltäglichen Leben streben.

Wie ich hoffe in diesem Buch zeigen zu können, geht es in der Magie jedoch nicht vorrangig um materiellen Gewinn oder die Befriedigung des Ego und seiner Wünsche. Viele Menschen, die sich zu dem visionären Pfad der Magie hingezogen fühlen, sind auf der Suche nach einem anderen, einem höheren Sinn des Selbst, nach einem, das mit Selbsterforschung oder Selbstverwirklichung zu tun hat. Sie begeben sich auf eine innere Reise, auf der die Belohnungen, die auf sie warten, eher spiritueller als materieller Art sind. Hier verlangt unser Hunger nach Erkenntnis dessen, was wir sind, dass wir unsere wahre innere Natur und nicht nur unsere äußerliche *persona* und ihre Rolle in der physischen Welt ergründen, und auch, dass wir dies in einer Weise tun, die uns ein Gefühl von Sinn und Zweck in Bezug auf das größere Ganze gibt. Diese Art, die Dinge zu sehen, ist potenziell so weit reichend, dass sie uns am Ende das tief gefühlte Bewusstsein geben wird, dass wir mit allen anderen lebenden Geschöpfen in unserer unmittelbaren Umgebung und schließlich mit dem Universum als Ganzem verbunden sind.

Wenn wir unser tägliches Leben um diese Tiefe der Wahrnehmung zu erweitern suchen, nehmen unsere gesellschaftlichen und beruflichen Aktivitäten eine völlig andere Qualität an. Dann agieren wir immer weniger in einem endlosen Konkurrenzkampf gegen die anderen für unsere persönliche Befriedigung, sondern eher in einem sich ständig entwickelnden Prozess der Zusammenarbeit mit den Mitreisenden auf dem Weg. Dazu ist es notwendig, die persönlichen Stärken und Schwächen in unterschiedlichen Individuen anzuerkennen, dabei aber gleichzeitig auch zu erkennen, dass alle Aspekte menschlichen Bestrebens letztlich

Teil eines viel breiteren Spektrums von Bewusstsein und Aktivität sind, und zwar eines Spektrums, das am Ende die Bemühungen jedes einzelnen Individuums transzendiert. Aus dieser breiteren Perspektive heraus können wir schließlich erkennen, dass alle Menschen dieses Planeten in ihrem Inneren das gemeinsame Gefühl, einen höheren Zweck zu erfüllen, miteinander teilen.

Die Magie, die zur spirituellen Entwicklung praktiziert wird, wird manchmal auch als »hohe Magie« bezeichnet, denn ihre Zielsetzungen sind auf das gerichtet, was auf einer höheren Ebene der Skala spiritueller Leistungen schwingt. Diese Form der Magie ist nicht einfach höher, weil sie *besser* ist, sondern weil sie letztlich *wahrer* ist. Und sie ist wahrer, weil sie aus magischer Sicht der universalen Quelle des Lebens näher ist.

Zielsetzungen in der Magie

Zu den Belangen, die für uns am schwierigsten zu erspüren und zu definieren sind, gehört die Frage, was wir wirklich vom Leben wollen. Welche Dinge fallen uns als erste ein, wenn wir unsere persönlichen Prioritäten festzulegen versuchen? Suchen wir finanziellen Wohlstand und Sicherheit? Haben wir in erster Linie unsere persönlichen Beziehungen zu anderen im Auge? Sind wir überwiegend damit beschäftigt, Respekt und Anerkennung von unserer Familie, unseren Freunden, unseren Altersgenossen zu erhalten oder in noch breiterem Rahmen Anerkennung in Form von nationalem oder internationalem Ruhm zu erlangen? Dies könnten einige von den Dingen sein, die uns einfallen, wenn wir unsere am tiefsten gefühlten Prioritäten im Leben abschätzen. Und wieder geht es nicht darum, zu urteilen, ob einige solcher Zielsetzungen wertvoller sind als andere. Auf jeder Ebene, auf der wir Magie betreiben, geht es darum, dass wir erkennen, wer wir sind und was wir suchen. Wir können unsere Ziele nur auf der Grundlage unserer persönlichen Sicht von uns selbst formulieren. Wie weit gestreut diese Sicht sein wird, hängt ausschließlich von uns ab.

Das Tagebuch Ihrer magischen Erfahrungen

Wir werden bald mit den ersten praktischen Übungen beginnen. Es ist aber durchaus hilfreich, wenn Sie bereits jetzt ein Tagebuch speziell für Ihre Erfahrungen mit der Magie beginnen. Suchen Sie sich ein schönes, leeres Heft oder Buch, das auch Ihr Gefühl anspricht. Notieren Sie von heute ab alles, was Ihnen im Zusammenhang mit Ihrem Weg zur Magierin bzw. zum Magier begegnet, was Sie denken und fühlen, wie es Ihnen mit den Übungen dieses Buches ergeht und so weiter. Mit einem solchen Tagebuch können Sie sich Ihren persönlichen Vertrauten erschaffen, der alles aufnimmt, was Sie bewegt, und der Ihnen Ihren bisher erworbenen Erfahrungsschatz nachlesbar bereithält.

Beginnen Sie auf der ersten Seite Ihre am tiefsten gefühlten Zielsetzungen für Ihren magischen Weg aufzulisten. Eine solche Liste zu erstellen, kann einige Zeit in Anspruch nehmen. Günstig ist es, wenn Sie sich ganz in Ruhe hinsetzen und wirklich erspüren, was sich in Ihnen regt, wenn Sie sich aber zugleich auch einer gewissen Spontaneität hingeben und einfach aufschreiben, was sich da in Worte gießen will. Sie können sich dabei folgende Fragen stellen:

- Welche Dinge möchte ich am dringendsten erreichen oder zu welchen Bereichen möchte ich am dringendsten Zugang erlangen (durch Magie auf physischer Ebene)?
- Welche Zustände des Wohlbefindens suche ich in meinem Leben, sei es in Hinblick auf mich selbst oder in meinen Beziehungen zu anderen (durch Magie auf emotionaler Ebene)?
- Welches sind meine ganzheitlichen Ziele, die meine Beziehungen nicht nur zu unmittelbaren Freunden und meiner Familie, sondern auch zu meiner Umgebung, der Welt und dem Universum im weitesten Sinn bestimmen (durch Magie auf spiritueller Ebene)?

Die Magie hat keine Grenzen. Oder wie John Lilly einmal sagte: »In der Region [des Geistes] ist das, was [...] für wahr gehalten wird, wahr, oder es wird, innerhalb bestimmter Grenzen, die durch Erfahrung und Experimente gefunden werden, wahr gemacht. Diese Grenzen sind weitere Glaubensansichten, die transzendiert werden müssen. In den Regionen des [...] Geistes gibt es keine Begrenzungen.«[24]

24 John Lilly, *Simulationen von Gott, Spielräume des menschlichen Bewusstseins,* S. 30.

Wie wir gesehen haben, ist es ein essenzieller Teil praktischer Magie, Ziele zu avisieren und sie im Alltagsleben zu verwirklichen, denn diese Ziele bestimmen unser ganzes Sein. Sie können auf jeder Ebene liegen, auf die wir uns aufgrund unserer Entscheidung konzentrieren. Das Bestimmen der konkreten Aufgaben und das Entwickeln von Beziehungen, die unserem persönlichen Leben einen Sinn verleihen, ist in hohem Maße eine Sache der individuellen Entscheidung. Die Magie, die wir betreiben, wird unsere Ziele und Ideale objektiv widerspiegeln. All dies führt uns nun zu der nicht ganz einfachen Frage der persönlichen Macht.

Die persönliche Macht

Unsere persönliche Macht spiegelt sich in unserem Selbstwertgefühl und unserer persönlichen Effektivität. Und wie hoch wir diese auch einschätzen mögen, es bleibt immer noch sehr viel Raum, unser Potenzial noch weiterzuentwickeln. Unsere persönliche Macht lässt sich nicht nur an der Art, wie wir uns anderen gegenüber verhalten, sondern auch daran messen, wie wir uns selbst sehen und wie stark wir uns in einem ganzheitlichen Sinn fühlen – und zwar nicht nur physisch, sondern auch emotional und spirituell. Aus magischer Sicht betrachtet, umfasst die persönliche Macht alle Ebenen unseres Seins und legt einen starken Akzent auf den spirituellen Willen, mit anderen Worten, auf eine Macht, die mit dem Gefühl für ein höheres Ziel in Einklang steht.

Es ist jedem von uns als individuellem menschlichem Wesen freigestellt, zu bestimmen, was er als sein »höheres Ziel« ansehen will, und dieser Gedanke spiegelt sich auch in der Vorstellung des magischen Willens. Auf praktischer Ebene geht es bei dem, was wir den »Willen« nennen, ausschließlich um die persönliche Absicht – um das, was wir in einer gegebenen Situation erreichen wollen. Auf metaphysischer Ebene hat es dagegen mit dem Verfolgen eines Ziels zu tun, das nicht nur nach unseren physischen Aktivitäten, sondern auch nach unserem verstandesmäßigen, emotionalen und spirituellen Potenzial ausgerichtet ist. Sich nach dem wahren spirituellen Ziel auszurichten wurde früher oft als »sich mit seinem heiligen Schutzengel zu verbinden« bezeichnet. Das aber suggeriert eine spirituelle Wesenheit außerhalb von uns selbst. Wir könnten daher eher von einem Schöpfen aus unserem inneren Potenzial sprechen. Dies bedeutet buchstäblich, mit den höchsten und heiligsten Dimensionen unseres Seins in Kontakt zu kommen, denn auf dieser Ebene sind wir direkt mit dem Universum als Ganzem verbunden.

Aus magischer Sicht betrachtet, ist dies der eigentliche, tiefste Sinn von »persönlicher Macht«. Dies ist also keinesfalls ein Konzept von ichbezogener Macht – von der Art Macht, die wir dazu verwenden können, um in unserem täglichen Leben die Herrschaft über andere Menschen auszuüben oder sie zu manipulieren –, sondern es geht vielmehr um jene Art Macht, die ein von allen geteiltes, allen gemeinsames Ziel anerkennt. Dieses Gefühl für ein Ziel entsteht nur dann, wenn wir fähig sind, das größere Bild zu erfassen und uns in einem erweiterten und noch umfassenderen menschlichen und spirituellen Kontext zu sehen.

In dieser Hinsicht ist die Magie sehr hilfreich, da sie uns im Wesentlichen eine archetypische Art, unser Leben zu leben, lehrt. Die unterschiedlichen klassischen Götterwelten der antiken Religionen – die Götter und Göttinnen der griechisch-römischen, ägyptischen, keltischen und anderer Kulturen – bieten uns Strukturen für unser persönliches spirituelles Wachstum. Indem wir magische Rituale praktizieren und unsere Fähigkeit zu völlig neuen, visionären Sehweisen entwickeln, beginnen wir unser individuelles Leben auf einer mythischen oder magischen Ebene neu zu definieren und die Welt in einem neuen Licht zu sehen. Manche haben dies als ein »Resakralisieren der Welt« bezeichnet, das bedeutet auch, dem Alltagsleben einen heiligen Gehalt zu verleihen. Dies ist das Konzept einer persönlichen Macht und spirituellen Ausrichtung, die bis in unser tägliches Leben hineinreicht, und ein Ansatz, der es ermöglicht, dass die alltägliche Magie sowohl zu Hause als auch in unserer Arbeit für uns lebendig und fruchtbar wird.

Magie ins alltägliche Leben bringen

Wenn Sie sich intensiver mit Magie zu beschäftigen beginnen, könnte das nach und nach Ihr gesamtes Leben in all seinen Facetten beeinflussen. In welchem Maße dies geschieht, bestimmen Sie zum größten Teil natürlich selber, aus dem Grad Ihrer inneren Bereitschaft heraus, sich auf einen spirituellen Weg einzulassen. Wichtig ist es, dass Sie Ihre wesentlichen Lebensbereiche, das Zuhause und das Arbeitsumfeld, in der entsprechenden Weise ändern, in der sich Ihr Lebensstil und Ihre Lebensanschauung wandeln.

Unser Zuhause kann in hohem Maße als eine Erweiterung unserer Persönlichkeit angesehen werden. Gewöhnlich ist es der Ort, an dem wir mit den Menschen zusammenleben, die wir am meisten lieben, wo wir uns sicher und vor der Außenwelt geschützt fühlen. Es ist der Ort, auf dem der Fokus unseres täglichen Lebens liegt. Unser Zuhause ist auch unser eigenes, persönliches Universum: ein Ausdruck unserer Kreativität, unseres Gefühls für Farbe und Dekoration und meist auch der Ort, an dem wir unsere kostbarsten Besitztümer aufbewahren. Durch ein breites Spektrum unseres persönlichen Stils und Geschmacks sendet unser Zuhause eine Botschaft über unsere persönliche Identität aus. Und so wird es, wenn wir einem magischen Pfad folgen, keineswegs überraschen, wenn unser Zuhause auch dies widerspiegelt, denn in diesem Bereich wie in so vielen anderen ist der Mikrokosmos der Spiegel des Makrokosmos.

Genau wie der magische Kreis in der Wicca-Bewegung, dem wir uns noch zuwenden werden, ist das Zuhause eine Miniaturausgabe des Mutterschoßes der Universalen Göttin. Es ist unser eigenes, persönliches Universum und unsere eigene Schöpfung. Es ist unrealistisch zu erwarten, dass unser gesamtes Zuhause ein Tempel wird, und dies besonders dann, wenn wir es mit anderen teilen, die vielleicht andere Ansichten zur Spiritualität haben als wir selbst. Dennoch sollten wir einen Ort innerhalb unseres Zuhauses finden, der unser ganz persönlicher heiliger Raum werden kann. Ein Raum, der der spirituellen Praxis, Meditation, Visualisation oder der »stillen Zeit« ganz allgemein gewidmet ist.

Dieser besondere Raum sollte regelmäßig rituell gereinigt werden, denn er wird ein Ort sein, an dem wir vielleicht unseren persönlichen Altar errichten und die magischen Geräte und symbolischen Bilder aufstellen möchten, die unsere spirituellen Praktiken begleiten. Tatsächlich reinigen viele Wiccaner, die ich kenne, in regelmäßigen Abständen auf rituelle Art – und damit meine ich sowohl psychisch als auch physisch – ihr ganzes Haus. Dies dient dazu, alle negativen energetischen Schwingungen aus dem persönlichen heiligen Raum zu eliminieren. Wenn wir beispielsweise – wie die meisten von uns – in der Stadt wohnen, sind die kollektiven Gedankenformen der großen Zahl der Bewohner dort eindeutig eine Macht, mit der man zu kämpfen hat!

Wenn Sie sich also zu Hause einen magischen Raum einrichten oder wenn Sie in ein neues Heim einziehen, ist es immer ratsam, eine rituelle

Reinigung durchzuführen. Dies geschieht am besten bei Neumond oder Vollmond, wenn sich die Energien der Göttin auf ihrem Höhepunkt befinden. Manche schätzen es, dazu die Peripherie jedes Zimmers mit ein paar Meersalzkristallen oder Salzwassertropfen zu markieren, da das Salz als Symbol für das Element Erde einen symbolischen Schutz verleiht. Ebenso gut ist es, zur symbolischen Reinigung mit dem Element Feuer jedes Zimmer mit Weihrauch zu durchräuchern. Und besonders wichtig wird es sein, dass Sie in dem Raum, den Sie für Ihre persönlichen spirituellen Rituale gewählt haben, Ihr eigenes Reinigungs- oder »energetisches Bannungs«-Ritual durchführen. Das Bannungsritual des Pentagramms (siehe S. 96f. im Kapitel III) bietet sich für diesen Zweck an. Wenn Sie allerdings eher dem Wicca-Pfad zugeneigt sind, gibt es für Bannungs- und Reinigungszwecke auch eine Vielzahl sehr wirksamer Wicca-Rituale, die in zahlreichen Büchern ausführlich beschrieben wurden.[25] Viele Wiccaner schätzen es, in den Ecken des Hauses kleine Büschel heiliger Kräuter aufzubewahren. Daneben ist es auch zu empfehlen, einen Kreis der Unsichtbarkeit um das Zuhause herum zu visualisieren und es für alle Formen des Bösen als unsichtbar zu erklären.[26]

Wenn Sie sich einen heiligen Raum eingerichtet haben, ist es angezeigt, eine persönliche Lobpreiszeremonie abzuhalten, um der Großen Göttin oder einer anderen Schutzgottheit für das, was Sie empfangen haben, zu danken. Gleichzeitig möchten Sie vielleicht auch noch einen symbolischen »Hauswächter« in Ihrem Zuhause aufstellen. Wir selbst haben zum Beispiel einen wundervollen, aus Holz geschnitzten indianischen Donnervogel – den wir auf einer Reise durch den Nordwesten Kanadas erstanden haben – in unserem Haus und er bewacht auf sehr wirkungsvolle Art den Eingang zu unserem Wohnbereich.

Ebenso gut wie das regelmäßige Entzünden von Kerzen, das Abbrennen von Räucherwerk oder Verdampfen von Duftölen ist es, wenn Sie sich mit Pflanzen und Blumen umgeben, denn dies bringt den heilenden Duft von Blüten und Kräutern ins Haus. Zugleich können Sie auch draußen vor dem Haus, Windglocken aufhängen. Dies ehrt das Element Luft und liefert wundervoll spontane Melodien direkt aus der Natur.

Manche finden es auch schön, die Haustür in einer geeigneten symbolischen Farbe zu streichen, und zwar vor allem deshalb, weil die Haustür das Tor zwischen Ihrer inneren, persönlichen Welt und der Außen-

25 Siehe z.B. Cassandra Eason, *A Complete Guide to Magic and Ritual*, sowie Z. Budapest: *The Holy Book of Women's Mysteries*.
26 Z. Budapest, S. 223.

welt symbolisiert. Extrovertierte Menschen neigen häufig eher zu den leuchtenderen, stärker schwingenden Farben, während introvertierte vermutlich kühlere, beruhigendere Farbtöne vorziehen. Das ist natürlich eine individuelle Entscheidung und Sie können dazu den Abschnitt über die Symbolik der verschiedenen Farben weiter unten zu Rate ziehen.

Noch einmal zusammengefasst: Bringen Sie die Magie in Ihr Zuhause

- Gestalten Sie sich einen ganz persönlichen, heiligen Raum für Gebete, Meditationen und Rituale.
- Reinigen Sie Ihr Zuhause, vor allem aber Ihren heiligen Raum regelmäßig auf energetische Weise, zum Beispiel mit Meersalz, Weihrauch, Kräuterbüscheln oder einem Bannungsritual. Vielleicht wollen Sie auch einen speziellen »Hauswächter« aufstellen.
- Preisen Sie immer einmal wieder in Dankbarkeit eine Schutzgottheit, die Sie in ihren heiligen Raum oder Ihr Zuhause allgemein eingeladen haben.
- Laden Sie in Ihre Räume heilsame und inspirierende Energien ein, indem Sie Duftöle verdampfen lassen, Räucherstäbchen abbrennen, duftende und farbige Kerzen entzünden, sich Pflanzen und Blumen in die Räume holen oder draußen klingende Windspiele anbringen.

Magie am Arbeitsplatz

Der Ort, an dem Sie arbeiten, ist etwas ganz anderes als der Ort, an dem Sie leben. Er ist häufig eine profane Umgebung, auf die Sie nicht allzu viel Einfluss nehmen können. Und die Menschen, mit denen Sie arbeiten, haben vielleicht ganz andere Ziele, ganz andere Glaubensformen und Vorstellungen auch von persönlicher Macht und Karriere als Sie. Auch ist es häufig so, dass sich deren Tagesablauf von dem Ihren unterscheidet. Wenn Sie in einem Büro mit einer hierarchischen Machtstruktur arbeiten, ist es nichts Ungewöhnliches, wenn Sie dort äußerst ehrgeizigen, zuweilen rücksichtslosen Individuen begegnen, die verbissen danach streben, auf der Karriereleiter aufzusteigen. Da ich selbst fast 25 Jahre lang in einem privaten Unternehmen gearbeitet habe, habe ich dies nur allzu deutlich kennen gelernt. Der globale Markt wird immer wettbewerbsorientierter und aggressiver und der Einzelne muss ein fest und sicher definiertes Selbstwertgefühl besitzen, um zu überleben, und erst recht, um Karriere zu machen. Leider tendiert unsere Gesellschaft dazu, diejenigen zu belohnen, die ihre egoistische Persönlichkeit am stärksten in die Firma oder die Umgebung ihres Arbeitsplatzes projizieren, auch wenn dies möglicherweise wenig oder nichts mit dem eigenen spirituellen Lebensziel zu tun hat. Tatsächlich ist es nichts Ungewöhnliches, dass spirituell orientierte Menschen versuchen, ihre Arbeit und ihr spirituelles Innenleben völlig voneinander getrennt zu halten. Dann wird die geregelte Arbeit als etwas betrachtet, was völlig außerhalb des Magischen stattfindet und nicht in das geweihte Allerheiligste gehört.

Natürlich können Sie Ihr Büro nicht in einen Tempel oder »heiligen Raum« verwandeln. Ich glaube aber, dass es dennoch möglich ist, Ihr Büro mit Motiven, Farben und Symbolen zu schmücken, die Ihre Persönlichkeit und Individualität widerspiegeln, so dass Sie sich einfach wohl und »richtig« dort fühlen können. Zudem werden Sie damit Ihren Arbeitskollegen eine Botschaft senden, die besagt, dass Sie eine Person mit Gespür und Fantasie sind und dass Sie einen positiven Beitrag zum Ganzen zu bieten haben. Dies zeigt sich auch an der Kleidung oder dem Schmuck, den Sie bei der Arbeit tragen. Versuchen Sie, auch wenn die Farbe Schwarz nach wie vor die Mode am Arbeitsplatz beherrscht, daneben auch einige magische »Kraftfarben« in Ihre Garderobe einzuführen – selbstbewusste Rot-, Orange- und Gelbtöne oder metaphysische Indigo- und Purpurfarben – oder wählen Sie hin und wieder unkonventionelle Farbkombinationen. Sie werden sich selbst kreativer und kraftvoller fühlen und zudem Ihre Fähigkeit zu Originalität demonstrieren.

Vielleicht haben Sie auch Lust, im Stillen einen bestimmten mythischen Archetyp als Rollenmodell zu invozieren und sich mit ihm zu identifizieren: mit Merkur für erfolgreiche Kommunikation, mit Jupiter für Geschick in der Organisation und kluge Entscheidungen, mit Diana für Intuition und mit Mars, wenn Durchsetzungsvermögen erforderlich ist. Sie können auch einen schützenden Machtkreis um sich herum visualisieren, wenn Sie mit anderen Menschen zu tun haben, vor allen bei Ihren Begegnungen mit Kollegen, Chefs oder Geschäftspartnern, die sehr stark auf Macht und sogar Manipulation ausgerichtet sind. Üben Sie sich darin, Ihr persönliches Machtgefühl auf Ihrem Solarplexus (den oberen Teil des Bauchs) zu konzentrieren und Ihren magischen Schutzkreis weiter auszudehnen. Dies ist auch eine nützliche Visualisation, wenn Sie zu einem Bewerbungsgespräch gehen, denn eines der Dinge, die ein potenzieller Arbeitgeber testen wird, ist Ihre Selbstachtung oder Ihr Selbstwertgefühl. Man wird Sie natürlich eher achten, wenn Sie ein

Gefühl von innerer Stärke in Verbindung mit einem Gefühl für die Wahrung Ihrer persönlichen Grenzen ausstrahlen.

Noch einmal zusammengefasst: Magie an Ihrem Arbeitsplatz

Je nach Art Ihres Arbeitgebers, des Arbeitsplatzes und Ihrer Kollegen können Sie unterschiedlich viel von Ihrem »magischen Sein« auch während der Arbeitszeit nach außen tragen.

- Gestalten Sie Ihren unmittelbaren Arbeitsplatz möglichst freundlich, stellen Sie Pflanzen hin, hängen Sie Plakate auf, nutzen Sie Farben und Symbole.
- Kleiden Sie sich so, wie es Ihnen entspricht, wählen Sie mutig mehr Farben, als es vielleicht üblich in Ihrer Firma ist.
- Informieren Sie sich über unterschiedliche Gottheiten, in die Sie sich in bestimmten beruflichen Situationen einfühlen können.
- Visualisieren Sie einen schützenden Kreis um sich herum, wenn Sie mit Menschen, vor allem mit stark machtorientierten Menschen, zu tun haben.
- Lernen Sie, sich auf Ihren Solarplexus als Ihr Machtzentrum zu konzentrieren.

Erste Techniken und vorbereitende Übungen

Das Streben danach, unser magisches und spirituelles Bewusstsein zu entwickeln, kann durch die unterschiedlichsten Übungen und Praktiken gefördert werden. Ich glaube, dass die meisten Anhänger der unterschiedlichen Pfade der Magie darin übereinstimmen würden, dass dies vor allem die folgenden Fähigkeiten sind: kreative Visualisation, rhythmisches Atmen und Farbvisualisation, positive Affirmationen und das Imaginieren.

In den folgenden Teilen des Buches werden wir uns detaillierter auf die magischen und metaphysischen Traditionen beziehen, die im vorigen Kapitel vorgestellt wurden, denn diese repräsentieren insgesamt einen bewährten Weisheitspfad für die heutige Welt. Viele der Techniken und magischen Fähigkeiten, die ich Ihnen nun nahe bringen möchte, haben ihre Heimat in der Kabbala, der Wicca und dem Tarot und wir werden auch die Metaphern und Prozesse spiritueller Transformation, wie sie die Alchemie und der Schamanismus beschreiben, erklärend streifen. In den folgenden Kapiteln dieses Buches werden Sie neben weiteren Informationen zum Verständnis magischen Denkens und Handelns also auch eine Vielzahl von Übungen finden, die Ihnen zunehmend eigene Erfahrungen mit der Magie vermitteln können. Zunächst wird es von Nutzen sein, wenn wir uns einige der grundlegenden Fähigkeiten betrachten, die sozusagen die Basis eines magischen Pfades bilden. Wer die wesentlichen Gesetze der magischen Welten erfasst hat und sich zudem eine gewisse Vertrautheit mit einigen der Grundtechniken erworben hat, der kann auf seinem weiteren Weg zu immer mehr Bewusstheit in wachsendem Maße auch seine persönliche Kreativität einfließen lassen.

Praktizieren Sie die nun folgenden Grundübungen in einer Ihnen angenehmen Intensität. Es empfiehlt sich aber in jedem Falle, sie über einen bestimmten Zeitraum hinweg regelmäßig zu wiederholen, bis Sie das Gefühl einer gewissen Vertrautheit dabei gewonnen haben. Das, was sich alles aus Ihrem Inneren heraus – gerade beim Visualisieren – zeigen mag, wird immer wieder neu sein. Die Techniken aber können und sollten Sie in ihren Grundzügen verstehen und beherrschen lernen, so dass sie Ihnen nicht mehr neu erscheinen. Umso intensiver und fruchtbarer wird dann Ihr Umgang mit den weiterführenden Methoden sein können.

Kreative Visualisation

Kreative Visualisation wird manchmal auch als »aktive Meditation« oder »Sehen mit dem inneren Auge« bezeichnet. Viele bekannte Übungen östlicher Tradition erfordern das vollkommene Eliminieren von Bildern aus dem Bewusstsein, was auch die Ablenkungen unterbindet, die das visuelle und verbale Plappern des Geistes verursacht. Obwohl die kreative Visualisation als eine Form der Meditation betrachtet werden kann, setzt sie gegenüber der östlichen Meditation jedoch einen anderen Akzent. Der Meditierende wird hier nicht angehalten, sich immer weiter weg von allen Bildern (und Gedanken) zu empfinden, indem er alles Auftauchende zwar wahrnimmt, aber weiterziehen lässt; sondern das Visualisieren erfordert gerade das Aufrufen bestimmter Bilder in unsere Wahrnehmungssphäre. Sie sollen uns dabei helfen, Erkenntnisse und Lösungen zu finden, die einen direkten Bezug zu den persönlichen Fragen unseres Lebens haben.

Kreative Visualisation lehrt uns, wie wir unsere Kräfte der Vorstellung und Einbildung (im besten Sinne) verwenden können, um mehr über uns selbst zu erfahren, um Probleme zu lösen und um auch jene eingewurzelt scheinenden Verhaltensweisen und Glaubenselemente zu lockern, an die wir uns ständig klammern, als seien sie geradezu die Eckpfeiler unserer Existenz. Aber ein zentraler Punkt – und dies gilt für alle Formen visionär arbeitender Magie – ist der, dass wir mit einer Technik der kreativen Visualisation ein bestimmtes Ereignis in unserem Leben durch einen Akt *willentlicher Absicht* hervorrufen können. Wir können unsere Einbildungskraft einsetzen, um Veränderungen in einem bestimmten Maße vorwegzunehmen und uns bereits Ergebnisse vorzustellen. Das bringt unweigerlich eine gewisse Antriebskraft mit sich – ein Gefühl wirklicher Erregung und Energetisierung bei der Aussicht auf das, was erst noch eintreten muss – und dies erlaubt es uns, unser Bewusstseinsspektrum weiter auszudehnen.

Verwenden wir die Techniken kreativer Visualisation zu einem magischen Zweck, so lernen wir, noch stärker die Potenziale unseres Geistes zu nutzen, als wir es in der Vergangenheit gewohnt waren. Wenn wir dies tun, schöpfen wir nicht einfach aus unseren Erinnerungen an Gegebenheiten und Erlebtes in der physischen Welt und unserem Platz darin, sondern loten auch das Unbewusste und die spirituellen Ebenen unseres Geistes aus. Dazu müssen wir uns möglicherweise auch mit Symbolen oder Bildern befassen, die spontan auftauchen oder uns in Nacht- oder Tagträumen erschienen sind. Dabei könnte es sich auch um jene machtvollen Bilder handeln, die C. G. Jung als »Archetypen« bezeichnete – das heißt um Personifikationen von universalen heiligen Energien, die in allen Kulturen und Traditionen Religionen, Mythologien und eine Vielzahl künstlerischer Ausdrucksformen inspiriert haben.

Es muss jedoch betont werden, dass wir bestimmte Bilder für uns selbst deuten sollten und es lernen müssen, die Lektionen zu begreifen, die Gefühl und Geist uns auf eine offene und empfängliche Art erteilen. Obwohl es stets klug ist, auf die Ratschläge unserer Freunde und Lehrer zu hören, wird jeder von uns am Ende lernen müssen, in seinem persönlichen Wachstumsprozess und mit seinem zunehmenden magischen Bewusstsein die allein verantwortliche und entscheidende Kraft in seinem Leben zu werden. In dieser Hinsicht sollten wir voraussehen, dass uns die Bilder, die in uns durch kreative Visualisation entstehen, auf direkte und persönliche Weise verpflichten werden. Keine Deutung von visionären Bildern ist jemals allgemein gültig, feststehend oder unerschütterlich; die spezielle Bedeutung eines individuellen Bildes kann von Mensch zu Mensch sehr verschieden sein und es liegt nur an uns selbst, inwieweit wir uns die Lektionen, die diese Bilder liefern, zu Herzen nehmen.

Ein wichtiges Prinzip der kreativen Visualisation ist es, dass man sich auf die Bilder, die in das Bewusstsein auftauchen, so einlässt, *als ob sie wirklich wären*. Kreative Visualisation bedeutet, Bilder auf eine Art in das Bewusstsein heraufzuholen, dass sie dreidimensional präsent und innerhalb unseres Bewusstseinsspektrums ebenso zwingend wie lebendig sind. Damit dies auf eine wirksame Art geschieht, sollten wir aus Bildern und Eindrücken aller Ebenen unseres Seins schöpfen – aus unserer Erinnerung, unseren sinnlichen Erfahrungen, unseren Emotionen und den tiefsten und spirituellen Zonen unseres Bewusstseins.

Wenn wir kreative Visualisation als Teil unserer magischen Orientierung praktizieren, ist es nicht nur ratsam, dass wir uns auf das Positive anstatt auf das Negative konzentrieren, sondern auch, dass wir das visualisieren, was wir wirklich wollen, und nicht das, was wir nicht wollen. Obwohl dies wie eine Binsenwahrheit klingen mag, ist es dennoch eines der zentralen Prinzipien der positiven Magie des Alltags.

Wir beginnen – mit Entspannung

Am besten, so empfinden es die meisten Menschen, beginnt man die Praxis der kreativen Visualisation damit, dass man zuerst einmal lernt, sich zu entspannen. Es gibt viele Arten, sich zu entspannen, und Sie werden eine herausfinden müssen, die bei Ihnen funktioniert. Entspannung vermittelt uns ein Gefühl von Offenheit und innerer Ruhe, die die Wirkungsmöglichkeiten der anschließenden magischen Praxis vertieft.

Ich möchte Ihnen im Folgenden als Beispiel eine Entspannungsmethode zeigen, die ich als Vorstufe zur kreativen Visualisation als sehr hilfreich schätzen gelernt habe.

Entspannung

Setzen Sie sich bequem auf den Boden oder auf einen Stuhl, lockern Sie jedes Kleidungsstück, das Sie ablenken oder Ihnen ein Gefühl von Unbequemlichkeit bieten könnte. Atmen Sie zwei oder drei Mal intensiver ein und vor allem aus, um schon eine ganze Menge Druck entweichen zu lassen. Beginnen Sie nun nach und nach die einzelnen Teile Ihres Körpers bewusst zu entspannen. Sie könnten zum Beispiel damit anfangen wollen, zu visualisieren, wie Ihre Füße immer schwerer und entspannter werden, und dann, wie sich nacheinander auch Ihre Knöchel und Waden entspannen. Stellen Sie sich nun vor, dass Ihre Beine vollkommen weich und entspannt sind, und dann, dass in Ihr Becken ein beruhigendes Gefühl von Entspannung eingekehrt ist und in Richtung Ihres Oberkörpers aufsteigt. Nun wird Ihr Bauch vollkommen entspannt, dann Ihr Brustkorb und Sie atmen tief und weit. Schließlich entspannen Sie Ihre Arme von den Schultern bis in die einzelnen Fingerglieder. Genießen Sie für einige Augenblicke diesen Zustand vollkommener körperlicher Entspanntheit, Weichheit und Weite. Lassen Sie Ihre Aufmerksamkeit nun ausschließlich in Ihrem Kopf sein. Fokussieren Sie Ihre gesamte Gerichtetheit auf das Bewusst-Sein als solches.

Diese Entspannungsübung bereitet Sie optimal auf jede weitere Übung vor. So weich und weit, können Sie sich darauf konzentrieren, jene Bilder in Ihr Gesichtsfeld zu rufen, die Ihnen bei der gegenwärtigen Aufgabe behilflich sein werden.

Alle Sinne erleben

Ein guter Einstieg in die Methoden des kreativen Visualisierens ist die Konzentration auf jeden einzelnen Ihrer Sinne – auf den Geruchssinn, den Tastsinn, den Geschmackssinn, das Sehen und das Hören. Dies wollen wir im Folgenden üben.

Das Erlebnis der Sinne

Setzen oder legen Sie sich bequem hin, entspannen Sie sich und schließen Sie die Augen. Beginnen Sie dann damit, dass Sie sich *Gerüche* vorstellen, die Sie sehr mögen, und bringen Sie sich diese so intensiv, wie Sie können, in Ihr waches Bewusstsein. Empfinden Sie den berauschenden Duft einer wunderschönen Rose oder den markanten Geruch einer frisch geschälten Mandarine. Wählen Sie ganz spontan irgendein Aroma aus, das Sie wirklich anregend finden. Genießen Sie den vorgestellten Duft. Nun stellen Sie sich einen Geruch vor, den Sie abstoßend finden. Vergegenwärtigen Sie sich den unangenehmen Geruch von Abfall oder ranziger Milch oder was auch immer Ihnen einfallen mag. Wenn Sie den Geruch eine Zeit lang wahrgenommen haben, lassen Sie die Vorstellung und die damit verbundenen Empfindungen wieder ziehen.

Nun möchten Sie sich vielleicht auf Ihren *Tast*-Sinn konzentrieren. Stellen Sie sich vor Ihrem geistigen Auge vor, wie Sie Ihre Finger über die Haut eines anderen Menschen gleiten lassen. Sie fühlen die Zartheit und vielleicht auch die Falten, die kleinen Erhebungen und Grübchen – jenes Gewebe, das die Oberfläche der Haut so einzigartig macht. Nehmen Sie dies alles so intensiv wahr, dass Sie eigentlich gar nicht mehr wissen, ob Sie wirklich Haut berühren oder nur in Ihrer Vorstellung. Anschließend können Sie sich darauf konzentrieren, wie sich glattes Holz oder raues Sandpapier oder Haar anfühlt.

Als Nächstes sollten Sie Ihr Bewusstsein auf Ihren *Geschmacks*-Sinn lenken. Vergegenwärtigen Sie sich jenen köstlichen Tee oder Kaffee, den Sie zum Frühstück getrunken haben, oder den markant süßen Geschmack einer Mango oder eines Pfirsichs. Wählen Sie etwas aus, das für Sie jedes Mal ein Hochgenuss ist und genießen Sie es auch jetzt in der Vorstellung so intensiv wie möglich.

Dann lenken Sie Ihre Aufmerksamkeit auf das *Sehen*, wobei Ihre Augen weiterhin geschlossen bleiben. Erinnern Sie sich an die besonderen Farben von Gegenständen in Ihrer unmittelbaren Umgebung – vielleicht an die Farben der Blumen, Gräser und Bäume in Ihrem Garten. Welche Farbe hat der Himmel über Ihnen? Beobachten Sie, wie Ihre Einbildungskraft nacheinander unterschiedliche Gegenstände in Ihr Gesichtsfeld rückt. Lassen Sie die Bilder kräftig leuchten und sehen Sie sie so klar, wie Sie es zuvor vielleicht mit offenen Augen noch nicht einmal getan haben.

Richten Sie zum Schluss Ihre Aufmerksamkeit auf Ihr *Gehör*. Erinnern Sie sich an den unverwechselbaren Gesang eines bestimmten Vogels draußen im Garten, konzentrieren Sie sich auf die Eigenarten der Stimme einer bestimmten Person ... und fragen Sie sich: Was macht diese Laute so unverwechselbar? Lösen irgendwelche von diesen Lauten eine bestimmte emotionale Resonanz in Ihnen aus oder sind sie mit einer bestimmten Erinnerung verbunden?

Lassen Sie dann alle Wahrnehmungen gehen und werden Sie ganz still und leer. Dann können Sie beginnen, Ihren Körper wieder vorsichtig zu bewegen und zu strecken, bevor Sie die Augen öffnen und wieder in der Alltagswelt ankommen.

Diese Übung, die Sie beliebig ausweiten können, wird Sie darauf trainieren, aktiv bestimmte Bilder und Sinneseindrücke in Ihr Bewusstsein zu rufen. Der Grad, wie wirklich diese Vorstellungen für Sie werden, erhöht sich durch die Regelmäßigkeit des Praktizierens.

Eine weitere Übung können Sie auch als einen Test für Ihre visuellen Fähigkeiten ansehen, es ist das bewusste Imaginieren von vorgegebenen Bildern. Dies klingt zunächst ganz simpel, es ist aber dennoch der Übung wert, denn Sie werden sehen, wie häufig Sie doch von dem, was Sie sich vorstellen wollen, abschweifen, oder wie häufig es von selbst seine Gestalt oder seine Farbgebung zu verändern scheint. Es lohnt sich also, anhand einer solchen Übung wie der folgenden die Fähigkeit zur Konzentration und zur willensgesteuerten Viualisation zu trainieren.

Visualisieren bestimmter Bilder

Setzen Sie sich bequem hin und entspannen Sie sich. Fokussieren Sie nun Ihren inneren Gesichtssinn nacheinander ganz in Ruhe auf die folgenden Bilder. Nehmen Sie wahr, wie jedes dieser Bilder Ihrem willentlichen, bewussten Gedanken folgend vor Ihnen auftaucht und betrachten Sie es so lange, bis Sie sich entscheiden, zum nächsten überzugehen. Visualisieren Sie:

- eine goldene Sonne
- einen silbernen, zunehmenden Mond
- einen blauen Kreis
- ein rotes Dreieck
- einen farbenprächtigen Vogel, der über Ihnen fliegt

Wie erging es Ihnen während dieser Übung? Haben Sie bei der Betrachtung eines dieser inneren Bilder vielleicht irgendwelche körperlichen Regungen oder besonderen Gefühle wahrgenommen? Diese von mir hier vorgeschlagenen Bilder sind Symbole, die zum Beispiel in der indischen Tradition des Yoga sehr bedeutungsvoll sind. Der silberne Mond ist dort beispielsweise ein Symbol für das Wasser. Der blaue Kreis steht für die Luft und das rote Dreieck symbolisiert das Feuer (siehe auch die unten stehenden Ausführungen zu den Tattvas). Hatten Sie vielleicht während des Übens bestimmte Assoziationen zu einem der Bilder? Und welche Farbe hatte eigentlich der Vogel, den Sie sahen? War es ein exotischer oder einer, den Sie in Ihrer alltäglichen Umgebung ab und zu sehen? Haben

Sie sich eher auf seine Flügel oder auf die Farben seines Bauches konzentriert? Wie nah konnten Sie ihm kommen?

Wenn Sie sich nach einer Visualisationsübung solche Fragen stellen, werden Sie sich trainieren, immer bewusster und genauer wahrzunehmen – etwas, was ein Magier bzw. eine Magierin unbedingt können sollte und sicher ein Leben lang immer weiter vertiefen wird. Dabei ist es gar nicht so wichtig, die Antworten auszuwerten – wichtig ist vielmehr, dass Sie sich nach und nach darüber bewusst werden, was in bestimmten Situationen in Ihnen vorgeht.

Rhythmisches Atmen und Farbvisualisation

Atem ist Lebensenergie und symbolisiert das Leben an sich. Wenn Sie visuelle Bilder mit Ihrem Atemmuster verbinden, erwecken Sie diese Bilder buchstäblich zum Leben und machen sie in Ihrer Wahrnehmungswelt wirklich.

Sobald Sie das Entspannen geübt und eine gewisse Fertigkeit im Visualisieren erworben haben, können Sie damit beginnen, das rhythmische Atmen als zusätzliche Dimension in Ihre Praxis der kreativen Visualisation einzuführen.

Wir alle erkennen instinktiv an, dass die Art, wie wir atmen, wichtig ist – sie entscheidet mit, inwieweit wir unseren Körper entspannen und eventuelle emotionale Blockaden oder Ängste abbauen können, die unseren Bewusstseinsstrom hemmen. Als einen Teil der bewussten Verfeinerung unseres Atmens sollten wir auch lernen, uns auf die Natur des Atmens selbst zu konzentrieren. Dazu bietet sich eine kleine meditative Übung an, die Sie immer einmal wieder machen können, denn sie führt Sie auf eine äußerst faszinierende Weise zu sich selbst:

Visualisieren des Atems

Setzen Sie sich bequem hin und entspannen Sie sich. Beginnen Sie dann immer tiefer in sich hineinzuhören und den sich ständig wiederholenden Mustern Ihres Atems zu lauschen. Kehren Sie mit Ihrer Aufmerksamkeit, die vielleicht hierhin und dorthin schweifen wird, immer wieder ganz gelassen zu Ihrem Atem zurück. Nehmen Sie bewusst den Weg der Luft wahr, die langsam durch die Nase einströmt, tief in Ihren Rumpf hinein- und dann wieder nach oben und außen fließt. Vielleicht nehmen Sie auch den Rhythmus Ihres Herzschlags wahr, diesen wunderbaren Puls Ihres Lebens.

Nun können Sie versuchen, Ihren Atem zu visualisieren und ihn mit den inneren Augen zu *sehen*, wie er in den Körper hinein- und anschließend wieder frei herausströmt. Es kann zum Beispiel sehr angenehm sein, den Atem als einen Strom aus reinem weißem Licht zu visualisieren, der durch die Krone Ihres Kopfs eintritt und dann einen Wirbel bildet, während er durch den Körper herabströmt. Wenn Sie dies tun, können Sie sich bildlich vorstellen, wie jedes Einatmen jeder Zelle Ihres Körpers neues Leben und neue Lebensenergie bringt. Dann können Sie in gleicher Weise visualisieren, wie jedes entsprechende Ausatmen Sie von Ängsten oder anderen negativen Emotionen befreit.

Üben Sie dies einige Male, ganz in Ruhe und ohne sich anzustrengen. Dann kehren Sie wieder zu Ihrer alltäglichen Atmung zurück und beenden die Übung, indem Sie die Augen öffnen und Ihren Körper dehnen und strecken.

Indem Sie dies eine Zeit lang üben, werden Sie durch Ihr verwandeltes Atemmuster auch Ihre innere Lebenskraft, das Aufbauen Ihrer Stärke und die Konzentrationsfähigkeit Ihrer Sinne unterstützen. Wenn Sie Ihr Atemmuster auf diese Art visualisieren, steigern Sie auch Ihr Gefühl von persönlicher Unversehrtheit und Ganzheit.

Eines der Atemmuster, das ich besonders nützlich finde, ist der so genannte Vierer-Rhythmus. Dieses Atemmuster wirkt gleichzeitig entspannend und energetisierend und eignet sich in idealer Wese zur Unterstützung aller Übungen der magischen Visualisation.

Atmen im Vierer-Rhythmus

Setzen oder stellen Sie sich bequem und entspannt hin. Atmen Sie nun ein und zählen Sie dabei still, innerlich bis vier. Halten Sie dann den Atem an und zählen Sie wieder bis vier. Dann atmen Sie bis vier zählend aus und halten den Atem daraufhin wieder an, während Sie erneut bis vier zählen. Nun beginnt der zweite Zyklus mit dem Einatmen bis vier.

Farbatmen

Nun können wir unserem Atmen noch ein weiteres Element hinzufügen – indem wir bestimmte Farben visualisieren, die jeden Atemzug energetisieren. Aus holistischer Sicht ist das Farbatmen ein hervorragendes Mittel, um unsere Lebensenergie zu aktivieren. Zudem ist das Visualisieren von bestimmten Farben in Verbindung mit dem Atem eine sehr wichtige Kunst in der Praxis der visionär arbeitenden Magie.

Bevor wir die einzelnen Farben und die Heilkräfte, die Ihnen traditionell zugeordnet werden, näher betrachten, sollten wir uns zunächst den Tattvas zuwenden. Dies sind die fünf Elemente im Weltbild des Hinduismus, wie sie seit mehr als einem Jahrhundert zum Zweck der Visualisation auch Eingang in die magische Tradition des Westens fanden. Die fünf Tattvas sind:

- *Vayu*: ein blauer bzw. blaugrüner Kreis, der das Element Luft repräsentiert;
- *Tejas*: ein rotes gleichseitiges Dreieck, mit der Spitze nach oben, das das Element Feuer repräsentiert;
- *Apas*: eine liegende, mit den Enden nach oben zeigende silberne Mondsichel, die das Element Wasser repräsentiert;
- *Prithivi*: ein gelbes Quadrat, das das Element Erde repräsentiert, und schließlich
- *Akasha*: ein schwarzes bzw. dunkelviolettes Oval, das den Geist repräsentiert.

Die Attraktivität der Tattvas besteht insbesondere darin, dass sie einfache und zugleich kraftvolle Symbole zur magischen Visualisation sind. Nach der metaphysischen Tradition erscheinen die Tattvas in dem zyklischen Rhythmus der kosmischen Lebensenergie – auch tattvische Gezeiten genannt –, die jeden Tag um den Planeten Erde kreist. *Akasha* oder der Geist ist während des gesamten Zyklus gegenwärtig, da er alle Elemente umfasst. Im elementaren Energiefluss ist das Element *Vayu* bei Sonnenaufgang am stärksten und verschmilzt in der Tagesmitte mit *Tejas*. Dann tritt in der Abenddämmerung *Apas* in Erscheinung und verschmilzt um Mitternacht wiederum mit *Prithivi*. In dieser Form setzt sich der Kreislauf ständig fort.

Häufig werden die Tattvas in der praktizierten Magie als visuelle »Tore« zu den inneren Welten verwendet, wir werden das Konzept der magischen »Pfadarbeit« später noch eingehend betrachten. An dieser Stelle wird es jedoch nützlich sein, wenn wir uns der Reihe nach auf jedes der

Tattvas konzentrieren und üben, uns jedes dieser visuellen Bilder als Meditationssymbol vor das innere Auge zu halten.

Visualisieren der Tattvas

Setzen Sie sich bequem hin und entspannen Sie sich. Schließen Sie die Augen und rufen Sie das Symbol für *Prithivi* vor Ihr inneres Auge. Wenn Sie das gelbe Quadrat deutlich wahrnehmen können, schauen Sie es einfach eine Zeit lang entspannt an und registrieren Sie eventuell auftauchende Empfindungen oder Assoziationen. Dann lassen Sie das Symbol wieder verschwinden und visualisieren die liegende, silberne Mondsichel für das Tattva *Apas*. Nehmen Sie sie in Ruhe wahr und ebenso alles, was in Ihnen vielleicht dazu auftaucht. Dann lassen Sie das Symbol verschwinden und gehen zu *Tejas*, dem roten Dreieck, über. Anschließend zu *Vayu* mit dem Symbol des blauen Kreises und abschließend zum dunkelvioletten oder schwarzen Oval des *Akasha*. Nachdem Sie auch dieses wieder ziehen lassen haben, sollten Sie sich noch ein paar Atemzüge lang entspannen, bevor Sie die Augen öffnen, den Körper etwas strecken und wieder ganz in Ihr Alltagsbewusstsein zurückkehren.

Wenn Sie sich in einem gewissen Zeitrahmen auf diese Weise mit den Tattvas vertraut gemacht haben, können Sie jedes der fünf Elemente mit jedem anderen kombinieren und auf diese Weise eine Reihe von Subelementen oder Sub-Tattvas erzeugen. Das Element *Prithivi* zum Beispiel ist das dichteste der fünf Elemente und die Kombination *Prithivi in Prithivi* (Erde von Erde überlagert – ein kleineres gelbes Quadrat über einem größeren gelben Quadrat) symbolisiert die dichteste Form von allen möglichen. Wenn wir dagegen die silberne Mondsichel von *Apas* über das gelbe Quadrat der Erde legen, erhalten wir *Apas in Prithivi* (Wasser in Erde), was einen eher flüssigen Aspekt des Elements Erde darstellt. Wenn wir das rote Dreieck des Feuers über das gelbe Quadrat der Erde legen, erhalten wir *Tejas in Prithivi* (Feuer in Erde), was die schmelzartigen Eigenschaften der Erde symbolisiert; und wenn wir den blauen Kreis der Luft über das gelbe Quadrat der Erde legen, erhalten wir *Vayu in Prithivi* (Luft in Erde), was die festen Eigenschaften der Erde in Luft aufgelöst oder verflüchtigt darstellt. Und *Akasha in Prithivi*, ein schwarzes Oval über in einem gelben Quadrat, symbolisiert die ätherischsten oder geistigsten Dimensionen des Elements Erde. Wie wir später sehen werden, liefern diese Tattva-Kombinationen faszinierende visuelle Ergebnisse, wenn sie bei der magischen Pfadarbeit verwendet werden.[27]

Kehren wir zurück zu den symbolischen und heilenden Eigenschaften der Farben. Im Folgenden finden Sie eine Übersicht über einige Grundfarben und Assoziationen, die traditionelle Heilweisen mit ihnen verbinden:

- **Rot**: Diese Farbe steht für Hitze, für Kraft, Aktivität, auch für Aggressivität und Leidenschaft. Assoziiert wird diese Farbe natürlich mit dem Feuer und auch mit dem Blut sowie der Blutzirkulation. So wird Rot von Farbheilern verwendet, um Lähmungen und Blutprobleme zu behandeln und um Müdigkeit zu heilen. Im Tattva-System ist ein rotes Dreieck das Symbol für das Element Feuer.
- **Orange**: Diese Farbe steht für Lebensfreude, für Kindlichkeit, für spielerische Begegnung und auch für Wohlstand. Orange wirkt heilsam bei geistiger Erschöpfung und wenn es darum geht, Hemmungen und Schüchternheit zu überwinden. Es wird außerdem verwendet, um den Puls zu erhöhen oder um nach der Geburt die Milchproduktion der Mutterbrust zu stimulieren.
- **Gelb**: Mit Freude und Glücklichsein, mit der persönlichen Kraft sowie dem Intellekt assoziiert, liefert die Farbe Gelb Energie für das Lymphgefäßsystem und wird bei der Behandlung von Diabetes, Verdauungs-, Nieren- und Leberproblemen, Verstopfung und einigen Racheninfektionen verwendet. Im Tattva-System ist ein gelbes Quadrat das Symbol für das Element Erde.
- **Grün**: Diese Farbe, gewöhnlich als blaugrüner Smaragdton wiedergegeben, wird von vielen Heilern als die Farbe der Harmonie angesehen, da sie im Spektrum des Regenbogens in der Mitte zwischen den aktiven warmen und den passiven kalten Farben liegt. Nicht zuletzt ist Grün ja auch eine grundlegende Farbe der Natur und der Pflanzenwelt. Sie kommt zum Einsatz bei der Behandlung von Heuschnupfen, Magengeschwüren, Grippe und Erkältungen und wird auch bei nervlichen Problemen und zum Stressabbau verwendet.
- **Blau**: Als entspannende Farbe, in manchen mystischen Systemen mit dem Kehlchakra, dem Zentrum der spirituellen oder geistigen Ausdruckskraft, assoziiert, wird die Farbe Blau zur Linderung von Schmerzen, zur Stillung von Blutungen, der Behandlung von Verbrennungen,

27 Zu Assoziationen zwischen den Elementen und Tierkreiszeichen, Jahres- und Tageszeiten sowie verschiedenen mythologischen Tieren siehe Tabelle in Kapitel III, Symbole der Elemente.

Ruhr, Koliken und Atemproblemen verwendet. Im Tattva-System symbolisiert ein blauer Kreis das Element Luft.

- **Indigo**: Dies ist eine reinigende Farbe, die mit der Hypophyse und dem Energiezentrum auf der Stirn assoziiert ist. Heilpraktiker verwenden diese Farbe zur Behandlung von grauem Star, Migräne, Taubheit und Hautkrankheiten. Indigo hat eine beruhigende Wirkung auf Augen, Ohren und Nervensystem.
- **Violett**: Die Farbe Violett, verbunden mit dem Kronenchakra und der Zirbeldrüse, die häufig mit psychischer und spiritueller Macht assoziiert ist, wird zur Behandlung von nervösen und emotionalen Störungen sowie bei Arthritis und Ischias verwendet. Daneben wird sie zur Linderung der Geburtswehen benutzt.
- **Weiß**: Weißes Licht enthält alle Farben des Farbspektrums und repräsentiert daher Vollkommenheit oder Ganzheit. Leuchtendes weißes Licht wird außerdem mit Reinheit, Heilung und spiritueller Transzendenz assoziiert. Weißes Licht sollten Sie immer dann verwenden, wenn Sie nicht sicher sind, welche Farbe genau Sie für eine Visualisation zu einem bestimmten Thema oder Anliegen verwenden sollten.

Neben all diesen gibt es noch drei andere Farben, die nicht im Farbspektrum des Regenbogens enthalten sind, die aber eine tiefe spirituelle und magische Bedeutung haben, weshalb es nützlich ist, auch Visualisationen mit diesen Farben vorzunehmen:

- **Silber**: Silber wird traditionell mit dem Mond, mit gespiegeltem Licht und mit der Universalen Göttin assoziiert. Damit steht es auch für die Tiefen der Gefühlswelt und allgemein für die Weiblichkeit. Im Tattva-System symbolisiert eine liegende Mondsichel mit nach oben zeigenden Enden das Element Wasser. Daneben ist der silberne Mond auch ein Symbol der Fruchtbarkeit und der verborgenen Kräfte der Natur. Zu den Mondgöttinnen der antiken Religionen gehörten Isis und Hathor (Ägypten), Astarte (Phönizien), Ishtar (Babylonien), Artemis, Hekate und Selene (Hellas) sowie Diana und Luna (Rom).
- **Gold**: Gold wird traditionell mit der Sonne, mit direkt einfallendem Licht und im weiteren Sinne mit dem Leben an sich assoziiert. Gold ist ein Symbol für Aktivität, Männlichkeit, auch für Wohlstand und Überfluss. Das Männliche der Sonne spiegelt sich im Sprachgebrauch überall wider – außer im Deutschen und im Englischen – beispielsweise im lateinischen *sol*, dem italienischen *il sole*, französisch *le soleil* etc. In den alten Religionen gab es zahlreiche Sonnengötter wie Ra und Osiris (Ägyp-

ten), Apollo (Hellas), Mithras (Persien) und Sol (Rom). In der Alchemie ist Gold das Symbol der höchsten Vollendung.

- **Schwarz**: Schwarz symbolisiert die Abwesenheit von Licht und da das Lichte oft allgemein als das Göttliche angesehen wird, wird Schwarz von manchen als Symbol für die Abwesenheit des Guten betrachtet und daher mit dem Bösen assoziiert. In manchen spirituellen Traditionen symbolisiert die Farbe Schwarz dagegen das unendliche, unmanifestierte Potenzial – das, was erst noch entstehen muss. Daher ist im Tattva-System ein schwarzes Oval das Symbol für das Element Geist.

Mit all diesen Farben können Sie das Visualisieren üben. Ohne großen Aufwand können Sie sich mitten im Alltagsgeschehen einen Moment Zeit nehmen und eine der Farben – spontan oder Ihrer Intention nach bewusst aus der Liste ausgewählt – aussuchen und sie klar und leuchtend vor Ihrem inneren Auge erstehen lassen. Wenn Sie darin einige Erfahrung erlangt haben, werden Sie wissen, welche Farbe Ihnen wann gut tut.

Farbatmung

Setzen oder legen Sie sich bequem hin. Schließen Sie die Augen und lassen Sie sich einige Momente Zeit, um Ihren Körper vollständig zu entspannen. Atmen Sie tief und gleichmäßig ein und aus. Werden Sie sich über Ihr Anliegen bewusst, das Sie diese Übung wählen ließ – wenn Sie sie nur einmal ausprobieren oder die Technik weiter vertiefen wollen, ist das völlig in Ordnung.

Wählen Sie nun eine Farbe, sie kann ganz spontan in Ihnen auftauchen oder aber Sie haben sich vor der Übung die Farbe ausgesucht, die zu Ihrem Anliegen, Ihren aktuellen Beschwerden, Ihrer Stimmung oder Ihrer Wunschvorstellung passt. Lassen Sie die Farbe vor Ihrem inneren Auge entstehen und sich ausbreiten. Konzentrieren Sie sich beharrlich darauf, auch wenn die Farbe unklar erscheint oder sich mit einer anderen Farbe zu mischen beginnt. Visualisieren Sie dies so lange, bis die Farbe in Ihrer inneren Sicht rein und klar ist. Stellen Sie sich nun Ihren ganzen Körper im Leuchten dieser Farbe gebadet vor. Bleiben Sie dabei ganz entspannt und atmen Sie weiterhin tief ein und aus. Stellen Sie sich bildlich vor, wie die Farbe bei jedem Einatmen in Ihren Solarplexus hineingezogen wird. Visualisieren Sie, wie die Farbe sich direkt unter Ihrer Haut über Ihren ganzen Körper ausbreitet.

Variante

Lassen Sie wie oben beschrieben, eine Farbe klar und hell vor Ihrem inneren Auge entstehen. Senden Sie dann Sphären dieses farbigen Lichts an verschiedene Körperregionen. Experimentieren Sie ein wenig: Wie fühlt es sich an, wenn das farbige Licht in Ihre Füße fließt? Wie, wenn es Ihnen zu Kopf steigt? Wie, wenn Sie es zu Ihrem schmerzenden Rücken leiten und dort ein wenig wirken und pulsieren lassen?

Visualisieren Sie abschließend bei jedem Ausatmen, wie eventuelle negative Elemente Ihren Körper verlassen, bis Sie sich am Ende gereinigt und geläutert fühlen.

Als eine Form von Visualisation kann das Farbatmen Ihnen dabei helfen, die unterschiedlichen spirituellen Zentren in Ihrem Körper wahrzunehmen. Diese Zentren sind Ihnen sicher schon häufig unter dem Namen Chakras begegnet, beispielsweise in yogischen Traditionen. Aber auch die Kabbalisten arbeiten mit Energiezentren des Körpers, welche auch auf dem Baum des Lebens, den wir eingangs schon besprachen, lokalisierbar sind. Vor allem auf dem so genannten mittleren Pfeiler des Lebensbaumes sind sie verortet. Wie wir bereits gesehen haben, ist der Lebensbaum eine symbolische Spiegelung des gesamten Universums und auch ein universales Symbol des Menschen nach dem Prinzip »Wie oben, so unten«. Über die zehn Bewusstseinssphären, die Sephiroth, kann der Mensch meditativ bis zur universalen Gottheit – der Quelle allen Lebens – zurückgelangen. Die Kabbalisten behaupteten, dass der direkteste Weg zu spiritueller Transzendenz über das Aufsteigen auf dem mittleren Pfeiler – dem Weg des Mystikers – führt.

Farbvisualisationen für die Energiezentren im Körper

Hier eine Übersicht über die Farben, die in der modernen Magie mit den verschiedenen spirituellen Zentren auf dem mittleren Pfeiler assoziiert werden. Mit diesen Farben wird gearbeitet, um bestimmte spirituelle Energiezentren in den entsprechenden Regionen des Körpers zu visualisieren:

Kabbalistische Energiezentren des mittleren Pfeilers	Region im menschlichen Körper	Farbe
Kether	Scheitel des Kopfes	reines Weiß
Daath[28]	Kehle	Violett/Blau
Tiphareth	Herz	Gold/Gelb
Yesod	Geschlechtsorgane	Purpur/Silber
Malkuth	Füße	Rostrot/Olivgrün, Zitronengelb und Schwarz

Es ist auch möglich, die körperlichen Entsprechungen und Farbgebungen aller zehn bzw. elf Sefiroth zu visualisieren. Dann aktivieren Sie Ihr Bewusstsein für alle Sphären der Schöpfung und eben auch Ihres Körpers. Die entsprechenden Farben und die jeweiligen Zonen Ihres Körpers finden Sie in der folgenden Übersicht. Solche Zuordnungen variieren oft von Tradition zu Tradition, von einer magischen Gruppe zur anderen und sie werden auch in der Literatur höchst unterschiedlich dargestellt. Für mich hat sich diese Art der Zuordnung als besonders stimmig erwiesen. Die darauf folgende Übung wird Ihnen helfen, die Kraft Ihrer Visualisationskunst weiterzuentwickeln. Zudem wird Sie Ihr Bewusstsein für die Sphären des Lebensbaumes vertiefen und Ihnen ein Gefühl dafür geben, wie umfassend der Mensch in das kosmische Ganze eingebunden ist.

28 Daath – die Sphäre des »Wissens« – wird manchmal als die elfte Sefirah des Lebensbaumes bezeichnet. Sie symbolisiert die spirituelle Ebene auf dem mittleren Pfeiler, der den Kreuzungspunkt zwischen den heiligen und transzendenten Energien der Dreiheit auf der einen Seite und den niedrigeren Manifestationsenergien auf dem Lebensbaum auf der anderen Seite darstellt.

Sefiroth	Region im menschlichen Körper	Farbe
Kether	Scheitel des Kopfes	reines Weiß
Chokmah	linke Schläfe	Grau
Binah	rechte Schläfe	Schwarz
Daath	Kehle	Violett/Blau
Chesed	linke Schulter	Blau
Geburah	rechte Schulter	Scharlachrot
Tiphareth	Herz	Gold/Gelb
Netsach	linke Hand	Smaragdgrün
Hod	rechte Hand	Orange
Yesod	Geschlechtsorgane	Purpur/Silber
Malkuth	Füße	Rostrot/Olivgrün, Zitronengelb und Schwarz

Farbvisualisation der Sefiroth auf dem menschlichen Körper

Setzen Sie sich entspannt hin, atmen Sie einige Male tief ein und aus, schließen Sie die Augen und lassen Sie sich Zeit, wirklich im Hier und Jetzt anzukommen. Stellen Sie sich nun vor Ihrem inneren Auge einen menschlichen Körper vor und visualisieren Sie nach und nach die Sefiroth an den entsprechenden Körperpositionen in den entsprechenden Farben. Lassen Sie also zuerst am Scheitel des Kopfes ein weißes Licht entstehen, das Kether entspricht. Betrachten und verstärken Sie es, fokussieren Sie Ihre ganze Aufmerksamkeit auf die Farbenergie dieser Körperstelle. Tun Sie das eine Weile, bevor Sie das Bild langsam verschwinden lassen und sich der nächsten Position, Chokmah, zuwenden. Üben Sie, die Farben auf den Positionen klar wahrzunehmen, und beobachten Sie, wie Sie sich dabei fühlen. Beenden Sie die Übung mit Malkuth, der an den Füßen lokalisierten Sphäre für die irdische Welt und das alltägliche Bewusstsein.

Lassen Sie alle Bilder verblassen, atmen Sie tief ein und aus und werden Sie sich bewusst, dass Sie nun wieder in Ihre Alltagsumgebung zurückkehren werden. Öffnen Sie die Augen und recken und strecken Sie Ihren Körper, wenn Sie das mögen.

III
Heilige Magie, alltägliche Magie

Die Natur des Rituals

Tiefer in die Welt der Magie einzutauchen und magische Techniken zu praktizieren heißt natürlich immer auch, Rituale durchzuführen. Man könnte sagen, dass alle Formen des zeremoniellen Rituals auch eine Art von szenischer Aufführung sind, dennoch stehen sie zugleich auch immer im Zusammenhang mit einem inneren Prozess. In allen Formen magischen Ausdrucks – vom archaischen Schamanismus bis zur modernen Wicca – ist sich jeder, der ein Ritual ausführt, darüber bewusst, dass sein Tun in enger Verbindung zu einer heiligen, inneren Wirklichkeit steht. Vielleicht wird der Teilnehmer an dem betreffenden Ritual das Gefühl haben, dass er an einem mystischen Drama teilnimmt, in dem es möglicherweise sogar um die Vereinigung mit einer Göttin oder einem Gott, um die Identifikation mit einer Quelle spiritueller Heilung oder um einen Akt der Verkörperung einer Form von transzendenter Macht geht. Auf diese Weise hat die Person, die an dem Ritual teilnimmt, Anteil an einer Dimension, die viel größer als die Welt der vertrauten Alltagswirklichkeit ist und in jeder Hinsicht Ehrfurcht erweckt. Es wird also deutlich, dass das Ritual gleichsam außerhalb des gewöhnlichen Lebens steht. Daher sollte sich jeder praktizierende Magier, auch wenn er gerade erst beginnt, bei jeder magischen Handlung darüber bewusst sein, dass er etwas Rituelles, etwas Größeres als das Alltägliche tut. Mit einer solchen Haltung der Bewusstheit und Ehrfurcht werden die Erfahrungen des Praktizierenden viel tiefer gehen und die Ergebnisse seiner Unternehmungen werden viel weiter reichen können.

Rituale können zu einem Gefühl von Transzendenz führen und die bedeutsamsten Rituale im Leben eines Menschen stellen so genannte Übergangsriten dar. Doch ganz gleich, worum es sich handeln mag, immer können wir sagen, dass jedes einzelne magische Ritual eine *transformative* Erfahrung sein sollte. Oder wie es ein praktizierender Magier der amerikanischen neuheidnischen Bewegung ausgedrückt hat: »Ich will etwas lernen, ich will bewegt werden, ich will das Gefühl haben, ein neuer Mensch geworden zu sein, ich will das Gefühl haben, ich sei Teil geworden von etwas, das größer ist als ich.«[29]

In Wicca-Kreisen herrscht weitgehend Übereinstimmung darüber, dass ein »gutes Ritual« nicht einfach von allein zustande kommt. Es erfordert eine Kombination aus effizienter Planung und überraschender

29 James R. Lewis (Hrsg.), *Magical Religion and Modern Witchcraft*, S. 100.

Spontaneität, eine Mischung aus ausgewogener Absicht und Inspiration. Außerdem sollte ein Ritual wie eine gute Story einen Anfang, eine Mitte und ein Ende haben. In ganz ähnlicher Weise unterscheidet die Hexe Selena Fox aus Wisconsin drei Teile in einem Ritual: zuerst Vorbereitung und Orientierung, dann Arbeit am und Konzentration auf das Ritual selbst und schließlich Abschluss und Aneignung des Erlebten.[30] Die Wiccaner stimmen darin überein, dass die heilige Energie am Ende eines Rituals wieder »geerdet« werden und den Teilnehmern die Möglichkeit gegeben werden muss, sicher in die »wirkliche« Welt der alltäglichen Beschäftigungen zurückzukehren. Daher wird das Ritual manchmal von der Gruppe mit Wein und Keksen beendet und zum Abschluss wird ein Abschiedssegen gesprochen: »Der Kreis ist offen, aber nie zerbrochen / fröhlich getroffen, fröhlich auseinander gehn / auf ein fröhlich Wiedersehn ...«

Der rituelle Rahmen

Auch für Ihre persönliche magische Praxis, selbst wenn sie Ihnen anfangs ganz unbedeutend und klein erscheinen mag, empfiehlt es sich, wenn Sie sich angewöhnen, immer auf eine Art rituellen Rahmen zu achten. Wie Sie einen heiligen Raum für Ihre Praxis erschaffen können, werden wir weiter unten noch eingehend untersuchen. Wesentlich ist aber auch die innere Haltung, mit der Sie vorgehen, und die sollte sich von der Art und Weise und dem Grad an Bewusstheit, die Sie für gewöhnlich im Alltag haben, unterscheiden.

Sie können eine magische Handlung auf unterschiedliche Weise einläuten, um selbst in die richtige Balance aus Wachheit und Entspanntheit zu kommen. Vielleicht wollen Sie anfangs ein Gebet sprechen, eines der überlieferten oder eines, das Sie selbst entwickeln können. Und ebenso können Sie ein Ritual oder eine Übung auch wieder beenden.

Es bietet sich auch an, das »Kabbalistische Kreuz« zu praktizieren. Es dient dazu, unser magisches Selbstgefühl zu stärken, und kann als Beginn jedes magischen Rituals verwendet werden. Dabei werden hebräische Worte intoniert, die – übersetzt – das Folgende ergeben: »Dein ist das Königreich und die Kraft und die Herrlichkeit, in Ewigkeit. Amen.«

30 Siehe Nevill Drury, *The History of Magic in the Modern Age*, S. 177.

Das Kabbalistische Kreuz

Entspannen Sie sich und atmen Sie tief und ruhig. Stellen Sie sich vor, wie reines weißes Licht von oben herabströmt und in Ihre Stirn einfließt. Halten Sie die Schwingung dieses weißen Lichts in Ihrem wachen Bewusstsein; berühren Sie Ihre Stirn mit den Fingern Ihrer rechten Hand und sprechen Sie das Wort *Ateh*, das »Dein ist« bedeutet. Visualisieren Sie nun, wie Sie das weiße Licht mit Ihren Fingern in Ihre Brust herabziehen, und intonieren Sie dabei das Wort *Malkuth*, »das Königreich«, es repräsentiert die unterste Sphäre auf dem Lebensbaum. Ziehen Sie nun mit Ihren ausgestreckten Fingern und mithilfe Ihrer Visualisationskräfte das weiße Licht in Ihre rechte Schulter hinüber und intonieren Sie dabei die Worte *Ve Geburah* (ausgesprochen: »Vay geb-or-rah«), was »und die Kraft« bedeutet. Ziehen Sie daran anschließend das Licht in Ihre linke Schulter hinüber und intonieren Sie *Ve Gedulah* (ausgesprochen »Vay ged-ju-lah«), was »und die Herrlichkeit« bedeutet. Ziehen Sie zum Schluss die Hände über Ihre Brust und intonieren Sie die Worte *Le Olahm* (ausgesprochen: »Leij-oh-lahm«), *Amen. Le Olahm* bedeutet »in Ewigkeit«.

Der heilige Raum

Am Anfang aller magischen Handlungen steht die Definierung des heiligen Raums. Der heilige Raum ist der Ort, an dem das Ritual ausgeführt wird. Das Ritual findet also nicht nur außerhalb der gewöhnlichen, der alltäglichen Zeit statt, sondern auch außerhalb des üblichen Raumes. Es wird vor Beginn der magischen Handlungen oder als ein erster wesentlicher Teil davon der heilige Raum definiert und gestaltet, der Raum, in dem es zu spirituell bedeutsamen Ereignissen kommen soll, in dem Bilder in das visionäre Bewusstsein gerufen werden und Gestalt annehmen, in dem tief greifende persönliche Transformationen stattfinden können. Die Einrichtung eines solchen heiligen Raumes wird in den unterschiedlichen Traditionen auf vielfältige Weise unternommen. Immer aber werden Elemente der Reinigung und der Ausgrenzung von störenden und zerstörerischen Kräften dabei sein.

Um einen Raum zu definieren, kann man sich natürlicherweise den vier Himmelsrichtungen zuwenden. Und es ist möglich, lichte Wesen, die mit diesen Himmelrichtungen in Verbindung stehen, um Schutz und Hilfe für das jeweilige Ritual anzurufen. Es kann als ein zentrales Merkmal aller Formen des magischen Rituals angesehen werden, dass man sich der Symbolik bewusst ist, die den vier Himmelsrichtungen – oder Kardinalpunkten – zugeschrieben wird. Die Wächter dieser Richtungen[31] und die Art, sie um Beistand zu bitten, variieren natürlich in den unterschiedlichen Traditionen, sind aber generell eine typische Erscheinung der praktizierten Magie.

Die westliche Tradition bietet uns vier mächtige Wächter in Gestalt der Erzengel der vier Elemente und es gehört zum festen Bestandteil wirksam praktizierter Magie, diese Erzengel als Beschützer zu visualisieren. Jeder von ihnen wacht an einem der vier Kardinalpunkte. Die folgende Übung führt Sie zur Visualisation dieser vier Erzengel, Sie können üben, sie zu visualisieren, und Sie können ihre schützende und liebevolle Energie erspüren.

Erzengel visualisieren

Stellen Sie sich aufrecht hin, atmen Sie tief durch und entspannen Sie sich. Vielleicht wollen Sie die Erzengel kurz und still anrufen und sie bitten, Ihnen bei der Visualisationsübung zu helfen und Sie zu führen. Beginnen Sie dann, wenn Sie sich dafür bereit fühlen, sich das Bild des ersten Erzengels vor Ihr inneres Auge zu rufen. Wenden Sie sich dazu in Richtung Osten.

Im Osten visualisieren Sie die imposante Gestalt von Raphael, dem Erzengel der Luft. Er trägt einen gelben, mit Purpur getönten Umhang, der im Wind flattert. Sie bemerken, dass er geflügelte Sandalen trägt, denn er ist der magische Gegenpart zu Merkur, dem Boten der Götter. Raphael thront hoch über Ihnen und hält einen Zauberstab, das Symbol der Luft, in der Hand. Nehmen Sie seine Erscheinung ganz in Ruhe wahr und beobachten Sie auch Ihre Empfindungen dabei.

31 In der Wicca werden diese gelegentlich als Wächter der Wachtürme bezeichnet.

Dann wenden Sie sich nach Süden und visualisieren Michael, den Erzengel des Feuers und Herrscher der Sonne. Er trägt einen roten Umhang, den sprühende Funken aus grünem Licht umspielen. Sein bernsteinfarbenes Haar weht ihm aus dem Gesicht und in seiner ausgestreckten Rechten hält er ein flammendes goldenes Schwert, das Symbol des Feuers. Nehmen Sie die Erscheinung von Michael entspannt wahr und registrieren Sie dabei auch, was in Ihnen vorgeht.

Wenden Sie sich dann gen Westen und visualisieren Sie Gabriel, den Erzengel des Wassers und Herrscher des Mondes. Sein Umhang ist von silberblauer Farbe mit Flecken aus leuchtendem Orange. Sie bemerken die geschwungene Sichel des zunehmenden Mondes auf seiner Stirn. Gabriel hält mit ausgestreckter Hand eine überfließende silberne Schale, das Symbol des Wassers. Nehmen Sie auch ihn ruhig wahr und erspüren Sie ganz unangestrengt, was in Ihnen vorgeht.

Wenden Sie sich dann dem Norden zu. Dort schließlich visualisieren Sie Uriel, den Erzengel der Erde. Seine Robe schimmert in allen Farben der Natur, in Zitronengelb, Olivgrün, Rostrot und Schwarz. Er steht auf einer irdenen Scheibe, auch Pentakel genannt, dem Symbol der Erde. Nehmen Sie Uriel ganz in Ruhe wahr, bis Sie das Gefühl haben, die Übung beenden zu wollen.

Wenn Sie sich am Anfang an die Engel gewandt haben, dann sollten Sie sich jetzt bei Ihnen bedanken, bevor Sie langsam in die Alltagswirklichkeit zurückkehren.

Bald werden wir lernen, wie man diese vier Wächter in ein komplexeres Ritual einbezieht. Vorläufig ist es jedoch wichtig, dass wir die Fähigkeit entwickeln, die visuelle Realität dieser Erzengel in uns entstehen zu lassen und dabei zugleich ein Gefühl von ihrer Ehrfurcht gebietenden Präsenz zu erfassen. Dies ist ein bedeutender Schritt auf dem visionären Pfad, denn Visualisationen wie diese bringen uns in Berührung mit archetypischen Kräften, die die stark begrenzte Perspektive unserer alltäglichen Beschäftigungen weit überschreiten. Wenn wir einmal damit begonnen haben, uns in dieser Art der Visualisation zu üben, sind wir bald bereit, den nächsten Schritt auf dem Pfad zu unternehmen. Sie werden feststellen, dass dies ein zunehmend transformativer Prozess ist, der Sie langsam, aber sicher zu einem Gefühl für den Wert und den Sinn der Magie im kosmischen Ganzen führen wird.

Mit Ausnahme des Geistes, der allgegenwärtig ist, sind die vier Grundelemente Erde, Wasser, Feuer und Luft in der Magie mit den vier Himmelsrichtungen, mit verschiedenen Tierkreiszeichen, verschiedenen Jahres- und Tageszeiten sowie mythologischen Geschöpfen oder »Elementargeistern« assoziiert. Zudem auch mit Ihren Wächtern, wie wir eben gesehen haben. Die folgende Übersicht verdeutlicht Ihnen diese analogen Entsprechungen noch einmal.

Erde
Himmelsrichtung: Norden
Wächter: Uriel
Tierkreiszeichen: Stier, Jungfrau und Steinbock
Jahreszeit: Winter
Tageszeit: Mitternacht
Elementargeister: Gnome

Wasser
Himmelsrichtung: Westen
Wächter: Gabriel
Tierkreiszeichen: Krebs, Skorpion und Fische
Jahreszeit: Herbst
Tageszeit: Abenddämmerung (Sonnenuntergang)
Elementargeister: Undinen

Feuer
Himmelsrichtung: Süden
Wächter: Michael
Tierkreiszeichen: Widder, Löwe und Schütze
Jahreszeit: Sommer
Tageszeit: Mittag
Elementargeister: Salamander

Luft
Himmelsrichtung: Osten
Wächter: Raphael
Tierkreiszeichen: Zwillinge, Waage und Wassermann
Jahreszeit: Frühling
Tageszeit: Morgendämmerung (Sonnenaufgang)
Elementargeister: Sylphen

Einen heiligen Raum erschaffen

Nun sollten wir beginnen können, einen heiligen Raum zu erschaffen, in dem sich magische Handlungen durchführen lassen. Dazu ist zuerst das Definieren des magischen Kreises erforderlich, dann das Verbannen der unreinen Elemente aus seiner Mitte und schließlich das Erbeten von Schutz in alle vier Himmelsrichtungen. Das beste Ritual für diesen Zweck, das ich kenne, ist das »bannende Pentagramm-Ritual«. Darin kommen auch wieder die Wächter der vier Himmelsrichtungen vor, die wir bereits visualisieren lernten.

Das magische Symbol des Pentagramms – ein fünfstrahliger Stern – repräsentiert die fünf Elemente Erde, Feuer, Wasser, Luft und Geist. Daneben ist das Pentagramm selbst auch das Symbol für einen mit ausgebreiteten Armen dastehenden Menschen. Wenn die Spitze nach oben weist, zeigt das Pentagramm an, dass die Zielsetzung auf das Element Geist gerichtet ist, und dann wird das Pentagramm ein Symbol der weißen Magie – der Magie mit spiritueller Intention. Weist die Spitze des Dreiecks dagegen nach unten, so zeigt das Pentagramm von dem Element Geist fort und es wird zu einem Symbol der schwarzen Magie.[32]

32 Es ist und bleibt zu stark vereinfachend, in der Magie lediglich zwischen guter und böser zu unterscheiden. Zu einer detaillierteren Darstellung der Art und Weise, wie Schwarzmagier ihren metaphysischen Pfad betrachten, siehe Nevill Drury, *The History of Magic in the Modern Age.*

Das bannende Pentagramm-Ritual

Stellen Sie sich schweigend an den ausgewählten Ort, den Sie zu einem heiligen Raum werden lassen wollen. Der erste Teil der Übung ist das »Kabbalistische Kreuz«, führen Sie es zur Einstimmung wie oben beschrieben durch.

Visualisieren Sie dann einen Ring aus leuchtendem Astralfeuer um den gewählten Raum herum. Nun soll in jeder der vier Himmelsrichtungen ein aufrecht stehendes Pentagramm aus loderndem weißem Licht entstehen, diese vier sollten den Raum umgrenzen. Erzeugen Sie an jedem der vier Kardinalpunkte des Kompasses direkt vor sich in Schulterhöhe das magische Bild des Pentagramms.

Beginnen Sie, indem Sie nach Osten blicken und mit Hilfe Ihres ausgestreckten Arms direkt vor sich ein großes Pentagramm in die Luft zeichnen. Da Sie dabei sind, einen heiligen Raum auf der Erde oder dem Boden eines Tempels freizumachen, beginnen Sie mit der irdischen Spitze des Pentagramms (das heißt mit der linken unteren Spitze). Setzen Sie an der unteren linken Ecke an und fahren Sie im Uhrzeigersinn fort, bis Sie die Form des fünfstrahligen Sterns vollendet haben. Visualisieren Sie, wie Sie ein Pentagramm aus leuchtendem Feuer erschaffen. Ziehen Sie, nachdem Sie es vollendet haben, Ihre Hand zurück, atmen Sie tief ein und stoßen Sie dann mit einer durchbohrenden Geste Ihre ausgestreckte Hand nach vorn in das Zentrum des Pentagramms. Atmen Sie dabei tief aus und lassen Sie das Wort *JHVH* (ausgesprochen: »Jeho-wah«) erklingen, den heiligen Gottesnamen für das Element Luft.

Wenden Sie sich nun nach Süden und visualisieren Sie, während Sie sich drehen, wie sich ein mächtiger Flammenbogen von dem Pentagramm im Osten bis zu dieser neuen Position im Süden herüberwölbt. Erzeugen Sie dann wieder vor sich das Pentagramm aus leuchtendem Feuer, vibrieren Sie aber diesmal, während Sie beim Ausatmen die stoßende Geste in das Zentrum des Pentagramms ausführen, das Wort *ADNI* (ausgesprochen: »Ah-doh-nai«), den heiligen Gottesnamen für das Element Feuer.

Blicken Sie dann nach Westen und bilden Sie das nächste Pentagramm in der gleichen Weise. Diesmal sollten Sie das Wort *EHIEH* (ausgesprochen: »Äe-hii-jäh«) und damit den heiligen Gottesnamen für das Element Wasser intonieren.

Nun werden Sie, während Sie sich nach Norden wenden, das letzte Pentagramm bilden und damit den flammenden Kreis vollenden. Lassen Sie dabei diesmal das Wort *AGLA* erklingen (ausgesprochen: »Ahglah«), den heiligen Gottesnamen für das Element Erde. Vollenden Sie nun den Feuerkreis, indem Sie ihn symbolisch vom Norden, nach dem Sie sich ja gerade ausrichten, bis nach Osten weiterziehen und damit den Kreis an der Stelle schließen, wo Sie begonnen haben. Nun haben Sie in allen vier Himmelsrichtungen ein schützendes Pentagramm errichtet und einen Kreis aus leuchtend weißem Licht erzeugt.

Als Nächstes sollten Sie der Reihe nach jeden der vier Schutzengel anrufen. Richten Sie dazu den Blick zuerst nach Osten und strecken Sie Ihre Arme seitlich aus wie die Arme eines Kreuzes. Visualisieren Sie nun Raphael und nacheinander dann die anderen drei Erzengel, die Sie umgeben, so wie wir es in der Übung weiter oben getan haben. Sprechen Sie dann:

Vor mir Raphael,
Hinter mir Gabriel,
Zu meiner Rechten Michael,
Zu meiner Linken Uriel,
Denn um mich her lodert das Pentagramm
Und über mir scheint der sechsstrahlige Stern.[33]

Nachdem Sie den heiligen Raum erzeugt und ihn mit schützenden Pentagrammen und einem Feuerkreis energetisch verstärkt haben, sind Sie nun in der Lage, das konkrete Ritual auszuführen, das Sie beabsichtigen. Das kann eine der Formen sein, die Sie bereits aus diesem Buch kennen. Es kann sich aber beispielsweise auch um die Invokation einer bestimmten männlichen oder weiblichen Gottheit oder um eine magische Visualisation in Richtung auf die Astralebenen des visionären Bewusstseins

33 Manche Wiccaner invozieren die Wächter der vier Himmelsrichtungen im Norden – der Himmelsrichtung des Polarsterns – beginnend, während andere den Osten als Himmelsrichtung der aufgehenden Sonne vorziehen. In dieser Wicca-Methode wird bei der Invokation das Pentagramm verwendet, wobei mit der Spitze des fünfstrahligen Sterns in jeder Himmelsrichtung begonnen und dann die Form gegen den Uhrzeigersinn vervollständigt wird, das heißt, es wird in entgegengesetzter Richtung zu der gearbeitet, die beim Bannritual verwendet wird. Die Invokation wird so einfach wie direkt ausgedrückt, z.B. mit den Worten: »O großer Herrscher des Nordens und der elementaren Kraft der Erde, ich invoziere deine Gegenwart, um diesen Kreis während des Rituals zu schützen, das ich gleich vollziehen werde.« Siehe Michael Howard, *The Way of the Magus*, S. 28.

handeln. Ein hervorragendes Beispiel dafür, wie man die höheren spirituellen Mächte anruft, die Himmel und Erde regieren, ist Sybil Leeks Invokation der Mondgöttin, die während der Feier um die Wiedergeburt der Sonne aus den Tiefen des Winters zelebriert wird:

Königin des Mondes,
Königin der Sterne,
Königin der Hörner,
Königin der Feuer,
Königin der Erde,
Bring uns das verheißene Kind!
Denn die Große Mutter
Gebiert das neue Jahr,
Dunkelheit und Tränen sind vorbei,
Wenn die Sonne wieder neu ersteht,
Goldene Sonne über Hügeln und Bergen,
Erleuchte die Welt,
Erleuchte die Meere,
Erleuchte die Flüsse,
Erleuchte uns alle.
Nieder mit dem Leiden, hoch mit der Freude,
Gesegnet von der Großen Mutter!
Ohne Anfang, ohne Ende,
Immer während bis in Ewigkeit,
Evoe! Evoe! [34]

Der magische Kreis

Das höchste Symbol des heiligen Raums ist der magische Kreis, der zugleich Symbol des Universums insgesamt und Symbol des persönlichen spirituellen Bestrebens ist. Innerhalb des heiligen Kreises herrschen Ordnung, Sinn, spirituelle Kraft und Transformation. Außerhalb des heiligen Kreises herrschen Zufall und Chaos inmitten des unaufhörlichen Treibens und Lärmens der profanen Welt. Auch im Ritual des bannenden Pentagramms haben wir letztlich einen magischen Kreis geschaffen.

Die Magie verwendet den Kreis, um einen Bereich zu definieren, den der Praktizierende als heilig betrachtet. Dies kann ein in den Sand ge-

34 Zit. in: Z. Budapest, *The Holy Books of Women's Mysteries,* S. 118.

ritzter Kreis, ein auf der Erde einer Waldlichtung gezogener und mit Steinen, Stöckchen und Federn markierter Kreis oder ein mit Farbe oder Kreide auf dem Boden eines Tempels gezogener Kreis sein. Was die Kraft des Kreises ausmacht, ist jedoch nicht die physische Definition des Raums selbst, sondern die spirituelle und emotionale Kraft, mit der er ausgestattet wird. Der Kreis muss für jede einzelne magische Handlung erneut sakralisiert werden, er muss ständig mit neuer Kraft ausgestattet werden. In energetischer Hinsicht muss er stets neu geschaffen werden.

Zwei der einflussreichsten Ansätze der Magie – die frühere Tradition des Hermetic Order of the Golden Dawn und der inzwischen stärker dominierende Ansatz der heutigen Wicca – stellen unterschiedliche symbolische Aspekte des magischen Kreises in den Vordergrund, obwohl sie im Wesentlichen einen ähnlichen spirituellen Zweck widerspiegeln. Lassen Sie mich dies zur Vertiefung unserer Arbeit am heiligen Raum etwas ausführen.

In der Golden-Dawn-Tradition der zeremoniellen Magie – der Tradition, in der die berühmten Magier Aleister Crowley und Dion Fortune ausgebildet wurden – enthält der magische Kreis ein *Tau*-Kreuz, das als deutlich maskulines Symbol das Gegengewicht zu dem weiblichen, mutterschoßähnlichen Symbol des Kreises selbst bildet. Im Zeremonialkreis des Golden Dawn ist das *Tau*-Kreuz aus zehn Quadraten, einem für jede Sphäre des kabbalistischen Lebensbaumes, zusammengesetzt und ist ebenso wie die heiligen Götternamen, die um die Kreisperipherie geschrieben sind, in zinnoberroter Farbe gehalten. Die Kreisfläche selbst ist grün. Neun in gleichem Abstand zueinander platzierte Pentagramme, von denen jedes eine kleine glühende Lampe enthält, umgeben den Kreis, und ein zehntes – das wichtigste – hängt als Symbol des mystischen Strebens über seiner Mitte. Der Kreis muss groß genug sein, damit sich der Ritualmagier darin umherbewegen kann, und der Magier darf während einer magischen Invokation den Kreis niemals verlassen, denn ein Verlassen des Kreises mitten in der Zeremonie würde seine Kraft als Fokus für den magischen Willen und als Kreis »psychischen« Schutzes zerstören.

Als Konstruktion kann der Kreis, wenn er nicht permanent auf dem Tempelboden markiert ist, auch mit Farbkreide gezogen oder auf ein Tuch genäht oder gedruckt werden. Wie angemerkt muss die heilige Natur des Kreises überall dort, wo er bereits existiert, zu Beginn jedes Rituals im Bewusstsein des Magiers neu bekräftigt werden, denn sonst bliebe der Kreis nur ein weltliches Symbol. Um die spirituelle Bedeutung des magischen Kreises zu bekräftigen, fährt der Magier daher mit einem Zeremonialschwert oder mit der ausgestreckten Hand über seine bereits vorhandene Form, während er sich im Innersten aktiv über die Bedeutung dieser symbolischen Handlung bewusst ist.

In der Wicca-Tradition, die sich natürlich in erster Linie auf die Universale Göttin konzentriert, hat der magische Kreis an Bedeutung zugenommen. In der Wicca wird er direkt als Symbol des Mutterschoßes der Göttin betrachtet und bedeutet Umfassen, Enthalten, Totalität und transzendente Ganzheit. Die bekannte neuheidnische Autorin Margot Adler bezeichnet den heiligen Kreis als einen »Mikrokosmos des Universums« und die führende Wicca-Vertreterin Starhawk schreibt über den magischen Kreis, er »existiert an den Grenzen des gewöhnlichen Raums und der gewöhnlichen Zeit. Er besteht ›zwischen den Welten‹ des Sichtbaren und des Unsichtbaren«, er ist »ein Raum, in dem anders geartete Wirklichkeiten aufeinander treffen, in dem sich uns Vergangenheit und Zukunft erschließen«.[35]

In der Wicca wird der magische Kreis gewöhnlich durch die vier Himmelsrichtungen markiert und diese sind natürlicherweise auch hier mit den vier Elementen verbunden. Wie bei den Wächtern der vier Himmelsrichtungen ist in der Wicca die Richtung Norden mit dem Element Erde (dem Symbol des physischen Körpers), der Osten mit Luft (assoziiert mit Denken und Kommunikation), der Süden mit Feuer (Energie und Wille) und der Westen mit Wasser (Emotionen und Gefühle) verbunden. Die Mitte des Kreises repräsentiert den Geist, denn im Geist (der fünften Essenz oder Quintessenz) begegnen wir der Auflösung der vier Elemente und dem wahren Sinn des Einsseins.

Die Wicca-Zeremonie ist spontaner und weniger komplex als die Magie des Golden Dawn und viele Wicca-Rituale beginnen einfach damit, dass man mit einem Stock oder einem Stück Kreide den magischen Kreis zieht. Wenn bereits ein besonderer Raum geschaffen wurde, kann man sich aber auch in einen bereits existierenden Kreis stellen. Aber wie im Golden Dawn auch muss der Kreis rituell markiert werden, um den heiligen Raum über das physische hinaus als solchen zu kennzeichnen. Dann werden in den vier Himmelsrichtungen die vier Elemente invoziert und darauf folgen die Invokationen der Göttin.

Wiccaner, die in Gruppen arbeiten, konzentrieren sich häufig auf das Bild des magischen Kreises, um das, was sie als den »Machtkegel« be-

35 Starhawk, *Der Hexenkult als Ur-Religion der Großen Göttin - Magische Übungen, Rituale und Anrufungen*, S. 92.

zeichnen – einen Wirbel kollektiver magischer Energie, der auf das betreffende, gerade auszuführende Ritual gerichtet werden kann –, aufzubauen. Um den Machtkegel zu errichten, halten sich die Mitglieder der Gruppe an den Händen, laufen im Uhrzeigersinn um den Kreis und zentrieren dabei ihre Aufmerksamkeit auf die Altarkerze in der Mitte. Oft wird dabei auch die so genannte *Witches' Rune* oder Hexenrune, ein farbenprächtiger Chant, rezitiert, der von Gerald Gardener und Doreen Valiente verfasst und seither zu einem beliebten Teil der internationalen Wicca-Bräuche wurde:

Eko, Eko, Azarak,
Eko, Eko, Zomelak,
Eko, Eko, Cernunnos
Wko, Eko Aradia:
Silbern Mond und dunkle Nacht,
Ost dann West, dann Süd, dann Nord;
Gehorcht der Hexenrune Macht –
Gehorchet fortan unser'm Wort!
Erde, Wasser, Luft und Feuer,
Stab, Pentakel und Schwert
Unsern Wünschen folge euer
Tun, wie's unser Herz begehrt!
Schnüre, Rauchwerk, Geißel, Klingen
Hexenmacht in allen Dingen,
Lebet, hebt euch zum Gelingen
Wenn wir den Hexenzauber singen,
Königin des Himmels und der Hölle,
Gehörnter Jäger in der Nacht –
Wirkt magisch, wie es unser Wille!
Verleiht dem Zauber seine Macht!
Durch alle Kraft von Land und See,
Durch alle Macht von Sonn' und Mond
Unser Wille, er gescheh'!
Singt die Sprüche altgewohnt!
Eko, Eko, Azarak,
Eko, Eko, Zomelak,
Eko, Eko, Cernunnos
Wko, Eko Aradia.[36]

36 Janet und Stewart Farrar, *Acht Sabbate für Hexen und Riten für Geburt, Heirat und Tod*, S. 31.

Die Macht des heiligen Wortes

In der Golden-Dawn- wie in der Wicca-Tradition gehört zum magischen Ritual unweigerlich die Invokation von spirituellen Wesen oder archetypischen Kräften durch die Macht des gesprochenen Wortes. Dies ist eng mit der Idee des *Willens* verbunden, die die Magie von den oftmals passiver praktizierten Formen der konventionellen Religion unterscheidet.

In den meisten magischen Gruppen erhalten die Mitglieder neue Namen, die außer für ihre Magierkollegen geheim bleiben. Damit werden die unterschiedlichen Grade magischer Initiation unterschieden. Dies geschieht aufgrund der Vorstellung, dass magische Namen nicht nur aus gewöhnlichen Wörtern bestehen, sondern dass sie definieren, *wer wir wirklich sind*. Sie sind de facto ein Teil unserer Essenz und identifizieren uns auf energetischer Ebene. Ein magischer Name ist oft zugleich auch eine Definition des magischen Ziels. Im Golden-Dawn-Orden wählte zum Beispiel Aleister Crowley den magischen Namen *Perdurabo*, was »Ich werde bis zum Ende überdauern« bedeutet. Für ihn geschah dies ganz bewusst: »Worte sollten Willen ausdrücken«, meinte er einmal, »da der mystische Name des Neophyten der Ausdruck seines höchsten Willens ist.«[37]

All dies zeigt, dass in der Magie Klang an sich – und somit auch magische Namen – als eine Quelle heiliger Macht betrachtet wird, und damit wird unser heiliger Name zum Spiegel unserer persönlichen Identität und unseres wahren Ziels auf dem visionären Pfad. Magier pflegen ihre magischen Namen jedoch geheim zu halten, um ihre heilige Quelle innerer Kraft zu schützen.

Den Klang, das Intonieren von heiligen Worten haben wir bereits als magische Praktik angewandt, als wir beim Ritual des Kabbalistischen Kreuzes ein hebräisches Gebet sprachen. Eine ganz andere Weise, die Kraft von gesprochenen Worten zu nutzen, bieten Affirmationen.

Positive Affirmationen

Es ist weithin anerkannt, dass Affirmationen den Prozess kreativer Visualisation unterstützen. Was aber *sind* Affirmationen genau und wie können wir sie in unserem täglichen Leben wirksam machen?

37 Aleister Crowley, *Book Four*, S. 41.

Im Grunde ist eine Affirmation eine bestärkende, positive Behauptung, die Sie sich selbst gegenüber aufstellen, um Ihre persönlichen Ziele und wahren Überzeugungen zu festigen und zu verstärken. Affirmationen sind ein Mittel, um Ihre Aufmerksamkeit auf bestimmte Ziele und die persönlichen Eigenschaften zu konzentrieren, die Sie besonders gerne erwerben möchten. Sie können Ihnen auch helfen, das Bild, das Sie von sich haben, zu formen, ins Positive zu korrigieren oder zu verstärken. Auf eine ganz reale Art und vor allem, weil sie ihrem Wesen nach verwandelnd wirken, sind Affirmationen eine ganz entscheidende Komponente der positiven Magie des Alltags.

Wenn Sie eine Affirmation aufstellen, müssen Sie von der Annahme ausgehen, dass Sie bereits da sind, wo Sie sein möchten. Affirmationen werden stets im Präsens formuliert. Genauso wie die kreative Visualisation visuelle Bilder verwendet, um die Wirklichkeit des Hier und Jetzt einer imaginierten Situation zu evozieren, verwenden auch die Affirmationen verbale Behauptungen, um beschränkende Glaubenssysteme zu überwinden und die Aussicht auf neue Möglichkeiten zu verstärken. Wie Shakti Gawain in ihrer Arbeit mit kreativer Visualisation betont hat, beinhalten Affirmationen immer drei Elemente: *das Wünschen* (Sie müssen sich wirklich ändern wollen); *das Glauben* (Sie müssen daran glauben, dass eine Veränderung möglich ist) und das *Akzeptieren* (Sie müssen wollen, dass die Veränderung eintritt). Wenn wir Affirmationen in Verbindung mit kreativer Visualisation verwenden, räumen wir jeden Unglauben oder Zweifel aus, indem wir uns bereits *in* der Situation sehen, die wir zu erreichen suchen. Auf diese wunderbare Weise verwandeln wir die Zukunft in die Gegenwart.

Positive Affirmationen

Die folgende Liste enthält all das, was Sie wissen und beachten sollten, wenn Sie Affirmationen aufstellen:

- Notieren Sie Ihre Affirmationen in der ersten Person Singular und im Präsens, so dass sie zum Beispiel mit den Worten »Ich bin« oder »Ich habe« beginnen.
- Konzentrieren Sie Ihre Affirmationen auf konkrete Ziele und formulieren Sie diese so, als sei das betreffende Ziel bereits erreicht. Sagen Sie beispielsweise: »Ich bin *jetzt* ein liebender Mensch.«

- Formulieren Sie Ihre Affirmation vollkommen positiv und versehen Sie sie nicht mit negativen Elementen. Sagen Sie zum Beispiel: »Ich stoße auf Akzeptanz in meinem Leben« und nicht: »Ich brauche dieses Fehlen von Akzeptanz in meinem Leben nicht mehr.«
- Verwenden Sie keinesfalls Verneinungen, sondern äußern Sie sich immer positiv. Sagen Sie also nicht: »Ich habe keine Schmerzen mehr«, sondern beispielsweise: »Mein Körper ist kraftvoll, weich und vollkommen entspannt.«
- Verwenden Sie Wörter, die positive Assoziationen in Ihnen auslösen.
- Seien Sie beim Aufstellen Ihrer Ziele konkret, präzise und realistisch.

Haben Sie gerade mit einer aktuellen Schwierigkeit oder Herausforderung zu tun oder wollen Sie Ihre spirituelle Entwicklung allgemein stärker in Ihren Alltag und Ihr Tagesbewusstsein bringen, dann können Sie die dazu verfasste Affirmation beinahe ununterbrochen im Bewusstsein tragen und immer wieder während allen möglichen Beschäftigungen oder Situationen sprechen. Zudem können Sie eine Affirmation im Rahmen eines komplexeren Rituals verwenden, indem Sie sie an ein Gebet anschließen, oder sich ganz bewusst die Zeit nehmen, erst einen heiligen Raum zu erstellen und dann die Affirmation mehrfach erklingen zu lassen.

Ebenfalls zu empfehlen ist es, eine Affirmation mit kontrolliertem Atmen zu verbinden: Atmen Sie dazu tief ein und halten Sie den Atem an, während Sie die Affirmation still oder laut wiederholen. Atmen Sie dann langsam aus und erspüren Sie, wie sich die Kraft der Affirmation in Ihrem ganzen Wesen ausbreitet.

All diese Verfahren sollten regelmäßig praktiziert und über einen längeren Zeitraum wiederholt werden, um die Wirksamkeit der Affirmation zu erhöhen.

Wie überall in diesem Buch betont wurde, ist Magie im Wesentlichen ein Prozess des Visualisierens und des Erzielens von Ergebnissen auf energetischen Ebenen. Wenn wir in einem magischen Kontext mit Affirmationen arbeiten, konzentrieren wir uns entweder auf eine physische, eine emotionale oder eine spirituelle Ebene, um unsere avisierte Wirklichkeit in unserem Alltagsleben zu erreichen.

Als Mittel zur Unterstützung der persönlichen Transformation versetzt uns die fortgeschrittene Form von Magie, die so genannte hohe Magie, in Bewusstseinswelten, die heilig und transzendental sind. Sie erweitert dabei auf sehr mächtige und tief gehende Art und Weise die Grenzen unseres Bewusstseins. Aber selbst die einfachsten Formen von Magie verwenden sowohl verbale Affirmationen als auch visuelle Bilder. Das Aufstellen von Affirmationen in einem bestimmten magischen Kontext ist unumgänglich mit dem verbunden, was ich in diesem Zusammenhang als das magische Erschaffen von Bildern bezeichnen möchte.

Magisches Erschaffen von Bildern

Ich habe den Begriff »magisches Erschaffen von Bildern«*(magic imaging)* aus einem ganz bestimmten Grund anstelle der Begriffe »magische Imagination«, »magische Einbildung« oder »magische Vorstellung« *(magic imagining)* gewählt. Bei vielen Menschen suggerieren die Worte »imaginär«, »Imagination«, »Vorstellung« oder »Fantasie« nämlich die Bedeutung von »Wunschdenken« oder »fantastische Welt« – mit anderen Worten, sie suggerieren *Unwirklichkeit.* Und doch ist es das wahre Ziel aller Formen von Magie, eine *andere* als die übliche, die alltägliche Wirklichkeit zu avisieren und diese Wirklichkeit in einem bestimmten Kontext zu verwirklichen. Daher scheint es mir angemessener, den Begriff »Erschaffen von Bildern« zu verwenden, da es um eine positive und konkrete Prägnanz geht.

Als wir uns kurz mit dem Thema magische Zielsetzungen befassten, haben wir gesagt, dass wir auf jeder beliebigen Ebene Magie betreiben können. Magie kann auf der physischen Ebene, auf einer emotionalen Ebene und auf einer geistigen, spirituellen oder ganzheitlichen Ebene stattfinden. Wie, wann und wo Magie auch praktiziert wird, immer operiert sie energetisch und ihre Wirksamkeit beruht stets auf dem Umstand, dass es auf energetischer Ebene keine Grenzen zwischen den Dingen und den Menschen gibt. Wenn auf dieser primären Ebene alles miteinander verbunden ist – auch die Quantenphysik hat diese Tatsache der gegenseitigen Verbundenheit übrigens bestätigt –, dann kann die Magie, die durch willentliche Absichten und avisierte Ergebnisse entsteht, sehr wirksam von einer Energiequelle zur anderen überfließen. Die Willenskraft und individuelle Geschicklichkeit des Magiers während des Erschaffens von Bildern führt die Magie lediglich heimwärts zu ihrem Ziel. Daher können ganz einfache Formen des Zaubers überraschend effizient sein. Zauberspruch und Zauberbann haben beileibe nichts mit Altweibergeschichten oder romantischem Volksglauben zu tun, sondern sie sind Beispiele für das Praktizieren einfachster Formen von Magie. Wir werden am Ende dieses Kapitels noch drei Zauber – für Wohlbefinden, Liebe und Geld – kennen und praktizieren lernen, die sehr simpel erscheinen, aber durchaus wirkungsvoll sind.

In seinem Buch »Spellcraft« definiert Robin Skelton einen Zauberbann als »jede Art einer magischen Handlung mit der Absicht, eine Wirkung auf die physische Welt zu erzielen«, und ich bin sicher, dass die meisten praktizierenden Hexen und Magier dieser Definition zustimmen würden. Aber da Zauber auf einer energetischen Ebene wirken, ist bei ihrer Verwendung eine beträchtliche Menge an gebündelten Gedanken und Emotionen notwendig, um sie zu steuern.

Von Zeit zu Zeit kann es vorkommen, dass wir ganz versessen darauf sind, einen bestimmten Job zu ergattern, oder ganz verzweifelt darauf aus sind, mehr Geld zu verdienen. Wenn wir uns bis über beide Ohren verliebt haben oder uns im Gegenteil starke Gefühle der Eifersucht, des Neides oder der Rache überwältigen, kann es passieren, dass unsere Emotionen ab einem bestimmten Moment keine Grenzen mehr kennen. Jeder magische Bann, den wir in einem solchen Moment aussenden, wird mit Sicherheit von einer äußerst mächtigen persönlichen Energie angetrieben sein.

Wenn die erweckte Emotion eine negative ist und vielleicht von ärgerlichen, gar verwünschenden Gedanken begleitet wird, sollte man unbedingt bewusst darangehen, sich zurückzunehmen und sich zu fragen: *Meine ich das wirklich ernst?*

Bei jeder noch so kleinen magischen Handlung – und sei es eben nur das alltäglich wirkende Aussprechen eines Fluches – müssen wir uns darüber bewusst sein, was wir damit im tiefsten Innern bezwecken wollen. Denn gerade wenn intensivere Emotionen im Spiel sind, ist die Möglichkeit groß, dass der Zauber wirkt! Handeln Sie besser erst dann, wenn Sie sich über die Reinheit Ihrer Motive im Klaren sind, darüber, dass mit dem Zauber die Absicht verbunden ist, ein positives Ergebnis zu erzielen, das sich für alle Beteiligten günstig auswirkt.

Die visionäre Tattva-Magie

Bereits an früherer Stelle haben wir die fünf Tattvas – die Elemente Erde, Wasser, Feuer, Luft und Geist nach hinduistischer Tradition – beschrieben. Dabei haben wir ebenfalls erwähnt, dass sie auch in der Tradition der westlichen Magie Eingang fanden. Von allen Magiern, die in den

Hermetic Order of the Golden Dawn – der wohl einflussreichsten magischen Organisation in der Geschichte der westlichen Magie – eintraten, wurde ein Studium der Tattvas verlangt. Man verwendete die Tattvas als Tore zur magischen Imagination. Für diese Magier wurden die Tattvas zu einem Mittel zur Erforschung des visionären Bewusstseins. Als eine Art inspirierenden Ausblick auf die Tiefe, die mit der magischen Tattva-Arbeit erreicht werden kann, möchte ich ein wenig davon berichten. Zunächst zur Erinnerung noch einmal die fünf Tattvas und ihre symbolischen Formen:

- *Prithivi* – ein gelbes Rechteck; repräsentiert das Element Erde
- *Apas* – eine liegende Mondsichel mit nach oben weisenden Enden; repräsentiert das Element Wasser
- *Vayu* – ein blauer Kreis; repräsentiert das Element Luft
- *Tejas* – ein rotes Dreieck; repräsentiert das Element Feuer
- *Akasha* – ein schwarzes Oval; repräsentiert Geist

Um 1900 entwickelten die Golden-Dawn-Magier eine Technik zur Verwendung der Tattvas als Tore zur visionären Imagination. Hier eine Beschreibung dieser Technik, verfasst von Moina Mathers, der Frau eines der Gründer dieses esoterischen Ordens. In dieser Schilderung bezieht sich Moina Mathers hauptsächlich auf ein komplexes Bild, in dem die Tattva-Symbole für Erde und Wasser miteinander kombiniert wurden:

> »Stellen Sie sich vor, das Symbol, mit dem Sie experimentieren, sei Prithivi in Apas, das heißt der ›Erd-Aspekt des Elements Wasser‹, dargestellt durch ein kleines gelbes Quadrat auf einer silbernen Mondsichel, und erfüllen Sie dann Ihren Geist mit den auf diese Art symbolisierten Gedanken. Halten Sie die Tattva-Karte vor sich hin [...] und betrachten Sie so lange unausgesetzt das Symbol, bis Sie es ganz deutlich als Gedankenvision wahrnehmen können, wenn Sie die Augen schließen [...]. Es könnte Ihnen helfen, sie als eine große Mondsichel aus blauem oder silbrigem Wasser wahrzunehmen, die einen Würfel aus gelbem Sand enthält. Versuchen Sie dann so lange weiter, eine deutliche Wahrnehmung des Tattva-Symbols zu erreichen, bis [...] seine Gestalt und seine Eigenschaften ein Teil von Ihnen geworden zu sein scheinen, und dann müssten Sie allmählich ein Gefühl haben, als wären Sie eins mit diesem konkreten Element, das heißt mit dem Hauptelement Ihres Tattva, in diesem Fall Apas, dem elementaren Wasser, würden vollkommen darin baden, und als wären alle anderen Elemente inexistent. Wenn Sie dies richtig gemacht haben, werden Sie finden,

dass Ihnen der Gedanke an irgendein anderes Element als an das, mit dem Sie gerade arbeiten, deutlich widerwärtig vorkommt.

Wenn es Ihnen gelungen ist, die Gedankenvision dieses Symbols zu erhalten, so fahren Sie fort [...] mit der fest in Ihrer Vorstellung fixierten Idee, vor Ihnen auf der Karte ein Verstandesbild von irgendeiner Szene oder Landschaft hervorzurufen. Diese wird, wenn sie erscheint, zuerst vermutlich noch unscharf sein, aber bemühen Sie sich weiter, ›sie noch wirklicher zu machen‹, egal von welcher Art – vielleicht aus der Phantasie oder aus der Erinnerung abgeleitet – sie Ihrer Ansicht nach sein mag. Da Imagination und Erinnerung der Fähigkeit, die Sie gerade anwenden, in analoger Weise entsprechen, wird die Wahrscheinlichkeit, dass die eine wie die andere bereits in diesem frühen Stadium auftauchen, groß sein [...]. Das Gedankenbild dürfte für Sie schließlich so klar werden, (obwohl dies eine Frage der Zeit und umfassender Übung sein kann), dass es den Anschein hat, als würde das Bild versuchen, sich durch das Symbol hindurchzustürzen, [und] das Bild wird in der Wahrnehmung fast so klar sein, wie ein materielles es sein könnte. Aber Sie können bereits viel erreichen, wenn Sie auch nur den Eindruck der Landschaft als reinen Gedanken erhalten.

[Folgen Sie] den angegebenen Regeln, [...] bis zu dem Punkt, wo das Tattva-Symbol für die Wahrnehmung vollkommen lebendig geworden ist und Sie das Gefühl haben, als seien Sie mit dem Element nahezu eins geworden. Sie können die früheren Phasen der Arbeit vielleicht modifizieren, indem Sie das Symbol auf astrale Weise, das heißt mit Hilfe visueller Imagination, [so] weit vergrößern, dass ein menschliches Wesen durch es hindurchgehen kann. Erst wenn es ganz lebendig vor Ihnen steht, aber nicht vorher, dann gehen, springen oder fliegen Sie durch es hindurch, [...] bis Sie sich an irgendeinem Ort oder in irgendeiner Landschaft wiederfinden [...]. Es dürfte gut sein, sich dabei genau so zu verhalten, wie man es beim ganz physischen Erleben einer Landschaft macht, indem man jeden Schritt wahrnimmt, den man geht, [...] sich zuerst nach rechts wendet und diese Seite untersucht, dann sich nach links wendet, sich ganz umdreht und so fort [...]. Je praktischer man bei diesen Experimenten arbeitet, desto größer die Chancen auf Erfolg.«[38]

38 C. H. Soror, V.N.R., »Of Skrying and Travelling in the Spirit-Vision«, in: Israel Regardie (Hrsg.), *The Golden Dawn*, Bd. 4, S. 29-42; auch abgedruckt in: Francis King (Hrsg.), *Astral Projection, Magic and Alchemy*.

Diese Anweisungen zur Verwendung der Tattvas, die erstmals 1897 aufgezeichnet wurden, sprechen von »Gedankenbildern«, »Gedankenvisionen« und »Verstandesbildern« – das heißt von Techniken, die wir heute als »kreative Visualisation« oder »magisches Erschaffen von Bildern« bezeichnen würden. Unabhängig von der Terminologie haben sich die Techniken stets als sehr wirkungsvoll erwiesen. Schon bald fanden Moina Mathers und ihre Kollegen des Golden-Dawn-Ordens heraus, dass sie mithilfe ihrer Tattva-Visualisierungen auch magische Bewusstseinswelten betreten konnten, die ihnen gänzlich neu waren.

In »Flying Roll XI«, einem Golden-Dawn-Dokument aus dem Jahr 1893, wird eine Tattva-Vision beschrieben, die Moina Mathers hatte, als sie in ihre Zeremonialroben gekleidet meditierte und dabei eine Tattva-Karte mit der Kombination aus *Tejas* und *Akasha* – ein schwarzes Ei in einem roten Dreieck (Geist in Feuer) – betrachtete. Das Symbol schien vor ihrem konzentrierten Blick anzuwachsen, bis sie ein »riesiges Flammendreieck« betreten konnte. Dann fühlte sie sich in eine raue sandige Wüste versetzt. Als sie den Gottesnamen *Elohim* vibrierte, sah sie in der Ferne eine kleine Pyramide, und als sie näher herantrat, bemerkte sie auf jeder Seite eine kleine Tür. Dann vibrierte sie den magischen Namen *Sephariel* und es erschien ein Krieger, der eine ganze Prozession von Wachsoldaten anführte. Nach einer Reihe von Tests mit Zeichen ritueller Grade knieten die Wachsoldaten vor ihr nieder und sie trat ein:

> »[...] blendendes Licht, wie in einem Tempel. In der Mitte ein Altar – um ihn herum kniende Gestalten, dahinter ein Podium und viele weitere Gestalten darauf – es scheinen Elementarwesen von feuriger Natur zu sein. [...] Sie sieht ein Pentragramm, steckt ein Löwe-Zeichen [= ein Feuerzeichen] hinein, dankt der Gestalt, die sie führt – konzentriert ihren Willen darauf, durch die Pyramide hindurchzugehen, und findet sich wieder draußen, inmitten von Sand. Konzentriert ihren Willen darauf, zurückzukehren – kehrt zurück – nimmt wieder ihren Körper in den Roben wahr.«[39]

Dieser Schilderung können wir entnehmen, dass die visionäre Landschaft, die Moina Mathers betrat, in enger Beziehung zu dem Meditationssymbol des Elements Feuer gestanden hatte. Der unberührbare Aspekt der Vision – symbolisiert durch *Akasha* oder Geist – scheint sich in dem Bild jener heiligen Pyramide zu spiegeln, die sie in diesem Fall während ihrer

39 Zit. in: Nevill Drury, *Magie – Vom Schamanismus und Hexenkult bis zu den Technoheiden*, S. 143.

magischen Vision jedoch betreten konnte. Die erstaunlichen Wesen, die sie während ihrer visionären Begegnung sah – Feuer-Elementargeister oder Personifikationen des Elements Feuer –, sind Geschöpfe, die häufig auch mit der Bilderwelt der Alchemie assoziiert werden.

Bei anderer Gelegenheit konnte Moina Mathers jedoch auch Wesen von stärker archetypischer Natur beschwören. Hierzu verwendete sie die Tattva-Kombination Wasser und Geist und wieder zeigt ihr Bericht eine direkte Verbindung zwischen dem magischen Symbol und den visionären Wesen, die dabei auftauchten:

»Eine endlose Wasserfläche mit vielen Spiegelungen von strahlendem Licht und gelegentlich auftauchenden Blitzen in Regenbogenfarben. Als göttliche und andere Namen ausgesprochen wurden, erschienen Elementargeister in der Art von Meerjungfrauen und Meermännern, aber nur wenige von den anderen Elementarwesen. Diese Wasserwesen waren extrem veränderlich in ihrer Form, in einem Moment erschienen sie als solide Meerjungfrauen und Meermänner, im nächsten zerschmolzen sie zu Schaum.

Als ich mich mit Hilfe der höchsten Symbole, die ich gelernt hatte, erhöhte und die Namen des Wassers vibrierte, stieg ich in solche Höhen, bis das Wasser verschwand, und sah stattdessen eine riesige Welt oder Globuskugel mit all ihren Dimensionen und Divisionen von Göttern, Engeln, Elementargeistern und Dämonen – dem gesamten Universum des Wassers. Ich rief ›HCOMA‹ und sogleich erschien vor mir ein mächtiger Erzengel mit vier Flügeln, der eine strahlend weiße Robe und auf dem Haupt eine Krone trug. In einer Hand, seiner rechten, hielt er eine Art Dreizack und in der linken einen Kelch, der bis zum Rand mit einer Essenz angefüllt war, die er nach beiden Seiten unter sich hinabgoss.«[40]

In dieser Vision konnte Moina Mathers ihre Einweihungen und ihre Kenntnis von magischen Gottesnamen dazu nutzen, um mächtige Geistführer anzurufen – während ihrer Erkundung der visionären Landschaft erschien ihr daraufhin ein Erzengel.

Vom magischen Standpunkt aus ist klar, dass die Tattvas so kraftvoll wie direkt wirken und dass sie uns als Hilfe bei unserer Erforschung der

40 Zit. in: Nevill Drury, ebenda, S. 143. Der Gottesname HCOMA ist kein kabbalistischer Gottesname, sondern er stammt aus der »Engelssprache«, genannt das »Enochische«, die von den elisabethanischen Okkultisten John Dee und Edward Kelley transkribiert und später bei den Ritualen und Visualisierungen des Golden-Dawn-Ordens verwendet wurde.

visionären Dimensionen der Elemente Erde, Wasser, Feuer, Luft und Geist ohne Zweifel sehr nützlich sind. Manche Magier sind aber der Ansicht – und auch ich schließe mich ihr an –, dass die Verwendungsmöglichkeit der Tattvas relativ begrenzt ist, da sie dazu neigen, die visionäre Begegnung auf das konkrete Symbol, das der Meditierende ausgewählt hat, zu beschränken. Seit jeher hat sich jedoch die Notwendigkeit gezeigt, dass visionäre Begegnungen in gewissem Sinn in ihrem Ausgang gänzlich offen bleiben müssen, denn sie müssen einem die Möglichkeit zu Wachstum, Erforschung und Überwindung der eigenen Person und dessen, was im naturgemäß beschränkten Ich vorstellbar ist, bieten.

Somit würde zu einer vollständigeren Erforschung des magischen Bewusstseins auf dem Gebiet der visionären Magie eindeutig ein größerer Fundus an Meditationssymbolen notwendig sein. Daher entdeckten die Golden-Dawn-Magier, dass sich ein geradezu idealer Fundus an magischen Symbolen im Tarot, vor allem in den Großen Arkana oder »mythischen Karten« des Tarotdecks, finden lässt. Darauf werden wir im Kapitel V zurückkommen, wenn es um die Pfadarbeit geht.

Baum-, Blumen- und Kräutermagie

Die Welt der Natur bietet uns ein spirituelles Heiligtum, ganz gleich ob und auf welche Weise wir uns daran erfreuen, ob wir durch unberührte Wildnis wandern, Hügel und Berge erklimmen, an Seen und sich dahinschlängelnden Bächen rasten oder uns an sonnenlichten Meeresstränden bräunen. Wie sehr uns unsere Arbeit auch erfreuen mag, es ist doch immer eine Wonne, wenn wir unseren geregelten Routinen entrinnen und uns dem Zauber und der Spontaneität der Natur hingeben können. Die Wahrscheinlichkeit ist groß, dass wir an den natürlichen und unzerstörten Orten in unserer Umgebung Frieden, tiefe innere Nahrung und ein wahres Gefühl von Ruhe finden. Durch die Natur gelangen wir in Kontakt mit der spirituellen Vitalität des Lebens an sich.

Alle Kulturen haben die erhebenden und beseligenden Dimensionen der Welt der Natur erkannt und daher ist es kein Wunder, dass man auch die heilsamen Kräfte und die magische Bedeutung vieler Arten von Bäumen, Blumen und Kräutern entdeckte und diese Pflanzen mit Elementen und Gottheiten in Verbindung brachte. Viele dieser symbolischen Bedeutungen sind in die Folklore eingegangen und manche dieser Assoziationen mögen uns heute romantisch oder sogar sentimental erscheinen. Aber nicht selten spricht aus ihnen so etwas wie der Nachhall eines volkstümlichen Gedächtnisses, das sich noch an die traditionellen Wege des Heilens und Zauberns erinnert. Die Symbolik magischer Bäume und Pflanzen kann zu einem Teil der Erweckung unseres intuitiven Gespürs werden, wenn wir sie in unsere Rituale, Meditationen und Visualisierungen einbeziehen.

Magische Bäume

Viele Bäume sind mit magischen oder symbolischen Assoziationen verbunden. So heißt es zum Beispiel vom Mandelbaum, er bringe Überfluss und Wohlstand, während die Zeder Glück und die Zypresse Schutz und langes Leben symbolisiert. In der keltischen Mythologie war der Haselstrauch ein Baum der Weisheit und die Birke ein Symbol der Fruchtbarkeit. Die Kastanie wird mit Wohlstand und Überfluss, die Myrte mit Liebe und stabilen Beziehungen und die Kiefer oder Pinie mit Freundschaft in der Not assoziiert. Der Feigenbaum wird traditionell mit Weisheit und Kreativität, der Quittenstrauch mit Glück und der Olivenbaum mit Frieden verbunden (die alten Griechen trugen Kränze aus Olivenbaumblättern im Haar, während sie für das Ende des Krieges beteten). Manche Bäume wurden auch symbolisch mit bestimmten Monaten des Jahres sowie mit besonderen Qualitäten und Tugenden verbunden:

- **Januar:** Eberesche – Schutz, Erfolg, psychische Kräfte
- **Februar:** Esche – Wohlstand und Gesundheit
- **März:** Erle – Heilung, die Fähigkeit, Macht über äußere Kräfte auszuüben
- **April:** Weide – Liebe, Intuition und Heilung
- **Mai:** Weißdorn – Hoffnung, Fruchtbarkeit und Glück
- **Juni:** Eiche – Kraft, Zuversicht, Glück, finanzieller Erfolg
- **Juli:** Haselstrauch – Schutz, Glück und Weisheit
- **August:** Apfelbaum – Liebe und langes Leben
- **September:** Weinstock – Stärke, Erneuerung und Haltbarkeit
- **Oktober:** Efeu – Treue und langes Leben
- **November:** Eibe – Tod
- **Dezember:** Mistel – Frieden, Schutz, Liebe, Fruchtbarkeit und Gesundheit

Im Bereich der Magie mithilfe von Pflanzen gibt es unendlich viel zu entdecken. Die folgende Übung gibt Ihnen einen faszinierenden Einblick in diese Welt und eine berührende Erfahrung wahrer natürlicher Kraft.

Eine Eichbaumvisualisation

Suchen Sie sich in Ihrer Umgebung eine Eiche. Wählen Sie ein Exemplar aus, das hoch gewachsen ist und Würde ausstrahlt. Gönnen Sie sich einen Moment Zeit, um darüber zu meditieren, dass dieser Baum traditionell als »König der Wälder« betrachtet wird.

Stellen Sie sich dann mit nackten Füßen vor den Baum und strecken Sie die Hand aus, bis Sie ihn berühren. Sprechen Sie auf eine persönliche, liebevolle Art mit dem Baum und umschreiten Sie ihn dabei drei Mal im Uhrzeigersinn. Lehnen Sie sich nun mit dem Rücken an den Baumstamm und legen Sie Ihre Handflächen flach auf seine Rinde.

Schließen Sie die Augen und beginnen Sie die verschiedenen Stadien der Entwicklung dieses edlen Baumes zu visualisieren. Visualisieren Sie ihn zuerst als kleine Eichel, dann als junges Bäumchen und halten Sie sich zum Schluss das Bild dieses reifen Baumes vor Ihr inneres Auge; stellen Sie ihn sich dabei in seiner heutigen Gestalt vor – mit seinen Blättern und Ästen, die sich in die Höhe recken, als wollten sie den Himmel umarmen.

Stellen Sie sich nun vor, wie Ihr Bewusstsein mit dem des Baumes verschmilzt. Fühlen Sie sich voll und ganz in ihn ein, bis seine harte, schuppige Rinde Ihre Haut geworden ist und Ihre Arme seine Äste geworden sind, die sich gen Himmel strecken. Fühlen Sie, wie Ihr Körper und Ihre Beine zu seinem Stamm geworden sind und wie sich Ihre Füße in seine Wurzeln verwandelt haben und tief in die nährende Erde hinabreichen.

Visualisieren Sie nun, wie Ihr Blut und der Lebenssaft des Baumes eins werden, und erleben Sie, wie diese grüne Lebensenergie frei und ungezwungen durch Ihren Körper strömt, Sie heilt und regeneriert.

Wenn Sie spüren, dass diese spirituelle Vereinigung mit der Eiche vollkommen ist und dass die bereichernde Verschmelzung der Energien ihren Höhepunkt erreicht hat, visualisieren Sie, wie die grüne Energie der Eiche sich langsam wieder aus Ihnen zurückzieht, bis Sie allmählich wieder Ihre eigene Identität annehmen und sich von dem Baum getrennt wahrnehmen. Erspüren Sie sich jetzt, als den Menschen, der Sie sind.

Öffnen Sie, wenn Sie so weit sind, die Augen, danken Sie dem Baum für seine heilenden Qualitäten und widmen Sie ihm eine kleine Lobpreisung. Wenn Sie möchten, können Sie zum Dank auch einen kleinen

Trunk aus Honigmet, Cidre oder Bier über seine Wurzeln gießen. Oder vielleicht haben Sie das Gefühl, dass Ihnen der Baum zuflüstert, dass er gern etwas anderes zum Dank annehmen würde, vielleicht ein Lied, das Sie ihm singen.

Magische Blumen und Kräuter

Wie bestimmte Bäume haben auch viele Blumen und Kräuter eine magische Bedeutung. Manche dieser symbolischen Assoziationen sind durch Beobachtung der Gestalt, der Beschaffenheit, der Farbe und durch den Duft verschiedener Pflanzen entstanden – eine Vorstellung, die traditionell als »Signaturenlehre« bezeichnet wird. Andere Assoziationen wurden uns dagegen aus der antiken Mythologie überliefert.

Als eine der beliebtesten von allen Blumen wird die Rose weltweit mit der romantischen Liebe in Verbindung gesetzt. Rote Rosen sind ein Symbol der Leidenschaft, während rosa Rosen ein Ausdruck von Zärtlichkeit und weiße Rosen ein Symbol der Reinheit sind. In der griechischen Mythologie war die Rose der Aphrodite, der Göttin der Liebe, geweiht, die sich die Fußsohlen mit Rosendornen ritzte, während sie nach ihrem Geliebten Ares, dem Gott des Krieges, suchte.

Auch weiße Lilien sind mit mythischen Assoziationen besetzt und werden als Symbol der Reinheit betrachtet. Nach der griechischen Sage sind, als Milch aus Heras Brüsten auf den Boden spritzte, weiße Lilien aus der Erde gesprossen. Auch der Lavendel ist mit mythischen Assoziationen verknüpft: Er war der Vesta, der römischen Göttin des Herdfeuers, geweiht und wurde in Liebestränken verwendet, weshalb man die Köpfe junger Mädchen traditionell mit Lavendelwasser besprengte, da ihnen dies angeblich half, ihre Jungfräulichkeit zu bewahren. Dagegen sollen Mohnblumen, die häufig mit Träumen verknüpft werden, aus der Erde hervorgekommen sein, um Demeter zu helfen und ihren Weg zu beleuchten, als sie in der Finsternis nach ihrer entführten Tochter Persephone suchte.

Manche Blumen wie Purpurwinde, Glockenblume, Schlüsselblume und Kuckucksnelke werden mit der Jungfrau Maria assoziiert und im Englischen auch *Goddess flowers* oder »Blumen der Göttin« genannt, worin noch vorchristliche Assoziationen anklingen. Andere Blumen wiederum wie Himmelsschlüssel, Feuernelke, Immergrün, Sumpfdotterblume und Vergissmeinnicht stehen in enger Verbindung mit den Feen.

Die folgende meditative Übung kann Ihnen einen Zugang in die wunderbare Welt der Blumen schenken. Sie können Sie mit den unterschiedlichsten Blumen oder Pflanzen praktizieren.

Eine Blumengeistmeditation

Setzen Sie sich an einen bequemen Platz, an dem Sie nicht gestört werden. Atmen Sie tief durch und entspannen Sie sich. Nehmen Sie dann eine frische (oder getrocknete) Blume in die Hand. Versenken Sie sich nach innen und konzentrieren Sie sich gleichzeitig auf die Pflanze. Fühlen Sie, wie Ihr Sein mit dem der Pflanze verschmilzt, wie die Blume allmählich in Ihr Wesen eindringt.

Bleiben Sie eine Weile konzentriert und verharren Sie in der meditativen Haltung. Bald wird sich bei Ihnen ein Führer einstellen ... Wenn Sie ein klares und angenehmes Gefühl von ihr oder ihm haben, dann folgen Sie diesem Wesen, wohin es Sie führen will. Seien Sie sich dessen bewusst, dass Sie zurückkommen können, wann immer Sie es wollen, und dass Sie so schnell oder so langsam gehen können, wie es Ihnen lieb ist.[41]

Viele Blumen sind mit sehr konkreten symbolischen Assoziationen verknüpft. Gänseblümchen sind zum Beispiel ein Symbol der Unschuld, Veilchen werden weithin als Trost in Zeiten des Leids verwendet, während Tulpen mit Ruhm assoziiert werden. Glockenblumen sind symbolisch mit Beständigkeit, Nelken mit Liebe, Krokusse mit Glück, Kamille mit Entspannung, Kornblumen mit Fruchtbarkeit, Alpenveilchen mit Vertrauen und innerer Stärke, Geißblatt mit ergebener Hingabe, Hyazinthen mit Verspieltheit, Iris mit Glauben, Jasmin mit romantischer Liebe und sexueller Leidenschaft, Flieder mit Reinheit und Schneeglöckchen mit Hoffnung assoziiert.

Auch viele Kräuter haben magische Konnotationen. Dazu gehören exotische und potenziell lebensgefährliche Pflanzen wie Schierling, Bilsenkraut, Tödlicher Nachtschatten und Stechapfel, die früher in den so genannten Flugsalben der mittelalterlichen Hexen verarbeitet wurden,

41 Elizabeth Brooke, *A Woman's Book of Shadows*, S. 205.

um luftige Halluzinationen und außerkörperliche Trancezustände hervorzurufen.

Eines der bekanntesten Kräuter, nämlich Basilikum, kam ursprünglich aus Indien, wo es als Heilmittel gegen Schlangenbisse und Skorpionstiche verwendet wurde und dem Hindugott Vishnu geweiht war. In Italien und im Libanon wird Basilikum als ein Kraut der Galanterie betrachtet und gilt als Mittel, das Liebhaber anlocken soll.

Koriander wurde von den alten Griechen als ein Aphrodisiakum angesehen und wurde bei der Zubereitung von Liebestränken verwendet. Ingwer wird ebenfalls traditionell als Aphrodisiakum betrachtet und soll Leidenschaft erregen. Rosmarin wird dagegen mit Fruchtbarkeit assoziiert, weshalb man einst zu angelsächsischen Hochzeiten Rosmarinsträußchen mitbrachte. Griechische und römische Studenten der Antike betrachteten dieses Kraut dagegen eher als Stimulans für den Geist und trugen Rosmarinkränze auf dem Haupt, um ihr Gedächtnis zu aktivieren und ihre Gedanken zu konzentrieren.

Für magische Visualisationen, die Sie kreativ und intuitiv für Ihre aktuellen Herausforderungen oder Ihren spirituellen Weg allgemein unternehmen können, sind in der folgenden Tabelle einige der symbolischen Assoziationen zwischen verschiedenen Pflanzen, Bäumen und Kräutern sowie den herrschenden Planeten der klassischen Mythologie zusammengestellt.

Pflanzen und herrschende Planeten des Tierkreises

	Blumen	Kräuter	Bäume
Sonne herrscht über Löwe	Ringelblume, Sonnenblume Butterblume und jede andere orange oder goldene Blume	Zimt, Gartenraute Thymian	Lorbeer, Palme, Mandel
Gottheiten: Helios, Apollo, Sol			
Mond herrscht über Krebs	Gardenie, Jasmin und allgemein weiße Blumen	Zitronenmelisse Mondraute	Weide, jede Art von Bergesche
Gottheiten: Artemis, Selene, Hekate, Diana, Luna			

Merkur herrscht über Zwilling	Lavendel, Maiglöckchen,	Zitronengras, Petersilie	Mandelbaum, Haselstrauch
und über Jungfrau	Lavendel, Lilie	Dill, Fenchel	Zypresse, Walnuss
Gottheiten: Hermes, Merkur			
Venus herrscht über Waage	Primel, Schlüsselblume, Hortensie	Majoran, Vanille	Olivenbaum
und über Stier	Rose, Flieder, Veilchen	Thymian, Eisenkraut	Esche, Apfelbaum
Gottheiten: Aphrodite, Venus			
Mars herrscht über Widder	Nelke, Geißblatt	Pfefferminze	Kiefer, Stechpalme
und über Skorpion	Weihnachtsstern, Geranie	Kümmel, Basilikum	Eberesche, Schwarzdorn
Gottheiten: Ares, Mars			
Jupiter herrscht über Schütze	Tulpe, Löwenzahn	Salbei, Mutterkraut	Eiche, Birke
und über Fische	Wasserlilie, Wicke (Platterbse)	Katzenminze	Erle, Zitrone
Gottheiten: Zeus, Jupiter			

Saturn herrscht über Steinbock	Stiefmütterchen, Magnolie	Schwarzwurz	Eibe, Pappel
und über Wassermann	Orchidee	Anis	Birnbaum, Kirschbaum
Gottheiten: Kronos, Saturn			

Magie für Ihren Alltag

Nun haben Sie eine Menge an magischem Wissen und an Techniken kennen gelernt. Und Sie dürften auch schon einiges an Erfahrung in sich versammelt haben. Ich hoffe, dass ich Ihnen bereits einen solchen Zugang zum magischen Denken, Fühlen und Handeln vermitteln konnte, dass Sie nun allmählich in der Lage sind, immer selbstständiger weiterzugehen, zu forschen und zu praktizieren. Im Folgenden finden Sie drei Beispiele für kleine magische Rituale, die Sie im Alltag ohne großen Aufwand leicht durchführen können. Sie können solche Art von Magie natürlich auch mit all dem kombinieren, was Ihnen an Wissen und Fertigkeiten bereits zur Verfügung steht. Sie können zunächst einen heiligen Raum erschaffen, können Engel und helfende, lichte Kräfte bitten, Sie zu unterstützen, Sie können unterschiedliche Visualisierungen hinzunehmen – all das kann, wenn es sinnvoll aufeinander abgestimmt ist, die Wirkung verstärken.

Wohlfühlzauber

Der beste Tag, um diesen Zauber auszuführen, ist ein Sonntag, da dieser Tag von der Sonne regiert wird, die Lebensenergie und Gesundheit bringt. Umgeben Sie sich mit freundlichen gelben und orangefarbenen Blumen, räuchern Sie mit etwas Weihrauch aus Ringelblume, Ingwer, Rosmarin und Zimt, zünden Sie eine goldene oder gelbe Kerze an. Besinnen und entspannen Sie sich, genießen Sie das Bewusstsein eines freien Tages, die Entspanntheit Ihres Körpers, die Freude am Ritual. Sprechen Sie in Ruhe und ganz bewusst die Worte:

Sonne! Sonne! Schein auf mich hernieder.
Ergieße deine goldne Wärme über mich.
Erfülle jede Zelle, jede Pore
mit deinen Leben spendenden Strahlen.
Bade mich in Sonnenlicht.
Sende mir neue Lebensenergie,
damit deine feurige Essenz
meine Stimmung hebt
und mir hilft, wie du zu strahlen.

Wenn draußen strahlender Sonnenschein herrscht, dann sonnen Sie sich eine Weile darin oder stellen Sie sich, wenn der Himmel düster und bedeckt ist, goldene Strahlen vor, die von der Sonne auf Sie herabscheinen und Ihnen neue Lebensenergie senden.

Dieser Zauber müsste unweigerlich Ihre Stimmung heben und Ihnen wieder zu Wohlgefühl verhelfen. Wenn Sie die Wirkung verstärken wollen, dann wiederholen Sie den Zauber am darauf folgenden Sonntag.

Ein Liebeszauber

Liebeszauber werden von der Göttin Venus regiert, deren magischer Tag der Freitag ist. Der folgende schenkt Ihnen ein tiefes Gefühl für die wunderbar sanften Strömungen natürlicher Liebe.

Liebeszauber

Sammeln oder kaufen Sie an einem Freitag ein paar frische, herrlich duftende Blumen – ideal sind Rosen, Flieder, Gardenien oder Veilchen –, stellen Sie sie in eine große Vase und danken Sie ihnen dabei für ihre Lebensspende. Halten Sie einen kleinen Spiegel griffbereit und setzen oder knien Sie sich vor das Gefäß mit den Blumen.

Nehmen Sie nun eine der Blumen heraus und streichen Sie sich liebevoll mit ihr über den Kopf und das Gesicht. Öffnen Sie sich ganz der Liebesenergie der Blume und spüren Sie, wie sich eine solche Offenheit und die von der Blume verströmte Liebe anfühlen. Schließen Sie nun die Augen, streichen Sie sich mit den Blütenblättern leicht über die Augenlider und sagen Sie dabei:

Ich sehe Liebe.

Ziehen Sie nun, während Sie weiter die Augen geschlossen halten, die Blume ein wenig tiefer und riechen Sie ihren betörenden Duft. Füllen Sie Ihren Geist mit ihrem süßen Aroma und sagen Sie:

Ich atme Liebe.

Öffnen Sie nun die Augen, halten Sie die Blume nach oben über Ihren Kopf und sagen Sie:

Ich halte Liebe in der Hand.

Halten Sie die Blume nun tiefer, bis sie dicht vor Ihrem Herzen schwebt. Streicheln Sie es liebevoll mit ihr, spüren Sie, wie sich Ihre spirituellen Energien mit denen der Blume vereinen, und sagen Sie:

Ich spüre Liebe.

Halten Sie die Blume nun noch tiefer, drücken Sie sie sanft gegen Ihren Magen und sagen Sie:

Ich nähre Liebe.

Betrachten Sie zum Schluss Ihr Spiegelbild im Spiegel, während Sie die Blume in Ihrer Hand halten, und sprechen Sie dabei die Worte:

Liebe ist vor mir,
Liebe ist hinter mir,
Liebe ist neben mir,

Liebe ist über mir,
Liebe ist unter mir,
Liebe ist in mir,
Liebe strömt aus mir heraus,
Liebe kommt zu mir her.
Ich werde geliebt.

Danken Sie der Blume auf eine Weise, die Ihnen gefällt. Geben Sie sie in die Vase zurück und stellen Sie diese an einen Ort, wo Sie die Blumen häufig sehen können. Sie können die spezielle Blume, die Sie für Ihren Blumenzauber verwendet haben, auch am Körper tragen, wenn Sie dafür eine Möglichkeit finden. Wenn die Blume zu verblassen und zu verwelken beginnt, begraben Sie sie in der Erde und danken ihr noch einmal für ihre spirituellen Segnungen.

Verhalten Sie sich nun emotional offen, damit Sie auch wirklich Liebe empfangen können, wenn sie auf Sie zukommt, und seien Sie auch gewillt, Ihrerseits Liebe zu geben. Und dann lassen Sie sich überraschen, was in Ihrem Leben vielleicht so alles geschehen wird.

Ein Geldzauber

Bevor Sie einen solchen Zauber praktizieren, sollten Sie sich zunächst fragen, warum Sie Geld brauchen. Haben Sie etwas Bestimmtes damit vor? Oder haben Sie einfach das Gefühl, Sie müssten mehr Geld haben? Und warum? Auch die Wirkung eines Geldzaubers hängt sehr wesentlich davon ab, welches die wahren, vielleicht auch verborgenen Motive des Praktizierenden sind.

Geldzauber

Der beste Tag auch für den Geldzauber ist der Sonntag, da die Sonne nicht nur über Gesundheit und Lebensenergie, sondern auch über materiellen Erfolg regiert. Zünden Sie an einem Sonntagmorgen eine gelbe oder goldene Kerze an, räuchern Sie den Raum mit einer der Geld anziehenden Pflanzenessenzen wie Kamille, Muskatnuss oder Myrrhe. Setzen Sie sich entspannt hin und konzentrieren Sie Ihre kreative Imagination auf Goldmünzen. Visualisieren Sie dieses Geld, wie es zu einem bestimmten Zweck in Ihren Besitz gelangt. Visualisieren Sie ebenfalls so klar wie möglich, wie Sie es ausgeben werden und sprechen Sie gleichzeitig die Worte:

Große Göttin der Fülle,
Spenderin von freigebigen Gaben,
ich wende mich nun an dich.
Höre mir zu, während ich dich bitte.
Ich brauche Geld für ...
[konzentrieren Sie sich auf den betreffenden Zweck]
Erhöre mich,
Große Göttin der Fülle.

Wiederholen Sie den Zauber so lange jeden Sonntagmorgen, bis Ihr Ruf erhört wird und Sie das Geld erhalten haben.

Die Frage der Motive, die hinter einer magischen Handlung stecken, ist nicht zu unterschätzen. Sie sollten sich darüber bewusst sein, dass Sie nicht alles genau so erhalten werden, wie Sie es sich wünschen. Keine Gottheit wird Sie unterstützen, wenn Sie den Gelüsten Ihres Egos mithilfe der Magie Folge leisten wollen. Andererseits ist es möglich, dass Ihre Vorstellungen von einem erfolgreich erreichten Ziel noch gar nicht das Maximum dessen sind, was für Sie in dieser Situation erfahrbar ist. Überprüfen Sie also immer wieder neu Ihre Motive und seien Sie stets offen für das Kommende.

Zum Abschluss dieses Kapitels möchte ich Ihnen noch eine Übersicht zur Wirkkraft ätherischer Öle, zur Analogie von Planeten und unterschiedlicher Sorten von Räucherwerk und zur magischen Bedeutung verschiedenfarbiger Kerzen geben. All dies kann sehr wirkungsvoll in die magische Praxis eingebaut werden.

Magische Öle	**Magische Verwendung (Element Wasser)**
Bergamotte	zum Schutz und zur Anziehung von Geld
Zedernholz	zur Wiederherstellung der Gesundheit
Kamille	zur Harmonie, Entspannung und Heilung
Zimt	zum Anziehen von Liebhabern und Glück
Weihrauch	für spirituelle Macht und Hellsicht
Geranie	zur Wiederherstellung der Gesundheit und Steigerung der Risikofähigkeit
Jasmin	zur Anziehung von Glück, Erfolg und romantischer Liebe
Lavendel	zur Besänftigung und zur Herbeiführung von Frieden
Zitrone	zum Verbannen negativer Energien
Moschus	zur Erregung von erotischem Begehren
Myrrhe	zur Förderung von Inspiration und spirituellem Bewusstsein
Orange	zur Erhöhung der intuitiven und psychischen Kräfte
Patschuli	zur Aufbesserung der Finanzen und zur Erregung von Leidenschaft
Pfefferminze	zum Schutz der eigenen Person
Kiefernholz	zur Reinigung und zur Verbannung von Negativität
Rose	zum Einladen von Glück und Liebe
Rosmarin	zum Schutz und zur Verbesserung von Lernfähigkeit und Gedächtnis
Sandelholz	zur Steigerung der Intuition und Hellsicht
Eisenkraut	zur Kräftigung und zur Steigerung der Elastizität

Herrschende Planeten	**Magisches Räucherwerk (Element Luft)**
Sonne	Weihrauch, Olibanum, Holz-Aloe
Mond	Jasmin, Kampfer
Merkur	Sandelholz
Venus	Rosenholz, Benzoin
Mars	Kiefernblüten, Disteln, Nesseln, Tabak
Jupiter	Zedernholz, Eichenmoos, Balsamharz
Saturn	Myrrhe, Alaun

Magische Kerzen	**Symbolische Eigenschaften (Element Feuer)**
Weiß	für Spiritualität, Frieden und Reinigung
Rot	für Kraft, Energie, Mut und sexuelle Leidenschaft
Rosa	für Liebe, Zärtlichkeit und romantische Zuneigung
Orange	für Gesundheit, Ehrgeiz und Dinge, die mit Recht und Gesetz zu tun haben
Gelb	für Intellekt, Gedächtnis und geistige Fähigkeiten
Grün	für Harmonie, Überfluss, glückliches Geschick und Fruchtbarkeit
Blau	für Inspiration, Weisheit und Hingabe
Purpur	zur Steigerung des spirituellen und psychischen Bewusstseins
Silber	für Intuition und psychische Inspiration
Gold	zur Anziehung von Wohlstand, Überfluss und Prosperität
Braun	für besondere Vergünstigungen und Vertreibung von Leid
Schwarz	als Symbol für Alter und Weisheit

IV
Die Magie der Liebe und der Sexualität

Dass wir uns verlieben, gehört zu den wundervollsten Dingen unseres Lebens. Wenn wir verliebt sind, ist gleich die ganze Welt verzaubert; alle Grenzen zwischen uns und dem Menschen, den wir lieben, lösen sich auf und wir fühlen uns bis ins Innerste eins mit jenem anderen. Wir teilen die Vitalität und das Wesen unseres Liebespartners, wir sind aufs Engste miteinander verbunden und uns ist, als seien wir in eine völlig andere und ziemlich erstaunliche Bewusstseinswelt eingetreten. Das Verliebtsein verwandelt uns vollkommen. Wir erleben die Höhepunkte des Glücks auf eine viel intensivere und umfassendere Art als zuvor. Jeder Moment ist magisch, jeder Moment ist himmlisch, denn die Liebe ist eines der erhebendsten Erlebnisse, die uns in unserem Alltagsleben widerfahren können.

Uns allen ist bekannt, dass Liebe und sexuelle Intimität etwas ganz Besonderes sind. Aber ist es auch möglich, dass Liebe und der Ausdruck von Sexualität zu etwas *Heiligem* werden? Glaubt man den magischen Weisheitstraditionen, ist das in der Tat möglich. Im Kontext der praktizierten Magie müssen wir, wenn wir Liebe und Sexualität so verwandeln wollen, dass beide etwas wahrhaft Heiliges werden, weit über die physischen und emotionalen Dimensionen der Liebe hinausgehen und uns auf eine spirituelle Ebene begeben. In diesem Raum werden wir eine Gottheit entdecken, die seit jeher sowohl in uns selbst als auch in unserem Partner wohnt.

Wie man die Göttin oder der Gott wird

Letztendlich geht es in den meisten Formen von höherer Magie darum, dass der Praktizierende sich mit einer Göttin oder einem Gott identifiziert – oder sogar darum, dass er eine Göttin oder ein Gott *wird*. Dies mag zunächst wie eine arrogante oder anmaßende Idee erscheinen, aber das Grundprinzip besteht darin, dass er danach strebt, die spirituellen Qualitäten zu verkörpern, die die Gottheit repräsentiert. Die Idee ist also, diese heiligen Qualitäten in unser tägliches Leben einzubringen, so dass selbst gewöhnliche, alltägliche Ereignisse zu einem gewissen Grad bereichert und verwandelt werden.

Unter diesem Aspekt betrachtet, personifizieren Götter und Göttinnen besondere idealisierte Attribute – Eigenschaften, die wir gerne erwerben wollen. In dieser Hinsicht sind sie also Archetypen dessen, was wir selbst gerne werden möchten.

Der Akt, sich magisch mit einer Göttin oder einem Gott zu identifizieren, wird in der Golden-Dawn-Tradition als das »Annehmen der Gottesgestalt« bezeichnet. Das bedeutet, dass der Mensch im sakralen Kontext eines magischen Rituals die Attribute und Eigenschaften der betreffenden Gottheit invoziert und seinem eigenen Wesen einzuverleiben versucht. Der oder die Betreffende tut dies in einer so intensiven Weise, dass es zu einer Art Verschmelzung der Identitäten kommt. Dies erfordert natürlich ein beträchtliches Maß an mentaler und emotionaler Anstrengung und auch ein umfangreiches vorheriges Studium der Gottheiten der alten Religionen und mythologischen Götterwelten. Aber mit dem reinen Erforschen der charakteristischen Merkmale eines bestimmten Gottes oder einer bestimmten Göttin wird man natürlich noch lange nicht das Wesen dieser Gottheit an sich herabrufen können, denn das Invozieren eines archetypischen Wesens im Kontext eines magischen Rituals findet auf einer energetischen Ebene statt und ist niemals nur ein rein verstandesmäßiges Unternehmen. Genauso wenig können wir das Annehmen der Gottesgestalt einfach als eine Übung kreativer Visualisation betrachten, denn es ist weit mehr als das. Diese spezielle Form von Magie erfordert nämlich eine Verschmelzung des menschlichen mit dem heiligen Bewusstsein.

Die Schlüssel zu dieser Art von spiritueller Verschmelzung liefert uns die hohe Magie und dabei erweisen sich manche Zweige der magischen Tradition als besser geeignet als andere. So ist der kabbalistische Lebensbaum hier weniger gefragt, denn er entstammt der spirituellen Tradition des Judentums, die eine monotheistische ist. Aus monotheistischer Sicht werden die verschiedenen archetypischen Sphären auf dem Lebensbaum und die mit ihnen verbundenen Gottesnamen nämlich alle als unterschiedliche Aspekte des *einen* Gottes und nicht als eine Gruppe individueller Gottheiten betrachtet. Andere mythische Traditionen – so etwa die Götterwelten von Ägypten, Hellas, Rom und dem keltischen Europa der Antike – bieten uns dagegen Konstellationen von bestimmten Göttern und Göttinnen, die im Glauben der Menschen bestimmte Qualitäten verkörperten. Die im Westen bekanntesten von diesen sind wahrscheinlich die griechisch-römischen Götter, da sie für uns aufgrund ihrer Verbindung mit den Planeten und der populären Astrologie fassbar werden. Hier zur Erinnerung einige der uns vertrauteren Gottheiten aus dem antiken Hellas und Rom mit ihren symbolischen Attributen:

- **Apollo**: Gott der Sonne, assoziiert mit Heilkunst, Musik und Dichtung sowie mit Ehrgeiz und Erfolg.
- **Diana/Artemis/Selene/Hekate**: Göttin des Mondes, Beschützerin der Mädchen und jungen Frauen, daneben auch mit der Jagd und allen Tierarten assoziiert. Als lunare Göttin ist sie außerdem eng mit der Nachtzeit, den Träumen und den Kräften der Imagination verbunden.
- **Merkur/Hermes**: Bote der Götter, mit Redekunst, Sport und Handel assoziiert. Als Gott des Windes führt er die Seelen der Toten in die Unterwelt. Darüber hinaus ist Merkur mit Gedächtnis, Intelligenz, Erziehung und Kommunikation verbunden worden.
- **Venus/Aphrodite**: Göttin der Liebe und der Schönheit, der sexuellen Liebe und des Begehrens sowie der Beziehungen im Allgemeinen. Daneben repräsentiert sie auch Glück und Wohlergehen. Die Astrologen assoziieren die Venus mit Harmonie und Zuneigung sowie mit der Musik und den Künsten.
- **Mars/Ares**: Gott des Krieges, assoziiert mit Mut und starker persönlicher Willenskraft sowie mit allen Formen von Durchsetzungskraft, Gewalt und Aggression.
- **Jupiter/Zeus**: Vater der Götter und Herrscher über Himmel und Erde, gilt als weise, allwissend und gnädig. Daneben wird er als Gott des Donners und Blitzes verehrt und mit Optimismus, Glück und Überfluss sowie mit materiellem Wohlstand und politischer Macht assoziiert.
- **Saturn/Kronos**: Gott der Zeit, des Ackerbaus und der Ernte, aber auch mit Einsamkeit, Verlust der Jugendblüte, Krankheit und Tod assoziiert.

Ein hervorragendes Beispiel für die magische Invokation und das »Annehmen der Gottesgestalt« ist in der heutigen Wicca- oder Hexenbewegung zu finden, in der die Hohepriesterin des Coven die heiligen Eigenschaften der Universalen Göttin zu verkörpern sucht. Dies findet während einer bestimmten Form der rituellen Invokation statt, die als »Herabziehen des Mondes« bezeichnet wird.

Herabziehen des Mondes

Das Herabziehen des Mondes spielt bei den heutigen Wicca-Anhängern eine sehr wichtige Rolle, weshalb ich es an dieser Stelle zur Illustration etwas genauer beschreiben möchte. Es ist ein Ritual, in dem der Hohepriester als Teil einer Eröffnungszeremonie die Göttin in die Hohepriesterin herabruft:

»Ich invoziere dich und rufe dich an, mächtige Mutter über uns allen, Bringerin aller Fruchtbarkeit; bei Same und Wurzel, bei Knospe und Halm, bei Blatt und Blüte und Frucht, bei Leben und Liebe invoziere ich dich, daß du herabsteigen mögest in den Körper dieser deiner Dienerin und Priesterin.«[42]

Sobald die Hohepriesterin die Göttin verkörpert, spricht sie die in Wicca-Kreisen so genannte Charge. Hier spricht die Göttin durch die Hohepriesterin hindurch de facto selbst zu ihren Anhängern. Aber zuvor wendet sich die Hohepriesterin mit folgenden Worten an den Coven:

»Hört die Worte der Großen Mutter; ihrer, die von alters her von den Menschen Artemis, Astarte, Athene, Dione, Melusine, Aphrodite, Cerridwen, Dana, Arianrhod, Isis, Bride und bei vielen anderen Namen genannt wurde.«

Danach spricht die Göttin durch die Hohepriesterin zu der Gruppe:

»Wann immer ihr einer Sache bedürft, einmal im Monat, und es gereicht euch besser, wenn der Mond voll ist, dann sollt ihr euch an einem geheimen Platz versammeln und meinem Geist, der ich Königin der Hexen bin, verehren. Dort sollt ihr euch versammeln, ihr, die ihr begierig seid, alle Zauberei zu erlernen, und doch noch nicht ihre tiefsten Geheimnisse erlangt habt; diejenigen werde ich Dinge lehren, die bisher unbekannt sind. Und ihr sollt frei sein von Sklaverei; und als ein Zeichen, daß ihr wirklich frei sein möget, sollt ihr nackt sein in euren Riten; und ihr sollt tanzen, singen, feiern, musizieren und einander lieben, alles mir zum Preis. Denn mein ist die Ekstase des Geistes, und mein ist auch die Freude auf Erden; denn mein Gesetz ist Friede allen Geschöpfen. Haltet euer höchstes Ideal rein und unbefleckt; strebt immer danach; laßt euch durch nichts darin aufhalten oder davon abbringen. Denn mein ist die geheime Pforte, die sich ins Land der Jugend öffnet, und mein ist der Kelch des Weines des Lebens, und der Kessel der Cerridwen [und] der Heilige Gral der Unsterblichkeit. Ich bin die gnädige Göttin, welche die Gabe der Freude in die Herzen der Menschen legt. Auf Erden gebe ich Gewißheit über den ewigen Geist, und über den Tod hinaus gebe ich Frieden und Freiheit und vereine wieder mit denen, die vorausgegangen sind. [Und ich] verlange keine Opfer; denn sehet, ich bin die Mutter alles Lebendigen, und meine Liebe ergießt sich über die Erde.«

42 Janet u. Stewart Farrar, *Acht Sabbate für Hexen*, S. 27.

Dann unterbricht sie der Hohepriester kurz mit den Worten:

»Höret die Worte der Sternengöttin; ihrer, der im Staub ihrer Füße die Lichter des Himmels sind, und deren Körper das Universum umspannt.«

Darauf spricht wieder die Göttin durch die Hohepriesterin zu dem Coven:

»Ich, die die Schönheit der grünen Erde bin und der weiße Mond unter den Sternen und das Geheimnis der Wasser und die Sehnsucht in den Herzen der Menschen, rufe deine Seele. Erhebe dich und komm zu mir. Denn ich bin die Seele der Natur, die das Universum belebt. Von mir stammen alle Dinge, und zu mir müssen alle Dinge zurückkehren; und vor meinem von Göttern und Menschen geliebten Antlitz lasse dein innerstes göttliches Selbst umfaßt werden von der Verzückung des Unendlichen. Meine Anbetung erfolge im Innern des jubelnden Herzens; denn siehe, alle Taten der Liebe und des Genusses sind meine Rituale. Und darum laß' Schönheit und Stärke, Kraft und Leidenschaft, Ehre und Demut, Frohsinn und Ehrfurcht in dir sein. Und du, der du gedenkst, nach mir zu suchen, wisse, daß dein Suchen und Sehnen dir nichts nützen werden, wenn du nicht das Mysterium kennst; daß, wenn du das, was du suchst, nicht in dir findest, du es nimmermehr außerhalb dir finden wirst. Denn siehe, ich war mit dir von allem Anfang, und ich bin das, was am Ende der Sehnsucht erlangt wird.«[43]

Nach diesem Beispiel für ein Ritual, in dem ein Mensch in bestimmter Weise zu einer Gottheit wird, kehren wir zurück zur Magie im Bereich Liebe und Sexualität, denn diese ist in unterschiedlichen Traditionen ebenfalls eng mit dem Verkörpern eines göttlichen Wesens verbunden.

Sich zu einem solchen Prozess hinzuentwickeln braucht natürlich einige Zeit. Und wir werden dabei möglicherweise feststellen, dass unser eigenes spirituelles Wachstum und das unseres Liebespartners unterschiedliche Tempi zeigen. Eine gute Methode für den ersten Einstieg in einen solchen Weg, ist die, dass wir uns zuerst einmal mit den vielen mythologischen Ausdrucksformen der Liebe und des sexuellen Verlangens befassen. Sie haben die Liebenden zu allen Zeiten inspiriert und auch wir können uns bemühen, diese heiligen mythischen Energien in unser

43 Ebenda, S. 28f.

Leben einzubringen. Einen der berühmtesten und inspirierendsten Archetypen der Liebe, der Leidenschaft und der Schönheit bietet uns die griechische Göttin Aphrodite.

Aphrodite – die Göttin der Liebe

Im antiken Hellas war Aphrodite die Göttin der Liebe, der Schönheit und der Fruchtbarkeit. Sie wurde für ihr liebreizendes Gesicht, ihren schönen und zarten Körper, ihr spontanes Lachen und ihren unwiderstehlichen Charme bewundert. Der Aphrodite waren Heiligtümer in Korinth, auf der Insel Cythera und in Eryx im Westteil von Sizilien geweiht. Ihr Kult scheint von Zypern aus, wo sie als die Göttin Kypris bekannt war, nach Griechenland gelangt zu sein. Ihre römische Entsprechung war die Göttin Venus.

Aus der klassischen Mythen- und Sagenwelt sind uns verschiedene Darstellungen von ihrer Geburt überliefert. Nach der »Ilias« des Homer war Aphrodite die Tochter von Zeus und der Meeresnymphe Dione. Hesiod liefert uns in seiner »Theogonie« jedoch eine andere Geschichte. Seiner Darstellung zufolge hatte Uranos, der tyrannische Gott des Himmels und der Lüfte, in seiner sexuellen Verbindung mit der Erdgöttin Gaia zahlreiche Nachkommen gezeugt. Diese Nachkommenschaft waren die Titanen, die die gewaltigen Kräfte der Natur personifizierten. Uranos kerkerte die Titanen in dem Körper der Gaia ein, aber die Bürde, diese gewalttätige Brut mit sich herumzutragen, wurde für sie schon bald so unerträglich schwer, dass Kronos, Gaias jüngster Sohn, sich zum Aufstand erhob, seinen Vater entmannte und dessen abgetrennte Genitalien ins Meer warf. Sofort bildete sich weißer Schaum um das göttliche Gemächt und diesem Schaum entstieg eine wunderschöne Jungfrau. Dies war die Göttin Aphrodite. Das griechische Wort aphros bedeutet »Schaum« und ihr ganzer Name bedeutet bekanntlich »die Schaumgeborene«. Diese wunderliche Szene stellte der Renaissancemaler Botticelli in seinem berühmten Gemälde »Die Geburt der Venus« dar.

Im antiken Hellas war Aphrodite eine der zwölf Olympier (Götter und Göttinnen, die auf dem Berg Olymp lebten), sie war besonders berühmt wegen ihrer häufigen Liebesaffären. Obwohl mit dem lahmen Schmied Hephaestos verheiratet, hatte sie fünf Kinder mit dem Kriegsgott Ares und bekam daneben auch mehrere Nachkommen durch ihre sexuellen Begegnungen nicht nur mit den Göttern Hermes, Dionysos und Poseidon, sondern auch mit Anchises, einem Sterblichen. Später verließ Aphrodite den Olymp wegen ihrer leidenschaftlichen Liebe zu Adonis, mit dem sie einen Sohn und eine Tochter hatte.

Trotz ihrer zahlreichen Romanzen und sexuellen Liaisons erkoren die alten Griechen Aphrodite zur göttlichen Schutzpatronin der Ehe. Außerdem wurde sie aufgrund der einzigartigen Umstände ihrer Geburt als Meeresgöttin betrachtet und galt daneben auch als Göttin der Tiere und der Gärten. In der griechischen Mythologie ist sie mit den drei Grazien – den Personifikationen des Zaubers, der Anmut und der Schönheit – sowie mit den Horen, den Göttinnen der Jahreszeiten, verbunden. Zu den Tieren, die ihr geweiht sind, gehören der Delfin, der Widder, der Schwan, die Taube und der Sperling. Zu den ihr geweihten Blumen, Bäumen und Früchten zählen die Rose, die Myrte, die Zypresse und der Granatapfel. Ihr Symbol ist auch der goldene Apfel.

In der römischen Mythologie war Venus nicht nur die Göttin der Liebe, des Begehrens und der Schönheit, sondern auch der Freundschaft und der Partnerschaft. Als herrschender Planet ist sie mit der Musik und den Künsten verbunden und in der Astrologie wird sie als eine Kraft für Harmonie, Frieden und Versöhnung betrachtet.

Als mythische Figur wie als Prototyp der sakralen Sexualität ist Aphrodite unvergleichlich. Sie ruft uns dazu auf, unsere Herzen der Leidenschaft und der Liebe zu öffnen, uns von den Gezeiten der Gefühle tragen zu lassen, uns der Lebensfreude zu öffnen, uns der Lust der Sinne hinzugeben und die Aussicht, Liebe zu geben und zu empfangen, zu genießen. Auf diese Weise ist Aphrodite Inspiration für uns alle. Hier ein Gebet an sie von einer modernen Wicca-Priesterin:

Herrin des Lichts und der Liebe,
hilf mir mein Herz zu öffnen
jeden Tag, wenn neu der Morgen dämmert.

Herrin des Lichts und der Liebe,
hilf mir Lust und Leidenschaft zu zeigen,
wenn zur Mittagszeit endlos die Sonne strahlt.

Herrin des Lichts und der Liebe,
hilf mir voller Mitgefühl zu sein,
wenn in Abendschatten die Welt aufweicht.

Herrin des Lichts und der Liebe,
hilf mir weise zu lieben,
wenn die Nacht Enden und neue Anfänge bringt.[44]

Wenn Sie sich im Rahmen Ihrer magischen Praxis Ihr persönliches Ritual zur Verehrung der Aphrodite erstellen möchten, sollten Sie möglichst viele Züge aus ihrem Umfeld – ihre Blumen, ihre Pflanzen und ihre heiligen Tiere – darin einbringen. Symbolisch ist sie mit dem Freitag assoziiert (in einem berühmten englischen Kinderreim heißt es: »Friday's child is loving and giving ...«) sowie mit den Elementen Wasser und Erde verbunden. Ihre traditionellen Farben sind Grün, Indigo und Rosa, ihr heiliges Metall ist Kupfer, ihre Edelsteine sind Bernstein und Smaragd und als Düfte gehören ihr Benzoin, Rose und Jasmin.

Tantra und heiliger Sex

Die sexuellen Kräfte für höhere Zwecke zu nutzen, das ist uns heute vor allem aus der mystischen Tradition Indiens bekannt. Für viele Menschen sind die Begriffe »Tantra« und »Sexual-Yoga« synonym, aber Tantra ist weit mehr als das. Seine Philosophie und Praxis gründen sich auf eine sehr spezielle Art, die Welt und das Auf und Ab des täglichen Lebens zu betrachten. Wie wir sehen werden, können die Erkenntnisse der tantrischen Tradition unser Verständnis der Magie nur vertiefen und um faszinierende Aspekte bereichern.

Im Tantra geht man davon aus, dass sich in allen Erscheinungsformen der Schöpfung das dynamische Fließen und Strömen einander entgegengesetzter Polaritäten spiegelt. Und dies kommt in dem ewigen Tanz des Lebens zum Ausdruck – einem niemals endenden Tanz zwischen Kraft und Form. In unserer physischen Welt von Geburt, Leben und Tod entstehen ständig neue Formen, während sich ununterbrochen andere Formen auflösen. In der tantrischen Kosmologie ist die Göttin Shakti (als weiblicher Ausdruck Shivas) die Personifikation von Energie, Lebenskraft und Leidenschaft, während Gott Shiva Zurückhaltung und Stabilität repräsentiert. Shakti selbst ist zugleich Schöpferin und Zerstörerin: auf der einen Seite verkörpert sie alles Schöne und Reine, auf der anderen Seite löst sie Schrecken und Zerstörung aus.

44 Brandy Williams, *Ecstatic Ritual*, S. 96.

Im Tantra wird das Spiel des Lebens als immer währende Liebesgeschichte betrachtet, in der alle Dualitäten und einander entgegengesetzte Polaritäten der Existenz sich am Ende einer höheren Einheit unterordnen und sich auflösen müssen, denn im tiefsten Sinn ist alles im Universum seinem Wesen nach eins. In der tantrischen Tradition wird dieses Einssein durch die heilige Vermählung zwischen Shiva und Shakti symbolisiert.

Das Tantra lehrt uns aber noch etwas anderes – nämlich dass die einander entgegengesetzten Kräfte der Schöpfung und der Zerstörung nicht nur auf einer äußerlichen Ebene miteinander kämpfen, sondern auch *innerhalb* von jedem von uns wüten. Die dynamischen Kräfte des Universums im weiten Sinn sind auch *unsere eigenen* inneren Kräfte, denn die Götter und Göttinnen spiegeln sich auch in unserem Bewusstsein. Ihr Tanz ist unser Tanz, ihre Liebe kann unsere Liebe sein. Daher ist es wichtig, dass wir das Tantra nicht nur als eine Tradition des Sexual-Yoga, sondern auch als eine Form praktizierter Mystik, gegründet auf der Philosophie der polaren Gegensätze, betrachten. Alle Gegensätze, derer sich die Menschheit bewusst ist, lassen sich nach Francis King in einer höheren Einheit, der Vereinigung von Shiva und Shakti, auflösen, »denn die Materie ist wie alle übrigen Aspekte des manifesten Universums nur ein Nebenprodukt des unaufhörlichen Liebesspiels von Shiva und Shakti«.[45]

Den tantrischen Lehren zufolge wohnt die Göttin Shakti latent in allen Menschen. Die Göttin nimmt dort die Form einer Schlange – genannt Kundalini – an, die eingerollt schlafend an der Basis der Wirbelsäule ruht. Aber das spirituelle Feuer der Kundalini muss nicht immer im Schlafzustand verharren, denn die Macht der Shakti kann auch erweckt werden. Die Shakti-Kraft kann durch einzelne Energiezentren im Körper aufsteigen und neue Fähigkeiten spiritueller Wahrnehmung erzeugen. Und sie kann auf eine Art aufsteigen, dass sie am Ende eine vollständige spirituelle Erweckung auslöst, die im Aufblühen des tausendblättrigen Lotos symbolisiert wird. Damit wird uns allmählich klar, dass in der tantrischen Tradition des Kundalini-Yoga die Sexualität als Ausdruck göttlicher Energie betrachtet wird. Das Tantra nutzt die sakrale Sexualität als Kraft für die spirituelle Erweckung.

Carl Weschke, eine Autorität in der Wicca-Bewegung, ist der Auffassung, dass die tantrische Philosophie einen direkten Einfluss auf die ma-

45 Francis King, *Tantra als Selbsterfahrung*, S. 18f.

gische Praxis des Westens hat, da im Tantra die heilige Lebenskraft der Universalen Göttin verehrt wird:

> »Die Grundaussage des Tantra lautet: ›Schaut nach innen – findet die Gottheit und bringt sie zum Ausdruck.‹ Lernt den Gott und die Göttin in euch zu invozieren, lernt die schöpferische Kraft der Gottheit in euch zu nutzen, um Körper und Seele zu verwandeln und das tägliche Leben zu verbessern [...]. Das Tantra weiß, dass die sexuelle Energie weiblich ist – sie ist die Göttin, die Mutter, die heilige Erde. Alles Leben, wie wir es kennen, kommt von ihr [...]. Jeder Mensch, der männliche wie der weibliche, ist ein ›channel‹ zwischen dem Gott und der Göttin – zwischen dem Himmel und der Erde – und wenn wir zur Gottheit in uns erwachen und der Ebbe und Flut der göttlichen Energien die ›channels‹ öffnen, beschleunigen wir die Evolution des Bewusstseins, das Heilwerden der Erde und von allem auf ihr [...].«[46]

Der praktizierende Tantriker Jonn Mumford bestätigt dies: »In der Person des Menschen, den man liebt, Gott/Göttin inkarniert zu sehen und sich sowohl in seinem eigenen inneren Wesen als auch in den Augen seines Liebespartners als Gott/Göttin zu erleben, das ist wahrhaft kraftvolle *magick*!«[47]

Kundalini-Yoga und die Chakras

Wie wir gesehen haben, wird im Kundalini-Yoga die latent vorhandene Shakti-Energie an der Basis der Wirbelsäule erweckt und durch Energiezentren im Körper nach oben geleitet. Das Bild dazu ist eine sich aufrichtende Schlange. Den tantrischen Lehren zufolge gibt es sieben Haupt-Energiezentren im Körper, die Chakras. Die ersten fünf sind symbolisch mit den Tattva-Elementen assoziiert, die wir weiter oben beschrieben haben.

Das Wort *Yoga* selbst stammt von dem Sanskrit-Wort *yuj* ab, das sowohl »anschirren« oder »anjochen« als auch »paaren« und »verbinden« bedeutet. Und das höchste Ziel des Yoga ist tatsächlich die spirituelle Verbindung mit dem höheren Selbst, mit der Gottheit, mit Brahman. Im Kundalini-Yoga wird diese Vereinigung als das Verschmelzen von zwei Gegensätzen – Shiva und Shakti – ausgedrückt, die, wie wir gesehen

46 Carl Weschke, Einführung zu: John Mumford, *Ecstasy Through Tantra*, S. xiv ff.
47 J. Mumford, S. 31.

haben, die männlichen und weiblichen Polaritäten alles Seienden repräsentieren.

Im Tantra werden alle Manifestationen von Lebensenergie, Intelligenz, Wille, Denken und Fühlen als weiblich – als Erscheinungsformen der Shakti – betrachtet. Als die Große Göttin umfasst sie auch die fünf Elemente Erde, Wasser, Feuer, Luft und Geist, aus denen das Universum beschaffen ist. »Sie ist die Ur-Lebenskraft, die allem Seienden zugrunde liegt«, meinte Swami Sivananda Sarasvati einmal über die Shakti. »Sie belebt den Körper durch ihre Energie. Sie ist die Energie in der Sonne, der Duft in den Blumen, die Schönheit in der Landschaft ... die ganze Welt ist in ihrem Körper enthalten.«[48]

Außerhalb der Welt der Manifestationen liegt die transzendentale Welt von Gott Shiva. Die heilige Aufgabe aller Anhänger des Kundalini-Yoga ist es, die Energie der Göttin – die Energie der Kundalini-Schlange – zu erwecken und sie schließlich bis zum höchsten Chakra emporsteigen zu lassen, so dass sie sich in der höchsten Seligkeit von *samadhi*, dem Zustand tiefster Meditation, wieder mit ihrem Geliebten vereinen kann. Das Kundalini-Yoga identifiziert diesen kosmischen Prozess klar und deutlich als ein heiliges Potenzial in jedem Menschen, da die Götter und Göttinnen in uns sind und es unsere Aufgabe ist, sie in uns zum Leben zu erwecken und ihre Energie freizusetzen. Im Körper gibt es zahlreiche *Nadis* genannte Energiekanäle – nach manchen yogischen Quellen bis zu 350 000 –, aber der wichtigste im Kundalini-Yoga ist der Weg, den die Shakti-Energie über die Chakras aufwärts bis zum Scheitel bzw. zur Krone über dem Kopf nehmen sollte. Dieser Pfad wird als *Sushumna* (auch *Shushumna*) bezeichnet, jener Energiekanal, der dem Zentralnervensystem des Körpers entspricht. Um Sushumna winden sich zwei weitere Hauptkanäle – nämlich *Pingala*, maskulin und mit der Hitze der Sonne assoziiert, und *Ida*, weiblich und mit dem kalten, reflektierten Licht des Mondes assoziiert. Nach den Lehren des Kundalini-Yoga treffen sich Pingala und Ida in Muladhara, dem untersten der Chakras, sowie weiter oben in Ajna, dem sechsten Chakra. Das Ziel des Kundalini-Yoga ist es, die normalerweise schlafende Energie des Schlangenfeuers in Muladhara aufzuwecken, dann die Shakti-Kraft der Reihe nach durch jedes Chakra in die Höhe zu treiben und dabei diese heilige Energie von den Ebenen des physisch-sensorischen Bewusstseins bis hinauf zur Ebene des höchsten spirituellen Einsseins in Sahasrara zu erheben.

48 Swami Sivananda Sarasvati, »Shakti-Yoga Philosophy«, in: Swami Sivaranda Radha, *Kundalini Yoga for the West*, S. 25-28.

Nach dem vedantischen Philosophen Haridas Chaudhuri, einer Autorität auf dem Gebiet des Yoga, haben einige westliche Interpreten die Chakras in einem zu wörtlichen Sinn mit konkreten Nervengeflechten, Ganglien und Drüsen im Körper gleichgesetzt. Chaudhuri beschreibt die Chakras dagegen als »Bewusstseinspotenziale«, die nur Bedeutung annehmen, während die Kundalini aufgeweckt bzw. aktiviert ist. Die Chakras selbst sollen innerhalb von Brahmanadi – dem innersten Kanal in Sushumna – liegen. Und obwohl es eine Beziehung zwischen den Chakras und den einzelnen Regionen des Körpers gibt, sind die Chakras nicht im buchstäblichen Sinn mit diesen identisch.[49] Und doch wird weithin anerkannt, dass das Konzentrieren des Bewusstseins auf diese »Orte« im Sinne einer Visualisierung sehr hilfreich und nützlich ist.

Die sieben Chakras des Kundalini-Yoga

Im Folgenden finden Sie eine Übersicht über die sieben Chakras des Kundalini-Yoga und jeweils eine kurze Beschreibung ihrer symbolischen Assoziationen.

Erstes Chakra: Muladhara (Erde)

Der Name dieses Chakras bedeutet »Wurzelbasis«, es ist sowohl das Fundament für das persönliche Wachstum als auch das Tor zu höheren, subtileren Sphären des Bewusstseins. Diese Sphäre repräsentiert nicht nur die physische Welt, sondern auch unser totales Bewusstsein der alltäglichen Wirklichkeit. Muladhara ist mit dem Geruchssinn assoziiert. Es wird an der Basis der Wirbelsäule in der Nähe von Steißbein und Anus lokalisiert und ist mit dem Plexus pelvicus, den Hoden und Eierstöcken verbunden. Muladhara ist der Ort der schlafenden Kundalini-Schlange.

Zweites Chakra: Svadisthana (Wasser)

Buchstäblich das »eigene Heim« der Shakti, könnte man dieses Chakra als die hinduistische Entsprechung zum C. G. Jung'schen »Unbewussten« und den »Astralebenen« der okkulten Tradition ansehen. Es wird direkt unterhalb des Nabels in der Sakralregion lokalisiert und mit dem Plexus hypogastricus und den Nebennieren assoziiert. Es ist zudem das Zentrum der niederen sexuellen Triebe und Gelüste, es wird daher als direkt beeinflussende Größe der Genitalien und der Sexualität sowie

49 Haridas Chaudhuri, »Yoga Philosophy«, in: Charles Tart (Hrsg.), *Transpersonal Psychologies*.

auch des Menstruationszyklus angesehen. Svadisthana ist außerdem mit dem Geschmackssinn verbunden.

Drittes Chakra: Manipura (Feuer)

Dieses Chakra wird aufgrund seiner Verbindung zum Element Feuer als die »Stadt (*pura*) des glänzenden Edelsteins (*mani*)« bezeichnet. Es wird als Urquelle höheren Strebens und persönlicher Macht betrachtet und komplettiert die Triade der Grundchakras (zusammen mit Muladhara und Svadisthana), die das Leben der meisten Menschen in ihrer alltäglichen Umgebung regieren. Manipura repräsentiert jedoch das erste Licht der aufgehenden Sonne und birgt daher in sich das Potenzial für eine höhere spirituelle Sicht. Es ist in entsprechender Weise mit dem Sehen assoziiert.

Es wird direkt über dem Nabel in der Magengegend lokalisiert und ist mit dem Solarplexus, der Bauchspeicheldrüse und der Leber verbunden.

Viertes Chakra: Anahata (Luft)

Als Zentrum der selbstlosen Liebe und der spirituellen Werte ist dieses Chakra das Herzzentrum. Anahata bedeutet »unangeschlagener Klang« und in dieser Sphäre vernimmt der Gläubige zum ersten Mal den Klang (*sabda*) Brahmans. In Anahata lernen wir unsere Emotionen zu überwinden und der Atem des Lebens erhebt uns auf höhere Sphären. Anahata ist mit dem Element Luft und auch mit dem Tastsinn assoziiert. Es wird in der Herzregion lokalisiert und steht in Verbindung mit dem Plexus cardiacus und der Thymusdrüse. Anahata wird symbolisch mit Liebe, Mitgefühl und neuem Lebensatem zusammengebracht.

Fünftes Chakra: Visuddha (Geist)

Vom Sanskritwort her, das »vollkommen gereinigt« bedeutet, repräsentiert dieses Chakra die Herrschaft über die vier Elemente und die erste Begegnung mit dem Geist. Gleichzeitig erkennt der Gläubige, der diese Ebene erreicht hat, dass jedes individuelle Leben eine einzigartige Quelle schöpferischer Energie im Universum ist. In dieser Bewusstseinssphäre wird die innere Welt des Geistes als wirklicher als die Welt der physischen Erscheinungen wahrgenommen. Visuddha ist mit dem Hören assoziiert.

Es wird in der Nähe des Adamsapfels im Kehlbereich lokalisiert und steht in Verbindung mit dem Plexus laryngeus und der Schilddrüse.

Sechstes Chakra: Ajna

Die beiden oberen Chakras repräsentieren transzendentale Bewusstseinszustände und liegen ihrem Wesen nach außerhalb der Möglichkeit von Visualisierung und kreativer Imagination. Daher werden ihnen auch keine visuellen Symbole zugeschrieben.

Ajna wird als das Weisheitszentrum bezeichnet und steht für die mystische Erfahrung, die im Westen als »kosmisches Bewusstsein« bezeichnet wird. In Ajna treffen die komplementären Energiekanäle Ida und Pingala, nachdem sie aus dem Basischakra Muladhara aufgetaucht sind, zum ersten Mal zusammen. In der Tradition des Kundalini-Yoga ist die herrschende Gottheit dieser Sphäre androgyn – eine Kombination aus Shiva und Shakti.

Ajna wird zwischen den Augenbrauen lokalisiert und ist mit dem Plexus nasociliarius oder cavernosus und der Hypophyse oder Hirnandrangdrüse verbunden.

Siebtes Chakra: Sahasrara

In der höheren Sphäre Sahasrara ist die Dualität vollkommen überwunden. Dort löst die Vereinigung von Shakti und Shiva alle manifestierten Formen auf und es gibt nur noch das Einssein des Brahman. Sahasrara ist das Tor zur Leere der Formlosigkeit *(sunya)*.

Sahasrara wird auf der Korona des Kopfes lokalisiert und ist mit dem Gehirn sowie der Zirbeldrüse verbunden. Sahasrara ist die Sphäre der höchsten spirituellen Transzendenz.

Die Übung des mittleren Pfeilers

Nachdem wir uns ein wenig über die Welt des Tantra und seiner Erforschung sexueller Polaritäten informiert haben, können wir uns wieder der Kabbala zuwenden, die uns durch ihr Symbol des Lebensbaumes einen Rahmen zur Erforschung aller Ebenen des magischen und spirituellen Bewusstseins liefert.

Wir haben bereits gesehen, dass die Kabbalisten den Lebensbaum stets nicht nur als ein komplexes Symbol des göttlichen Schöpfungsprozesses, sondern auch als eine symbolische Matrix betrachtet haben, die die spirituellen Energiezentren des Menschen beinhaltet. Projiziert man die Sefiroth des Lebensbaumes auf den menschlichen Körper, so erscheinen sie in drei vertikalen Pfeilern angeordnet. Der mittlere Pfeiler bildet eine Achse mit der Spitze in Kether, der Krone – einem Energiezentrum, das mit dem Scheitel oder der Korona des Kopfs assoziiert ist. Die Basis dieses Pfeilers liegt in Malkuth, dem »Königreich«, das die Erde repräsentiert und mit den Füßen assoziiert ist. Die beiden äußeren Pfeiler liegen vertikal parallel zu den Armen.

Von den zehn Sefiroth liegen vier auf der zentralen Achse: Kether, Tiphareth, Yesod und Malkuth. In dem Raum zwischen Kether und Tiphareth stoßen wir jedoch immer wieder auf Bezüge zu einer weiteren Sphäre, genannt Daath (Wissen), einem spirituellen Zentrum, das die Trennlinie zwischen den heiligen, transzendenten Energien der Dreiheit Kether–Chokmah–Binah und den sieben Sphären oder »Tagen« der Schöpfung weiter unten markiert. Daath ist die unsichtbare elfte Sefirah, die üblicherweise nicht in den Lebensbaum aufgenommen ist. Zu ihm gehören im engeren Sinne eben die zehn Sephiroth (die Summe aus drei und sieben), eine Zahl, die in der jüdischen Tradition große spirituelle Bedeutung hat.

Die spirituellen Sphären auf der Mittelachse des Lebensbaumes und die Energiepfade, die sie miteinander verbinden, werden insgesamt auch als der »mittlere Pfeiler« bezeichnet. In gewissem Sinne entspricht die so genannte Übung des mittleren Pfeilers, eine visionäre Meditation in der westlichen Magie, in der es um den Durchgang von spiritueller Energie durch den Körper geht, tantrischen Übungen, die das Chakra-System betreffen. Wie Francis King betont, gibt es jedoch einen wichtigen Unterschied:

> »Die Übung des mittleren Pfeilers ist in gewisser Hinsicht die Umkehrung des Kundalini-Yoga. Ziel des Yoga ist es, die ›an der Wurzel der Wirbelsäule‹ oder im Muladhara-Chakra zentrierte Schlangenkraft aus ihrem Schlaf zu erwecken und diese dann der Reihe nach durch das Svadisthana-, das Manipura-, das Anahata-, das Visuddha- und das Ajna-Chakra zum Sahasrara-Chakra emporsteigen zu lassen, wo dann die Vermählung von Shiva und Shakti vollzogen wird.
>
> In der Übung des mittleren Pfeilers fließt die Energie vom Sahasrara-Chakra (Kether) über das Ajna- und Vishuddha-Chakra (mit Daath als Brennpunkt von Chochma und Bina) und das Manipura- und das Anahata-Chakra (Tiphareth) zum Svadisthana-Chakra (Yesod als Brennpunkt des astralen Dreiecks) und zum Muladhara-Chakra (Yesod im strikten Wortsinn). Schließlich vereinigt sich der Energiefluss in Malkuth mit der Erde.«[50]

50 Francis King, S. 162.

Wie Francis King anmerkt, müsste der Magier, der die Vermählung von Shiva und Shakti im Kontext der Tradition der westlichen Magie erreichen will, die Übung des mittleren Pfeilers eigentlich in umgekehrter Richtung durchführen, aber hier geht es um mehr als nur die Frage, in welche Richtung die Energie gelenkt wird. Hier geht es nämlich darum, Malkuth und Yesod mit dem »göttlich weißen Strahlen von Kether« in der heiligen Vereinigung von Essenz und Form zu »vermählen«.

Die nachfolgende Tabelle zeigt die Beziehungen zwischen den tantrischen Chakras und den Sefiroth auf dem mittleren Pfeiler des kabbalistischen Lebensbaumes. Wie zuvor bewegen wir uns dabei von der untersten Ebene des Basischakra (Malkuth/Muladhara) bis zum obersten (Kether/Sahasrara). Die Farben für das Visualisieren der verschiedenen Sphären auf dem mittleren Pfeiler sind jedoch andere als die, die bei den Tattvas beschrieben wurden, und meiner Ansicht nach ist es besser, sie nicht miteinander zu vermischen. Tantra ist nämlich ein östliches System und die Kabbala ein westliches und für die magische Visualisierung sollten wir sie als mit gewissen Parallelen ausgestattet, aber dennoch getrennt betrachten.

Die Chakras und die Sphären auf dem mittleren Pfeiler des Lebensbaumes

Sefirah	Chakra	Element	Tattva-Symbol
Malkuth (Farbe: sehr dunkles Grün oder Schwarz)	Muladhara	Erde	Gelbes Quadrat
Yesod (Farbe: silbern getöntes Purpur)	Svadisthana	Wasser	Silberne Mondsichel
Tiphareth (Farbe: Goldgelb)	Manipura	Feuer	Rotes Dreieck
Tiphareth (Farbe: Goldgelb)	Anahata	Luft	Blauer Kreis
Daath (Farbe: blau getöntes Violett)	Visuddha	Geist	Schwarzes Oval
–	Ajna	–	(kein Bildsymbol)
Kether	Sahasrara	–	(kein Bildsymbol)

Anmerkung: In dieser Tabelle stehen sowohl Manipura als auch Anahata mit Tiphareth in Beziehung. Manche praktizierenden Tantriker sind jedoch der Ansicht, dass Muladhara in Wirklichkeit eine Kombination aus Malkuth und Yesod ist, da im Yoga bei Meditationshaltungen im Lotossitz, das heißt mit überkreuzten Beinen, das Steißbein und nicht die Füße den Kontakt zur Erde halten.

In Kapitel III haben wir das Verfahren für das Kabbalistische Kreuz und das bannende Pentagramm-Ritual beschrieben. Die Übung des mittleren Pfeilers beginnt mit diesen zwei Visualisierungen, denn die erste Handlung jedes magischen Rituals sollte immer darin bestehen, den heiligen Raum – den magischen Kreis – herzustellen und danach die spirituellen Energien innerhalb unserer eigenen Bewusstseinssphäre zu aktivieren. In der Visualisierung des mittleren Pfeilers werden wir die heilige Energie von *Ain Soph Aur* – dem grenzenlosen Licht – durch die Krone des Kopfs herabziehen. Daraufhin werden wir sie noch weiter herableiten, so dass sie von einer Sphäre zur anderen durch jedes Energiezentrum des Körpers gelangt.

Visualisation des mittleren Pfeilers

Schauen Sie, nachdem Sie das Kabbalistische Kreuz und das bannende Pentagramm-Ritual durchgeführt haben, nach Osten und stellen Sie sich eine Sphäre aus reinem vibrierendem Licht vor, das direkt über dem Scheitel Ihres Kopfs erstrahlt. Ziehen Sie Ihr Bewusstsein, nachdem Sie es erfolgreich auf diese Lichtsphäre gebündelt haben, durch den Scheitel in Ihren Kopf herab und intonieren Sie dabei den Gottesnamen *AHIH* (ausgesprochen: »Äe-hii-jäh«) Dies ist die Visualisierung der Sphäre Kether.

Ziehen Sie dieses Licht dann durch die Mittelachse Ihres Körpers herab, bis es Ihre Kehle erreicht. Visualisieren Sie nun dieses Energiezentrum als eine Sphäre schwingenden blau-violetten Lichts und vibrieren Sie den Gottesnamen *JHVH ELOHIM* (ausgesprochen: »Je-howah El-oh-him«). Dies ist die Visualisierung der Sphäre Daath.

Führen Sie das Licht nun von Ihrer Kehle zur Region Ihres Solarplexus herab. Visualisieren Sie dieses Energiezentrum als eine Sphäre schwingenden goldenen Lichts und vibrieren Sie den Gottesnamen *JHVH ELOAH VA DAAT* (ausgesprochen: »Je-ho-wah El-oh-ah Wa Daart«). Dies ist die Visualisierung der Sphäre Tiphareth.

Ziehen Sie nun das Licht in die Gegend Ihrer Geschlechtsorgane herab. Visualisieren Sie dieses Energiezentrum als eine Sphäre aus schwingend purpur-silbernem Licht und intonieren Sie den Gottesnamen *SHADDAI EL CHAI* (ausgesprochen: »Scha-dai El Haii«). Dies ist die Visualisierung der Sphäre Yesod.

Führen Sie zum Schluss das Licht zu Ihren Fußsohlen herab und stellen Sie sich vor, wie es sich unter Ihren Füßen ausbreitet, bis es einen vollkommenen Kreis bildet. Traditionell ist diese Sphäre mit einer Gruppe von Erdfarben – Rostrot, Olivgrün, Zitronengelb und Schwarz – assoziiert. Wenn es Ihnen schwer fällt, diese Farbengruppe zu visualisieren, dann visualisieren Sie die Sphäre als sehr dunkelgrün oder schwarz und vibrieren Sie den Gottesnamen *ADNI HA ARETZ* (ausgesprochen: »Aa-doh-naii Haa Ah-retz«). Dies ist die Visualisierung der Sphäre Malkuth.

Wenn Sie in dieser Art der Visualisierung – die sich natürlich in der Hauptsache auf das *Herab*ziehen des heiligen Lichts konzentriert – bereits einige Übung haben, können Sie später die Visualisationsübung des mittleren Pfeilers auch erweitern, indem Sie das spirituelle Licht von Malkuth *herauf*ziehen und dann über eine Sphäre nach der anderen bis zu seiner heiligen Quelle jenseits von Kether zurückführen. In der Kabbala heißt es, *Ain Soph Aur* ist der Bräutigam von Shekinah und Shekinah ist die Braut oder Königin, die in Malkuth wohnt. Shekinah kann als das kabbalistische Pendant zur Universalen Göttin angesehen werden: Sie ist die weibliche Seite Gottes. Ihr Wohnsitz ist die Sphäre Malkuth, symbolisiert durch das Element Erde, ein Zentrum weiblicher Energie. Wenn wir das heilige Licht von Malkuth aufwärts heben und zu Kether und darüber hinaus zurückführen, vollziehen wir die kabbalistische Entsprechung zur heiligen Hochzeit zwischen Shakti und Shiva. Diese führt schließlich zu einem Zustand göttlicher Vereinigung – des transzendenten und gnadenreichen Ziels des Einsseins.

Dieses Thema führt uns wieder zur heiligen Sexualität, denn auf dieser Ebene geht es um die heilige Vereinigung der Göttin und des Gottes. Im Augenblick arbeiten wir aber ausschließlich auf der Ebene der alltäglichen Magie – der Magie zweier liebender Partner, die ihre Liebe und Sexualität im Kontext eines heiligen Rituals ausdrücken möchten.

Ihren Körper lieben

Nach unserem inspirierenden Ausflug in zwei ehrwürdige Traditionen dürften Sie nun bereit sein für Ihren nächsten praktischen Schritt in die Welt der heiligen Sexualität. Wir wenden uns jetzt der sexuellen Vereinigung zu – auf eine Weise, die Sie vielleicht noch nie so erlebt haben.

Ihr Partner kann dabei vom anderen oder gleichen Geschlecht sein – die Magie wirkt in beiden Fällen gleichermaßen. Wir dürfen dabei nur nicht vergessen, dass wir es beim Ausdruck von sexueller Energie mit polaren Gegensätzen zu tun haben und dass diese Unterscheidung bei einem heterosexuellen Paar leicht zu treffen ist. Wenn dagegen gleichgeschlechtliche Paare magisch zusammenarbeiten, muss einer der Partner bewusst den aktiven sexuellen Energiestrom der Sonne und der andere Partner den passiven, empfangenden Strom des Mondes verkörpern.

Sakraler Sex sollte immer in einer Atmosphäre der Geborgenheit, des gegenseitigen Vertrauens und echter, liebevoller Partnerschaft geschehen. Beide sollten Sie das Gefühl haben, dass der andere wie Sie selbst auf allen Ebenen sensorischer Bewusstheit – das heißt auf physischer, emotionaler, intellektueller und spiritueller Ebene – bewusst, ehrlich und intensiv bei der Sache ist. Da Ihnen oder Ihrem Partner die eine oder andere Form sexueller Intimität unangenehm sein könnte – manche Menschen möchten zum Beispiel nicht übermäßig berührt oder gestreichelt werden und für andere ist oraler Sex kein Genuss –, müssen Sie sich zuvor darüber abstimmen, ob es bei Ihrem Liebesspiel bestimmte Einschränkungen geben soll.

Wenn Sie die Basis zum gemeinsamen Ausdruck Ihrer Sexualität geschaffen haben, sollten Sie sich bewusst machen, dass der magische Sex Ihnen die Möglichkeit gibt, die Gipfel der Leidenschaft und sinnlichen Lust neu zu entdecken. Dazu ist es aber notwendig, dass Sie sich zuallererst mit sich selber auf eine bestimmte Weise versöhnen, dass Sie sich nämlich in Ihrem eigenen Körper rundum wohl fühlen.

Spüren Sie einmal, was in Ihnen alles ausgelöst wird, wenn Sie an Ihren nackten Körper denken. Sind das schöne und freundliche Gedanken und Gefühle, die da in Ihnen aufsteigen? Oder sind da Missfallen, Scham, Kritik und Ähnliches? Beinahe für jeden Menschen ist es hilfreich, sich immer einmal wieder positive, liebevolle Affirmationen über den eigenen Körper zu verinnerlichen. Probieren Sie es!

Meinen Körper lieben, wie er ist

Diese Übung sollten Sie zunächst allein praktizieren. Schaffen Sie sich eine angenehme Atmosphäre im Raum, achten Sie darauf, dass es warm ist. Dämpfen Sie das Licht und zünden Sie sich Kerzen an, vielleicht wollen Sie auch ein paar sinnliche Aromaöle, wie beispielsweise Jasmin verdampfen lassen. Stellen Sie sich nun nackt vor einen Spiegel und betrachten Sie sich liebevoll, wie Sie da in voller Körpergröße stehen. Schauen Sie sich von oben bis unten an und beobachten Sie, welche Empfindungen und Gedanken Sie dabei haben. Wenn Sie nun einzelne Körperteile mit Affirmationen bedenken, sollten Sie diese Region jeweils in Ruhe betrachten und sich ganz in sie einspüren.

Gehen Sie mit Ihrer Aufmerksamkeit in Ihre Füße und sagen Sie:

Ich liebe euch. Ihr sorgt für meine Stütze in der Welt und meinen Kontakt mit der Erde.

Sagen Sie zu Ihren Beinen und Ihrem Gesäß:

Ich liebe euch. Ihr seid meine Kraft in der Welt und der Motor meiner Bewegung.

Sagen Sie zu Ihren Geschlechtsteilen:

Ich liebe euch. Ihr sorgt für meine Lust und sexuelle Kraft.

Sagen Sie zu Ihrem Magen:

Ich liebe dich. Du nimmst meine Nahrung auf, ernährst mein physisches Wesen und sonderst aus, was ich nicht brauche.

Sagen Sie zu Ihren Lungen:

Ich liebe euch. Ihr atmet Luft ein und aus und reinigt mein Blut.

Sagen Sie zu Ihren Armen und Händen:

Ich liebe euch. Ihr führt meine Arbeit aus und gebt mir die Möglichkeit, in der Welt zu wirken.

Sagen Sie zu Ihrem Rücken:

Ich liebe dich. Du hältst mich aufrecht und unterstützt alle Bewegungen, die ich mache.

Sagen Sie zu Ihrem Hals:

Ich liebe dich. Du beherbergst meine Stimme, die mir die Möglichkeit gibt, mit der Welt zu kommunizieren.

Sagen Sie zu Ihrem Kopf:

Ich liebe dich. Du nimmst Nahrung und Luft und all mein Wissen von der Welt auf.[51]

Nehmen Sie zum Schluss noch einmal Ihren Körper als Ganzes wahr, betrachten Sie sich liebevoll und dankbar für das, was Ihnen da an Schönheit, Kraft und Wirkpotenzial gegeben ist.

51 Brandy Williams, S. 21f.

Ein Tempel der Liebe

Wenn Sie diese Übung einmal oder vielleicht auch öfters praktiziert haben, dürfte sich Ihr Gefühl zu Ihrem Körper spürbar verbessert haben. Es ist eine wunderschöne und sehr sinnvolle Erfahrung, den eigenen physischen Körper zu akzeptieren, so vollkommen oder unvollkommen er auch sein mag. Der nächste Schritt auf unserem Weg ist nun der, dass Sie Ihren Körper als einen Tempel der Spiritualität, als einen heiligen Raum für die Manifestation der himmlischen Energie visualisieren. Ihr Körper ist das Instrument, durch das Sie Ihr Gefühl des Heiligen ausdrücken werden, und Ihr Körper ist das Medium, mit dem Sie die Göttin oder den Gott invozieren werden.

Wie wir weiter oben festgestellt haben, geht es im Tantra um das Aktivieren der heiligen Energien, die zur spirituellen Erweckung führen, und dasselbe gilt auch für die magische Sexualität, um die es uns hier geht. »In der Sexualität«, so hat eine Praktizierende einmal bemerkt, »geht es nicht nur um den physischen Körper, sondern auch um den energetischen Körper [...]. Die Sexualität verändert den Fluss dieser Energien auf tief greifende Weise. Diesen Prozess bewusst zu verstehen, zu akzeptieren und zu beherrschen verwandelt Sex in Magie.«[52]

Es fällt uns leichter, unseren Körper als einen Tempel zu begreifen, wenn wir ihm mit Ehrfurcht begegnen. Anstatt zu unserem Körper nur ein rein physisches Verhältnis zu haben, können wir ihn auch ganz bewusst mit mehr Fantasie, mit mehr Feinfühligkeit betrachten und uns dabei auch der Sprache der Mythen und Metaphern bedienen. Dann könnten wir zum Beispiel die Vulva als Blume oder heiligen Altar, die Brustwarzen als kleine Edelsteine oder süße weiche Früchte und die Klitoris als Perle in einer Auster ansprechen. Der Penis könnte wie in der asiatischen Tradition zu einem Jadestängel oder zu einem heiligen Zauberstab werden und Sie könnten beim Sperma an das Lebenselixier und bei Körperflüssigkeiten ganz allgemein an Honig, Nektar und Ambrosia denken. Dies bringt sofort einen Hauch von Magie in Ihre Sexualität und wird Ihnen helfen, alle Ihre geschlechtlichen Ausdrucksformen als heilig zu betrachten. Und nun könnten Sie und Ihr Partner bzw. Ihre Partnerin mit Ihrem heiligen Liebesspiel beginnen. Dazu ist natürlich unabdingbar, dass Sie beide eine solche Übung erleben wollen, dass Sie beide deren Intention und Ablauf kennen und vielleicht auch miteinander besprochen haben.

52 Ebenda, S. 16.

Das heilige Liebesspiel

Zuerst sollten Sie den Ort Ihrer rituellen sexuellen Begegnung auf eine der Arten, die wir bereits beschrieben haben, energetisch reinigen und säubern. Sorgen Sie zudem dafür, dass Sie sich angenehm entspannt fühlen; sanftes Kerzenlicht und sinnlicher Rosen- oder Jasminduft dürften sicher dazu beitragen, eine passende Atmosphäre zu schaffen. Dann möchten Sie vielleicht damit beginnen, dass Sie einander tief in die Augen sehen und darauf sanft und einfühlsam die Zartheit der Haut und die sanften Rundungen des Körpers Ihres Partners erkunden. Dies könnte auch ein schöner Augenblick sein, um Ihrem Partner gegenüber eine Form von Gelöbnis gegenseitiger Achtung zu sprechen, etwa von der Art: »Deine Lust sei meine Lust. Berührung verschafft uns Lust. Es erregt mich, dich zu berühren. Mein Körper ist heilig. Dein Körper ist heilig.« Mit der Zeit werden Sie den Ausdruck Ihrer Sexualität immer bewusster als ein Spiel göttlicher Energie betrachten, das sich sowohl auf spiritueller, als auch auf physischer Ebene bewegt, und Sie werden sicher auch ein neuartiges Gefühl der Achtung und Verehrung in die Beziehung zu Ihrem Partner einbringen.

Visualisieren Sie nun, während Ihr Liebesspiel beginnt, in Anwendung Ihrer Kenntnis der Chakras oder der Sefiroth auf dem mittleren Pfeiler einen Strom aus vibrierendem Licht, der alle Energiezentren Ihres Körpers vereint. Visualisieren Sie die entsprechenden Farben, die mit all der Kraft pulsieren, die Sie in Ihrem geistigen Auge hervorrufen können. Stellen Sie sich vor, wie dieser Strahl aus leuchtend weißem Licht immer intensiver wird und wie ein elektrischer Strom durch Ihren Körper fährt – aus Ihrer Genitalregion aufwärts bis zur Krone über Ihrem Kopf und dann über Ihren Mund und Ihre Brust wieder hinab zu den Genitalien. Während Ihr Partner dasselbe tut, führen Sie, während Ihre Körper sich ineinander verschlingen, Ihre Kronenchakras so zusammen, dass sie sich berühren und in einem Austausch magischer Energie miteinander verbinden. Vielleicht gelingt es Ihnen auch, einen einzelnen magischen Lichtstrahl zu visualisieren, der von Ihrer Genitalregion an Ihrer Wirbelsäule aufwärts schießt und dann aus Ihrer eigenen Stirn in die Ihres Partners hinüberfährt. Dann kann Ihr Partner diese Energie durch seine Wirbelsäule in seine eigene Genitalregion herab und dann wieder zu Ihnen zurückleiten, bis sich der Energiekreislauf schließt. Versuchen Sie, diesen Kreis aus Lichtenergie auch in der umgekehrten Richtung fließen zu lassen, um festzustellen, ob dies den Energiefluss wärmer (zum Sonnenstrom) oder kälter (zum Mondstrom) macht. Dabei lohnt es sich auch, zu beobachten, ob während des Liebesspiels in Ihrem wachen Bewusstsein irgendwelche auffälligen mythologischen oder magischen Bilder entstehen.

Wenn die Energie Ihrer gemeinsamen Leidenschaftlichkeit dem Höhepunkt zustrebt, werden Sie sicher die süße Seligkeit der spirituellen Vereinigung spüren, die Sie beide durchströmt. Und nun werden sich, während Sie sich auf einer Woge der Ekstase emporgetragen fühlen, Ihre individuellen Grenzen aufzulösen beginnen. Diese Art des Liebesspiels ist im Grunde eine Art Gebet und die Lust, die Sie in diesem magischen Kontext empfinden, ist nicht die Lust der Selbstbefriedigung oder hedonistischen Sinnlichkeit, sondern eine Art spirituelles Opfer. Geben Sie sich diesem vollkommenen Gefühl der Selbstaufgabe hin, das mit der ekstatischen Entladung eintritt, und weihen Sie im Augenblick des Höhepunkts Ihre Lust über Ihr Kronenchakra einem bestimmten Gott oder einer bestimmten Göttin oder dem transzendenten Geist des Lebens an sich.

Der tantrischen Tradition zufolge wird das, was Ihnen im Moment des Orgasmus innerlich vor Augen schwebt, tatsächlich eintreten, sorgen Sie also dafür, dass dieser besondere Moment einem heiligen Ziel gewidmet ist, denn dies öffnet Ihr Bewusstsein anschließend der Möglichkeit zu spiritueller Verwandlung. Vielleicht wird in diesem Moment die entsprechende Gottheit auf eine besondere und intime Art zu Ihnen sprechen oder Sie werden auf eine Art von Geist erfüllt werden, die Ihr normales Verständnis übersteigt.

Nach dem Liebesakt möchten Sie dem Gott oder der Göttin vielleicht für die Seligkeit, die Sie empfangen haben, danken. Sie können sich noch eine Weile entspannen und mit Ihrem Liebespartner gemeinsam ausklingen lassen, was Sie beide erlebt haben. Was auch immer Sie empfunden haben, Sie können sicher sein, dass Sie, wenn Sie Ihr Liebesspiel als Invokation einer Gottheit aufgefasst haben, Ihren Körper und Ihre ekstatische Lust der denkbar edelsten Sache – nämlich der Feier des Göttlichen – gewidmet haben.

Heilige Vereinigung

Vielleicht haben Sie während des Liebesspiels versucht, die Liebe und sinnliche Leidenschaft der Göttin Aphrodite zu inkarnieren, während Ihr Partner die Sinnlichkeit und Schönheit von Aphrodites Lieblingsgeliebtem Adonis verkörperte. Während des Liebesspiels können Sie praktisch jede Paarung von Gottheiten wählen, die Sie wünschen, denn alle Götter und Göttinnen sind Ausdruck des Göttlichen. Indem Sie ihre Eigenschaften innerhalb Ihres eigenen Wesens invozieren und verkörpern, erhebt dies Ihren eigenen Ausdruck sexueller Liebe auf die Ebene der spirituellen Ekstase.

In verschiedenen mystischen Traditionen wird die heilige sexuelle Vereinigung als Symbol spiritueller Transzendenz aufgefasst. Wie wir bereits gesehen haben, wird in der Kabbala *Ain Soph Aur* – das »grenzenlose Licht des innersten Wesens Gottes« – als der Bräutigam von Shekinah, der Braut oder Königin, die in Malkuth am Fuß des Lebensbaumes wohnt, betrachtet und die Aufgabe der Mystik besteht darin, sie in einer heiligen Hochzeit mit der Gottheit zu vereinen.

Im Tantra findet die heilige Hochzeit von Shakti und Shiva in einem seligen, transzendenten Bewusstseinszustand statt, in dem die Dualität oder Trennung in sexuelle Polaritäten nicht mehr existiert. In ähnlicher Weise gipfelt während der dritten und abschließenden Initiation im Wicca-Kult der Große Ritus in der heiligen sexuellen Vereinigung zwischen der Hohepriesterin und dem Hohepriester. In diesem Ritual rufen die Hohepriesterin und der Hohepriester den Gott und die Göttin in den Körper des jeweils anderen herab, so dass ihre Vereinigung nicht die von zwei individuellen, sich liebenden Menschen ist, sondern von zwei zu Einem vereinten Gottheiten. Ihre sexuelle Vereinigung findet gleichzeitig auf physischer und auf spiritueller Ebene statt; sie wird zu einer heiligen Handlung, die die Schöpfung und die universale Lebenskraft an sich symbolisiert.

In der spirituellen Alchemie – der Alchemie der persönlichen Transformation – wird die Verbindung von heiligen Liebespartnern durch die heilige Hochzeit zwischen dem roten Löwen und dem weißen Adler symbolisiert, die die Sonne bzw. den Mond repräsentieren. Der rote Löwe ist mit den Elementen Feuer und Luft und der weiße Adler mit Erde und Wasser assoziiert, und die Frucht, die aus ihrer heiligen Hochzeit hervorgeht, ist der Stein der Weisen. In der Alchemie ist der Stein der Weisen ein Symbol der Vollkommenheit, da dieser Stein nach alchemistischer Tradition das unreine Metall Blei in Gold verwandelt. In manchen alchemistischen Beschreibungen heißt es, dass sich der rote Löwe und der weiße Adler miteinander vereinen, dann sterben und in Fäulnis übergehen und dass ihr Tod als individuelles Paar von König und Königin zur darauf folgenden Freisetzung des Geistes führt. Dies ist eine alchemistische Metapher für die Vereinigung sexueller Gegensätze, die ihrerseits zum »Tod« der Unterscheidung zwischen Männlichem und Weiblichem und zur »Geburt« des Geistes führt, denn die höchste Transzendenz ist ein Zustand des Einsseins, in dem es keine polaren Gegensätze mehr gibt.

Ein mystisches Symbol dieses Zustands göttlicher Einheit ist der heilige Androgyn, dargestellt durch das Bild des Königs und der Königin, die in einem einzigen Körper vereint sind. Die zentrale Idee hinter einem Bild wie diesem ist die der heiligen Vereinigung entgegengesetzter sexueller Polaritäten, die zu ekstatischer Transzendenz führt. In ähnlicher Weise wird in der Kabbala die Sphäre Kether direkt an der Spitze des Lebensbaumes als ein Zustand spirituellen Bewusstseins betrachtet, das weder männlich noch weiblich ist – ein Zustand der Einheit, des Einsseins, das beide sexuellen Polaritäten transzendiert.

Diese Transzendierung oder Aufhebung sexueller Polaritäten ist genau das, was beim sakralen Sex geschieht, denn hier erleben wir eine ähnliche Auflösung der persönlichen Grenzen und den Verlust unseres Gefühls individueller Getrenntheit. Viele von uns haben diese Auflösung persönlicher Grenzen im Augenblick des sexuellen Orgasmus schon erlebt. Für manche Menschen wird ein Höhepunkt dieser Art zu einem spirituellen Gipfelerlebnis, zu einem Zustand transzendenter Ekstase. Aus magischer Sicht können wir sagen, dass in besonderen Momenten wie diesem die heilige Vereinigung zwischen Sonne und Mond – zwischen dem Gott und der Göttin – zu einer wahren Feier des Einsseins, des Göttlichen wird.

V
Visionäre Magie
Eine Entdeckungsreise zu sich selbst

Was mich an der Magie seit jeher faszinierte, ist ihr visionärer Aspekt, denn für mich führt diese Art von Magie direkt zu den Potenzialen einer größeren Selbstbewusstheit. Die visionäre Magie zeigt uns eine Möglichkeit, wie wir die archetypischen Kräfte der kreativen Imagination – Energien und Bilder, die die Kunst, die Musik und die Kosmologie zu allen Zeiten inspiriert haben – erforschen können.

Außerdem bietet uns die visionäre Magie einen Weg zu spiritueller Selbstverwandlung, zu wahrer Transformation. Wie wir gesehen haben, sind alle Formen von Magie im Grunde ein Mittel, um unsere Hoffnungen und höchsten Ziele – unsere persönliche Vision von uns selbst und der Welt, in der wir leben – zu verwirklichen. Und wenn unsere Vision umfassend genug ist, können wir mithilfe der Magie unser Bewusstsein einem Universum gegenüber öffnen, das uns beinahe unendliche Möglichkeiten bietet. Bereits an einer früheren Stelle dieses Buchs habe ich John Lilly zitiert und sein Rat ist es wert, hier noch einmal wiederholt zu werden: In den Regionen des Geistes ist das, was für wahr gehalten wird, wahr, oder es wird innerhalb bestimmter Grenzen wahr gemacht. In den Regionen des Geistes gibt es keine Begrenzungen.[53]

Die Magie bietet uns zahlreiche Wege, um unser Bewusstsein zu erweitern. Dazu gehören das magische Ritual, die »Annahme der Gottgestalt« und der Weg der heiligen Sexualität, den wir im vorigen Kapitel betrachtet haben. Aber es gibt auch noch andere visionäre Methoden und in jeder von ihnen werden wir auf ähnliche Weise unseren magischen Willen und unsere Kräfte schöpferischer Visualisierung einsetzen. An dieser Stelle möchte ich wieder auf den Schamanismus zu sprechen kommen und auf die Pfadarbeit mit dem Tarot. Indem ich hier auch etwas mehr von meinen persönlichen Erfahrungen – manchmal in poetischerer Form – berichten werde, möchte ich Sie einladen, sich davon für Ihren persönlichen Weg immer tiefer in die Welt der Magie hinein inspirieren zu lassen.

Der Schamanismus und die Seelenreise

Am Ende von Kapitel I hatte ich den amerikanischen Anthropologen und Bewusstseinsforscher Michael Harner erwähnt, der in jüngster Zeit bei der Adaptation der Techniken des indigenen Schamanismus für das westliche Publikum eine bedeutende Rolle gespielt hat. Diese Techniken

53 John Lilly, *Simulationen von Gott*, S. 30.

sind für jeden, der sich für visionäre Magie interessiert, von großer Bedeutung.

Als ich mich erstmals für die schamanische Visualisation zu interessieren begann, war meine anfängliche Überzeugung die, dass sich Harners Methoden nicht mit der magischen Praxis des Westens vereinen ließen. Aber schon bald entdeckte ich, dass ich mich getäuscht hatte, denn seine Methode drängt niemandem ein Glaubenssystem auf, sondern bietet lediglich eine Arbeitsmethode an. Harners Art, mit schamanischem Trommeln und Visualisation umzugehen, ist deshalb von so großem Wert, weil sie uns modernen Menschen den direkten Zugang zu den visionären Dimensionen des Bewusstseins erleichtert, und das bedeutet, dass sich die schamanische Methode in jedem magischen Kontext anwenden lässt. Wir müssen uns stets vor Augen halten, dass die Gottheiten in einem ganz realen und tiefen Sinn in uns allen wohnen, denn sie sind die archetypischen Personifizierungen unseres spirituellen Potenzials. Michael Harners Ansatz der schamanischen Visualisation zeigt uns, wie wir diesen heiligen archetypischen Gottesformen in der visionären Welt des inneren Raumes begegnen können.

Gewöhnlich hält Harner seine schamanischen Workshops in Wohnhäusern in der Stadt oder in großen Vortragssälen auf dem Campus von Universitäten ab. Er hat zudem zahlreiche Schamanismuslehrer ausgebildet, die seine Arbeit nicht nur in den USA, sondern auch auf internationaler Ebene fortsetzen. In seinen Workshops geht es hauptsächlich um die Methode, mittels des Trommelns mit einer großen flachen Rahmentrommel in einem rituellen Kontext zu Zwecken des Heilens und der Selbsterfahrung in die magische Welt zu reisen. Die meisten Teilnehmer seiner Workshops sind mit dem Konzept der schamanischen Visionsreise – traditionell als »Seelenreise« bezeichnet – und mit der Vorstellung, auf einem rhythmischen Trommelschlag in einen Zustand meditativer Trance hineinzureiten, bereits vertraut. Doch natürlich bieten er und die von ihm ausgebildeten Lehrer auch Seminare für Menschen an, denen diese Welten gänzlich neu sind.

Harners schamanische Trommelsessions beginnen damit, dass er in fast völliger Dunkelheit mithilfe einer Kürbisrassel die »Geister« der vier Himmelsrichtungen beschwört und sie bittet, sich an der schamanischen Arbeit zu beteiligen. Dabei fordert er auch die Mitglieder der Gruppe auf, native schamanische Chants zu singen und sich an der Kontaktaufnahme mit der mythischen Welt zu beteiligen. Zu seinen Techniken gehört das visionäre Reisen hinunter zu dem Wurzelsystem eines archetypischen »kosmischen Baumes« oder aufwärts durch imaginierte Rauchtunnels in den Himmel. Während die Gruppenteilnehmer, ständig vom Trommeln begleitet, in eine immer tiefere Trance versinken, treten sie in die »mythische Traumzeit« ihres eigenen Unbewussten ein, haben dabei häufig visionäre Begegnungen mit unterschiedlichen Tieren und menschenartigen Wesen und erforschen dabei nicht selten unbekannte Gefilde. Es kann auch vorkommen, dass sie mit Geist-Verbündeten oder »Krafttieren« einen intensiveren Kontakt aufnehmen. Harners Methode besteht darin, seinen Workshopteilnehmern zu zeigen, dass sie in den Tiefen ihres eigenen Wesens eine wahre mythische Welt entdecken können.

Das schamanische Weltmodell

Dem schamanischen Grundmodell zufolge, wie es Harner darstellt, lebt die Menschheit auf der so genannten Mittelerde oder in der mittleren Welt. Von dieser kann man auf schamanischen Trancereisen in zwei andere Welten – einfach die obere und die untere Welt genannt – gelangen. Manche berichten von dem Eindruck, dass die obere und die untere Welt zu einer einzigen magischen Wirklichkeit verschmelzen, die neben der vertrauten Welt existiert, sich jedoch weit über diese hinaus erstreckt. Der Schamane sucht sich seine Geist-Verbündeten als Helfer, um sich (oder seinen Patienten) neue Quellen der Lebenskraft und des heiligen Wissens zu erschließen. Das Hauptziel dieser Arbeit ist persönliches, spirituelles Wachstum und Heilung – und viele Teilnehmer haben dabei auf jeweils ganz individuelle Weise das Gefühl, dass sie die Grenzen ihres Bewusstseins und ihres Seins erweitert hat.

Im Laufe dieser Trommelreisen kann ein Mensch einen Eindruck von der ungeheueren Vielfalt an mythologischen Bildern bekommen, die in uns schlummern und durch schamanische Seelenreisen erlebbar gemacht werden können. So wagte sich zum Beispiel eine Frau in einem Workshop von Michael Harner in die Oberwelt hinauf und hatte dabei ein bemerkenswertes »Wiedergeburts«-Erlebnis:

> »Ich flog durch die Luft. Ich schwebte hinauf in den schwarzen Himmel – übersät von unzähligen Sternen – und gelangte dann in eine Zone, die an einen Wirbelwind erinnerte. Ich konnte immer noch die Sterne sehen und wurde stark herumgewirbelt. Meine Krafttiere waren bei mir. Dann stieß ich durch eine Wolkenschicht und begegnete meiner Lehrerin – sie war eine Frau, die ich schon einmal gesehen hat-

te. Sie trug einen sehr langen Mantel und ich wollte sie fragen, wie ich meine Schamanenarbeit fortsetzen, sie stärker in mein tägliches Leben integrieren könnte. Darauf steckte die Frau mich in sich, in ihren Mutterbauch hinein. Ich konnte spüren, dass sie mit mir schwanger wurde, und ich spürte, wie sich ihr Bauch ausdehnte. Ich konnte auch spüren, wie sie ihre Hände oben auf ihren Bauch legte und wie groß er war! Dann sagte sie zu mir, ich solle aufhören zu atmen und meine Nahrung durch sie aufnehmen, und ich konnte tatsächlich merken, wie ich das Atmen sein ließ. Ich spürte eine große Wärme in meinem Bauch, die von außen zu mir hereinzukommen schien. Der Bauch der Frau dehnte sich dann noch weiter aus und platzte richtiggehend auseinander. Ihr Bauch platzte auf und ich schlüpfte aus ihr heraus. Ich fasste dies alles so auf, dass es nicht notwendig war, so viel Willenskraft bei meiner Arbeit einzusetzen, und dass ich ihr mehr Vertrauen entgegenbringen und es auch in mein tägliches Leben einlassen sollte. Das war das Ende meiner Reise – der Trommelschlag brach ab und ich kam an diesem Punkt wieder zurück."[54]

Michael Harner erlebte es wohl auf allen seinen Seminaren, dass mythische Erlebnisse dieser Art während der Schamanenreise nichts Ungewöhnliches sind und dass sie eine Dimension des Bewusstseins offenbaren, zu der man im täglichen Leben nur selten Zugang hat. Er meint:

»Allein mithilfe der Technik des Trommelns sind die Menschen seit unerdenklich langer Zeit in der Lage, diese Dimensionen zu betreten, die normalerweise nur den Heiligen und denjenigen vorbehalten sind, die sich dem Tod nähern. Es sind Bereiche der Ober- oder Unterwelt, in der man Auskünfte über Fragen erhält, auf die man keine Antwort weiß. Es ist die Traumzeit der australischen Aborigines, die ›mythische Zeit‹ des Schamanen. In diesen Bereich kann ein Mensch ein Wissen erlangen, das anderen Menschen nur selten zuteil wird.«[55]

54 Persönliche Mitteilung während der Dreharbeiten des Dokumentarfilms »The Occult Experience« für Cinetel, New York, November 1984, in dem ich als Interviewer mitarbeitete. Dieser Film, in Australien von Channel Ten ausgestrahlt und in den USA durch Sony Home Video vertrieben, enthielt auch eine längere Sequenz über diesen schamanischen Trommel-Workshop.
55 Siehe Nevill Drury, *The Occult Experience*, S. 145.

Auf einer Konferenz im Jahr 1980 begegnete ich Michael Harner zum ersten Mal und sofort war ich von seinen Vorträgen und Workshops tief beeindruckt. Harner ist ein stattlich großer, freundlicher Mann mit dichtem grauschwarzem Bart und verschmitztem Blick. Als ich ihn erlebte, geriet er immer gerne ins Kichern, wenn er die Paradoxa der schamanischen Welt präsentierte. Er erzählte den Versammelten von Krafttieren und magischen Kräften in der Natur und machte dabei auch nicht den geringsten Versuch, alledem eine logische Struktur zu geben. Er erklärte, dass in den Augen der südamerikanischen Jivaro-Indianer ein Mensch nur dann erwachsen werden kann, wenn er von bestimmten Verbündeten aus der geistigen Welt geschützt wird, die den Betreffenden begleiten und ihm Lebenskraft und Lebensziel geben. Er zeigte uns, wie man nach dem mechanisch wiederholten Trommelrhythmus meditiert und wie man auf diesem Rhythmus in die innere Welt, zu dem Wurzelsystem des »kosmischen Baumes« hinab- oder durch Rauchkanäle in den Himmel hinaufreitet. Er forderte uns auf, diese Ereignisse nicht zu beurteilen, wenn wir sie erlebten, sondern sie nach ihren eigenen Kategorien zu betrachten. Wir würden nun, so erklärte er, in eine schamanische Form von Trancebewusstsein eintreten, in dem einfach alles passieren konnte und wahrscheinlich auch passieren würde. Aber gerade weil wir Zeugen von fremdartigen und surrealen Szenen sein oder mythische Tiere an ungewohnten Orten zu Gesicht bekommen würden, sollten wir vor dieser Erfahrung nicht zurückschrecken, sondern uns stattdessen aktiv, aber ohne Erwartungen, an dem Prozess der Entdeckung einer neuen visionären Welt in unserem Inneren beteiligen.

Harners schamanische Technik ist bemerkenswert einfach. Nachdem er die Gruppe mit seinen Rasseln gesegnet hatte, begann er auf seine Trommel zu schlagen. Er forderte uns auf, in freiem Stil mit halb geschlossenen Augen in dem Raum herumzutanzen und uns jeder spontanen Ausdrucksform hinzugeben, die uns gerade durchströmte.

Schon nach kurzer Zeit nahmen viele Leute tierhafte Haltungen und Tanzposen an und begannen sie auf die unterschiedlichsten Arten auszudrücken. Manche wurden zu Bären und trotteten gemächlich durch den Raum. Andere wurden zu Schlangen oder Eidechsen. Es gab mehrere Wildkatzen, hie und da einen Elefanten und eine Vielzahl von Vögeln. Ich selbst schien einen Königsbussard zum Verbündeten zu haben und segelte mit schwingenden Armbewegungen durch den Raum.

Dann forderte uns Harner auf, uns auf den Boden zu legen und die Augen zu schließen, worauf er in einem monotonen, gleichförmigen Rhythmus zu trommeln begann. Wir begaben uns auf eine schamanische Reise in die untere Welt hinab. Zuvor hatte uns Harner erklärt, dass dies kein »böses« Reich ist, sondern nur die »Kehrseite« unserer vertrauten alltäglichen Welt – ein Ort, an dem nur eine andere Art von Wirklichkeit herrscht. Die Technik bestand darin, dass wir uns vorstellen mussten, wir träten durch einen Eingang an seinem Fuß in das Innere eines riesigen Baumes ein. Vielleicht würden wir dort Stufen sehen, die darin in die Tiefe führten, doch sicher wären schon bald Wurzeln zu erkennen, die in einem Winkel von etwa 45 Grad nach unten führten. Jeder der Teilnehmer folgte diesem Wurzeltunnel und stieg dann noch tiefer hinab, wobei wir die ganze Zeit von dem beständigen Trommeln vorangetrieben und getragen wurden. Auch ich bewegte mich immer weiter und sah schließlich am Ende des Tunnels einen kleinen Flecken Licht schimmern. Schritt für Schritt bewegte ich mich auf diesen zu, trat dann hinaus in das Licht und blickte mich in der neuen Umgebung um. Verschiedene Tiere zogen an mir vorüber, aber wir sollten nach einem ganz bestimmten Ausschau halten, das sich uns vier Mal zeigen würde. Dieses Tier sei vermutlich unser magischer Verbündeter, unser Krafttier. Vielleicht würden wir ein Zwiegespräch mit diesem Geschöpf beginnen, neue magische Visionen oder Landschaften gezeigt bekommen, uns in die Lüfte schwingen oder Geschenke und ein besonderes Wissen erhalten.

Nach einem ganzen Tag mit Getrommel und magischen Reisen kam für mich am Abend der Höhepunkt. Harner forderte uns auf, zu visualisieren, wie wir in einen Rauchtunnel eintraten, indem wir uns entweder vorstellten, dass wir auf dem Rauch eines Lagerfeuers in die Höhe schwebten oder in ein Kaminfeuer sprangen und durch einen Kamin mit dem Rauch gen Himmel schossen. Nach einiger Zeit, so erklärte er, würde sich ein Wasservogel als unser Verbündeter zeigen und uns noch höher in die Himmelswelt führen. Harner wollte unbedingt wissen, ob irgendjemand von uns »geometrische Strukturen« sah, obwohl er auf diese nicht näher eingehen wollte, denn seine Kommentare sollten nicht zur Folge haben, dass sie in uns ein bestimmtes visionäres Erlebnis vorprogrammierten. Wie sich herausstellte, hatten aber mehrere Leute in der Gruppe Visionen von »himmlischen« geometrischen Architekturen. Der Raum war ziemlich dunkel, als Harner auf seine Trommel zu schlagen begann, und mir fiel es nicht schwer, das Kaminfeuer bei mir zu

Hause in meinem Wohnzimmer zu visualisieren. Hier eine Transkription meiner magischen Reise, die ich kurz danach abfasste:

»Ich trete in das brennende Kaminfeuer und schieße im Nu durch den Kamin in einen leuchtend grauen, wirbelnden Wolkentunnel hinauf. Schon bald erkenne ich meinen Beschützer – einen Pelikan mit rosafarbenem Schnabel.

Ich schwinge mich auf den Rücken des Pelikans und reite höher in den Rauchtunnel hinauf. In der Ferne sehe ich einen goldenen Berg aus dem Nebel auftauchen ...

Während wir näher heranfliegen, sehe ich, dass auf dem Gipfel des Berges ein prunkvoller Palast aus goldenem Kristall und umstrahlt von zitronengelbem Licht errichtet ist. Ich erfahre, dass dies der Palast des Phönix ist, und dann sehe ich diesen goldenen Vogel über dem Bauwerk kreisen. Er scheint irgendwie mit meinem Kraft-Bussard in Verbindung zu stehen.

Die Schönheit dieses Ortes macht mich sprachlos vor Ehrfurcht und Angst, aber der königliche Vogel heißt mich freundlich willkommen. Dann tritt der Bussard vor und setzt ein Stück von jenem goldenen Kristall in meine Brust. Ich halte den Atem an, während ich ihn empfange, denn es ist ein besonderes Geschenk.

Immer noch ist der Trommelrhythmus zu vernehmen, aber bald darauf zeigt Michael mit einem besonderen Trommelschlag an, dass wir nun zurückkehren müssen. Ich schwebe aber immer noch hoch in den Lüften und es fällt mir ungeheuer schwer, wieder in den Rauchtunnel zurückzusteigen. Als ich schließlich die Rückkehr antrete, strahlt der Himmel weiter in seinem goldenen Licht, und während ich in den Tunnel hinabfahre, blicke ich noch einmal nach oben und sehe heilige Gestalten, die den Eingang des Tunnels umstehen und mir Lebwohl winken ...«

Diese Seelenreise beeindruckte mich ungeheuer. Als ich wieder zu einem Bewusstsein des Workshops und der Menschen um mich herum zurückgekehrt war, fiel es mir zunächst sehr schwer, meine Gedanken auszudrücken. Mir war, als fehlten mir die Worte, und dennoch drängte es mich, den anderen mitzuteilen, wie ungeheuer wichtig diese Reise für mich gewesen war. Ich hatte das Gefühl, als hätte ich einen sehr heiligen Raum betreten.

Später entdeckte ich, dass mythische und symbolische Reisen dieser Art nichts Ungewöhnliches sind – ja noch mehr: dass das Visualisieren in

Kombination mit rhythmisch wiederholtem, beständigem Trommeln es den Teilnehmern relativ leicht macht, das Gefühl zu erlangen, sie beträten einen magischen oder sakralen Raum.

Seit ich in den frühen Achtzigerjahren des 20. Jahrhunderts in größeren Seminaren und auf kleinen privaten Versammlungen erstmals meine eigenen Trommelworkshops leitete, war ich stets verblüfft, welch ungewöhnliche visionäre Begegnungen ganz normale Leute auf ihren Geistreisen zeigen können. Am Ende jedes Trommelworkshops gibt es immer Zeit, um sich das Erlebte gegenseitig mitzuteilen und zu berichten, was man erlebt hat. Die bemerkenswerte Tatsache, die dabei deutlich wird, ist die, dass man auch als ganz normaler Stadtbewohner in einer modernen Umgebung – mit anderen Worten, eigentlich jeder von uns! – echte schamanische Erlebnisse haben kann. Das schamanische Trommeln ist die stärkste Technik visionärer Magie, die ich kenne. Ich habe während meiner eigenen Trommelsessions häufig erlebt, dass eine ungeheure Menge an für den Einzelnen bedeutsamem archetypischem Material an die Oberfläche des Bewusstseins gelangt ist – in meinem Fall zum Beispiel eine Bilder- und Symbolwelt, die ganz konkret mit kabbalistischen, gnostischen und magischen Prozessen zusammenhängt.[56]

Bei einer meiner Begegnungen mit Michael Harner fragte ich ihn, ob es irgendeine Berechtigung dafür gibt, die schamanische Visionsreise lediglich als Einbildung oder Fantasie zu betrachten. Mit anderen Worten, welche Garantie haben wir dafür, dass das Erlebnis bzw. die Erfahrung des Schamanen *wirklich* eine wirkliche ist? Was Harner darauf antwortete, war höchst erleuchtend:

> »Einbildung ist eine moderne westliche Vorstellung, die es in der Welt des Schamanen nicht gibt. Allein das Wort *Einbildung* fällt bereits ein Vor-Urteil über das, was dabei geschieht. Ich glaube nicht, dass es hier um Einbildung in dem Sinn geht, wie wir den Begriff normalerweise verstehen. Ich glaube, wir betreten da ein Gebiet, das überraschenderweise universal, weltweit gültig ist – unabhängig von der jeweiligen Kultur. Natürlich werden die Menschen von ihrer persönlichen Geschichte, von ihrer kulturellen und ihrer individuellen Geschichte beeinflusst. Aber wir sind dabei, eine Landkarte der oberen und unteren Welten zu entdecken, die unabhängig von der Kultur sind. Der Schamane sagt: Wirklich ist – das, was man *sieht*. Das, was man aus einem

56 Näher interessierte Leser seien an mein Buch *The Vision Quest* verwiesen, das einige meiner Trancereisen unter Verwendung von Michael Harners schamanischer Trommeltechnik beschreibt.

Buch herausliest, ist Information aus zweiter Hand. Aber genau wie der Wissenschaftler ist der Schamane auf Beobachtungen aus erster Hand angewiesen, um entscheiden zu können, was wirklich ist. Wenn Sie sich auf das, was Sie mit eigenen Augen sehen, nicht verlassen können, worauf können Sie sich dann verlassen?«[57]

Tarot-Pfadarbeit

Meditationen mit dem Tarot

Um Pfadarbeit mit dem Tarot, hier wieder insbesondere mit den Großen Arkana, zu praktizieren, ist zuerst notwendig, sich etwas näher mit den Karten vertraut zu machen, und zwar in einer tieferen Weise als der nur informativen oder intellektuellen. Besonders gut eignen sich dafür Meditationen mit den einzelnen Tarotkarten. Sie sollten dies für jede Karte, die Sie wählen, mindestens dreimal praktizieren, bestenfalls an drei aufeinander folgenden Tagen.

Tarot-Meditation

Wählen Sie eine Karte der Großen Arkana, vielleicht weil Sie sie besonders anspricht oder weil Sie sich jetzt genau mit diesem Pfad, wie er auf dem Baum des Lebens dargestellt ist (siehe Kapitel I) beschäftigen wollen. Betrachten Sie die Karte und lesen Sie eventuell noch einmal nach, was wir inhaltlich dazu geschrieben hatten. Lassen Sie die Karte auf sich wirken und registrieren Sie eventuelle Assoziationen oder Gedanken dazu. Dann schreiben Sie sich drei positive Aussagen zu dieser Karte auf (Beispiele dafür finden Sie unten). Wenn Sie diese verinnerlicht haben, können Sie mit der eigentlichen Meditation beginnen.

Setzen Sie sich dazu aufrecht und bequem hin, entspannen Sie sich, atmen Sie ruhig und tief. Betrachten Sie die entsprechende Karte mit offenen Augen oder lassen Sie sie vor Ihrem inneren Auge auftauchen. Sagen Sie sich dann den ersten Satz, den Sie aufgeschrieben hatten. Bleiben Sie ganz still bei sich und beobachten Sie einfach nur, wie die Karte und wie dieser Satz, wie diese ganze Übung auf Sie wirkt. Beobachten Sie, nehmen Sie wahr und bleiben Sie ganz still. Tun Sie nichts, bewerten Sie nichts. Lassen Sie alles so, wie Sie es wahrnehmen. Dann spre-

57 Nevill Drury, *The Occult Experience*, S. 145.

chen Sie den zweiten und später den dritten Satz, in Gedanken oder leise hörbar.

Nach einigen Minuten, Sie können eine solche Meditation natürlich auch lange ausdehnen, beenden Sie die Übung innerlich und kommen mit Ihrer Aufmerksamkeit wieder in den Raum Ihres Alltags zurück.

Hier drei Beispiele für Satztrios, wie Sie sie für die Meditation mit dem Tarot erstellen und verwenden können:

Einfache Meditation für *Die Welt*

- Ich umarme die Welt und danke für mein Leben auf dem Planeten Erde.
- Ich ehre die Heilige Jungfrau, deren Tanz der Tanz des Lebens ist.
- Ich bin auf der Suche nach dem wahren, spirituellen Sinn meines Lebens.

Einfache Meditation für *Der Stern*

- Ich bin bestrebt, ein Gefäß für die göttliche Lebenskraft zu sein.
- Die Säfte des Lebens fließen durch mich hindurch und nähren die Welt um mich her.
- Ich lasse mich dankbar führen von meinem inneren Licht.

Einfache Meditation für *Der Herrscher*

- Ich öffne mein Innerstes, um die Präsenz der höchsten spirituellen Autorität zu ehren.
- Ich bin erfüllt von einer heiligen Ausgeglichenheit und Kraft.
- Ich stelle mir eine Welt vor, die regiert wird in Toleranz, Weisheit und Hingabe.

Die eigene Pfadarbeit entwickeln

Wie ich bereits geschildert habe, können die 22 Tarotkarten der Großen Arkana als mythische Pfade dargestellt werden, die die zehn Sphären des kabbalistischen Lebensbaumes miteinander verbinden (siehe Kapitel I). Zur Fokussierung auf bestimmte Tarotbilder und ihre Verwendung als visionäre Tore zu höheren magischen Bewusstseinsebenen sind Visualisationen erforderlich, die als Pfadarbeit bezeichnet werden.

Sie beginnen damit, dass Sie sich einen Bereich des Lebensbaumes auswählen, der Ihnen für den aktuellen Abschnitt Ihrer Reise in die mythische Innenwelt passend erscheint. Oder aber Sie durchwandern die Pfade einen nach dem anderen in der Reihenfolge, die Sie anschließend im *Buch der Visionen* finden oder in der Darstellung im Kapitel I. Dort finden Sie auch die zum jeweiligen Pfad auf dem Lebensbaum gehörende Karte aus den Großen Arkana. Mithilfe der magischen Visualisation werden Sie dann diesen Pfad betreten können und sich von den göttlichen Kräften leiten lassen, die Ihnen dort begegnen.

An dieser Stelle möchten Sie vielleicht noch einmal zum ersten Kapitel dieses Buchs zurückkehren und sich die Zusammenfassung der mit jeder Karte der Großen Arkana verbundenen Bilder betrachten (siehe S. 32ff). Zudem könnten Sie es nützlich finden, die Symbolik einzelner Karten in Fachbüchern über das Tarot eingehender zu studieren (siehe dazu auch die Bibliografie). Zudem sollten Sie sich natürlich auch die Karten selber anschauen und sie auf sich wirken lassen. Bestimmt kommen Ihnen bei den einzelnen Bildern ganz unterschiedliche Empfindungen, Gedanken oder Assoziationen – nehmen Sie diese einfach wahr und schreiben Sie sie in Ihr magisches Tagebuch. Wenn Sie genügend Material über die betreffenden Bilder und Symbole zusammengetragen haben und sich mit der Karte vertraut fühlen, bereiten Sie Ihre eigene Beschreibung des Tarot-Pfades vor, den Sie gewählt haben, Beispiele dafür finden Sie unten. Formulieren Sie Ihre Beschreibung so »visuell«, wie Sie nur können. Nutzen Sie eine Art des Ausdrucks und Begriffe, die Sie leicht zu bildhaften Assoziationen führen. Es ist in jedem Falle ratsam, den schriftlichen Text für jede Pfadarbeit so vorzubereiten, dass sein Ende offen bleibt. Da Sie nicht voraussehen *können*, welche Erfahrung Sie auf jedem einzelnen Tarot-Pfad machen werden, sollten Sie sich mit dem Ende in Gedanken auch gar nicht erst beschäftigen. Lassen Sie sich die Möglichkeit offen, dass die Götter und Göttinnen des Lebensbaumes ihre Weisheit und ihr Wissen mit Ihnen teilen werden.

Sprechen Sie Ihren Text vor dem eigentlichen Üben auf Tonband oder bitten Sie einen Freund, ihn laut vorzulesen. Praktizieren Sie diese Form der Pfadarbeit für eine Karte mindestens dreimal, günstigstenfalls an drei aufeinander folgenden Tagen.

Auf dem Tarot-Pfad

Legen Sie sich bequem hin und entspannen Sie sich. Nehmen Sie die entsprechende Tarotkarte zur Hand und betrachten Sie sie in Ruhe. Geben Sie dann, wenn Sie sich bereit fühlen, Ihrem Freund ein Zeichen, dass er mit dem Vorlesen des Textes beginnen kann, den Sie zuvor verfasst haben, oder starten Sie die Aufnahme des Mitschnittes Ihrer eigenen Lesung.

Lassen Sie die Worte auf sich wirken, konzentrieren Sie sich auf die Tarotkarte, die zum Fokus Ihrer Visualisation wird. Irgendwann werden Sie ganz von allein die Augen schließen wollen, ohne dass Sie das Gespür für die Karte verlieren. Lassen Sie Bilder entstehen und lassen Sie sich zunehmend leiten von dem, was einfach geschieht, während Sie tiefer in die geheimnisvolle Welt der Karte eintauchen.

Visualisieren und wandern Sie weiter, auch wenn der Text zu Ende ist. Sie werden merken, wenn Ihre Erkundungsreise zum Abschluss kommt. Dann beginnen Sie sich ganz langsam wieder in der alltäglichen Welt zu orientieren – registrieren Sie, wo Sie liegen, und strecken und dehnen Sie Ihren Körper.

Ich möchte Ihnen einige Beispiele geben, wie Ihre Tarot-Visualisierungen oder »Pfadarbeiten« aussehen könnten, diese sollen keine Vorgaben für Sie sein, sondern Sie lediglich inspirieren. Denken Sie immer daran, sie im Präsens zu formulieren.

Die Welt

Ströme von Energie umfluten mich von allen Seiten, während ich die heilige Jungfrau der Erde vor mir sehe. Ihr reines Gesicht ist erhellt von Sonnenlicht – von Licht, das die Blätter und Blumen in dem tiefen, fruchtbar bewachsenen Tal ernährt – und ihr wogendes Haar hat die Farbe von goldenem Getreide. Die heilige Jungfrau tanzt nackt im Gras und ein sanftes Licht umspielt ihren hellen Körper ...

Persephone strahlt, einem Leuchtfeuer gleich. Jede ihrer Bewegungen gibt mir ein Gefühl von Bereicherung und Erwärmung und ihr strahlendes Haar ist gleißend wie die Sonne am frühen Morgen, die ihr Licht über die Felder strahlt.

Jetzt erkenne ich in ihren Augen Spiegelungen des Mondes und die heilige Jungfrau lässt mich wissen, dass sie mich nun in die Schattenwelt unter der Erde und jenseits des Himmels führen wird, wo die dunkle Schwester über das Land der Schatten herrscht ...

Und so bereitet sich dieses heilige Mädchen vor, mich auf den ersten Pfad meiner heiligen Reise zu führen. Sie geleitet mich zu einem Spalt in der Erde und durch einen Gang, der tief nach unten führt zu einer Welt jenseits der Zeit ...

Der Stern

Am Nachthimmel glänzt der goldene Stern mit kristallenem Licht. Ich sehe in einem rasch dahinströmenden Fluss eine wunderschöne nackte Jungfrau stehen.

Nun bemerke ich, dass sie einen Krug in die Höhe hält, geöffnet den Himmeln über ihr. Ich sehe, dass sie mit diesem Krug kostbarste Lebensessenz auffängt – die Essenz des Lebens, die sich unablässig aus dem goldenen Stern über ihr ergießt. Leuchtendes Licht durchströmt ihren Körper und sie selbst ist wie zu einem durchsichtigen Gefäß geworden, während sie das Wasser des Lebens in einen Teich zu ihren Füßen gießt. Und plötzlich sehe ich, wie er überfließt und sich diese Wasser über die umgebende Erde verbreiten und alles um mich her von Leben erfüllt wird. Allein dieser Anblick schenkt mir neue Hoffung und die Ahnung neuer Möglichkeiten. Darauf sagt die Sternjungfrau zu mir, dass auch ich lernen kann, das Licht weiterzugeben und dass dadurch wiederum durch mich neue Hoffnung und neuer Überfluss verbreitet werden ...

Der Herrscher

Inmitten der fest gefügten Felsen der zeitlosen Gebirge, die in diesem Augenblick vor mir erscheinen, trete ich vor den thronenden Herrscher des Universums. Er ist Ehrfurcht gebietend und allwissend, gnadenreich und gerecht. Seine Krone leuchtet von reinem Licht und sein Mantel ist aus dem Stoff des Universums gewoben. Er wacht über alle Lebewesen und Geschöpfe der Welt, herrscht über das Leben und all seine vielfältigen Gestalten und Erscheinungsformen. Sein Thron und seine Umgebung erstrahlen in einem rötlichen Glanz – von der warmen Sonne des heiligen Wissens erhellt.

Der Herrscher sitzt in schweigender Wacht, in immer währender Geduld auf seinem Thron. Ewig wachsam, ewig schützend hält er von seinem allerhöchsten Blickpunkt hoch oben im Himmel Ausschau auf all jene, die unter seiner Obhut stehen. Er zeigt mir, dass alle Erscheinungsformen der Schöpfung dem ewigen Fluss und Wandel unterworfen sind, dass das Leben durch den Tod und wieder ins Leben fließt in einem ewigen Kreislauf, der ohne Anfang und ohne Ende ist. Durch all diese Äonen hindurch steht er mir bei und führt mich auf meinem Pfad auf dem Baum des Lebens ...

In welcher Weise Sie sich das Material für die Pfadarbeiten mit dem Tarot aufbereiten möchten, hängt natürlich ganz von Ihrem Wesen ab. Das Entscheidende ist jedoch, dass dabei jeder einzelne Pfad lebendig vor Ihr inneres Auge treten sollte, während Sie sich auf Ihre innere Reise vorbereiten. Außerdem ist es von Nutzen, wenn Sie Ihr magisches Tagebuch auch für Ihre Tarot-Pfadarbeiten nutzen, damit Sie später vertiefen können, was Ihnen während Ihrer spirituellen Suche vermittelt wurde.

Wenn Sie ein wenig Übung mit der Pfadarbeit haben, wollen Sie sie vielleicht auch mit all dem kombinieren, was wir in diesem Buch besprochen haben. Zum Beispiel können Sie die Farben bewusst in Ihre Visualisationen mit einbeziehen, die den Sefiroth am Anfang und am Ende eines jeden Tarotpfades zugeordnet sind (siehe Tabelle am Ende von Kapitel II). Mit der Zeit werden Sie sich immer leichter damit tun und immer mehr Freude an dieser wertvollen Art magischer Praxis haben. Die Arkanen mit ihrer machtvollen und sehr signifikanten Symbolik können Ihnen zu einem hohen Grad der Bewusstheit verhelfen. Und diese Form der Pfadarbeit schenkt Ihnen eine tief greifende Begegnung mit den Archetypen, während Sie sie in Ihre eigenen Worte und Ihre eigenen Bilder kleiden.

Mein im Folgenden abgedrucktes *Buch der Visionen* enthält eine vollständige mystische Reise durch die Großen Arkana. Möglicherweise finden Sie dieses oder jenes aus der Bilderwelt dieses Textes hilfreich für Ihre eigenen magischen Pfadarbeiten. Lassen Sie sich inspirieren, es ist eine magische Entdeckungsreise.

Das Buch der Visionen – Pfade des Tarot

Die Karten der Großen Arkana des Tarot sind wie Tore für den Geist und gewähren Zugang zu den symbolischen Pfaden, denen der Magier auf der inneren visionären Forschungsreise folgt. Im Folgenden gebe ich Ihnen meine Beschreibung dieses magischen Abenteuers, präsentiert in der Form einer fortlaufenden Reise vom ersten Pfad »Die Welt« bis zum letzten Pfad »Der Narr«. Sie erinnert uns auch daran, dass der »Narr« im normalen Sprachgebrauch ein Mensch ist, der *nichts* weiß. In der magischen Tradition hat der Mensch, der nichts weiß, dagegen einen Zustand transzendenten spirituellen Bewusstseins erreicht, das die Unendlichkeit des Einsseins – oder das Einssein-Bewusstsein – umfasst, denn das Einssein versetzt uns über individuelle Formen und Bilder hinaus. Daher wird der Narr durch eine faszinierende Akzentverschiebung und ein symbolisches Wortspiel als die höchste, die letzte Karte der Großen Arkana betrachtet – er begegnet uns auf dem Pfad, der durch das Bewusstsein darüber, dass letztlich alles Eins ist und dass das Einssein keine Grenzen kennt, zur Erleuchtung führt.

Mein »Buch der Visionen« beschreibt eine mystische Reise, die zu spiritueller Transzendenz führt. Obwohl dieser Text wie ein magisches Abenteuer und im Präteritum abgefasst, also eher wie eine persönliche Erinnerung an einen höchst symbolischen Traum präsentiert wird, kann er Ihnen vielleicht hilfreich sein, da seine Bilder Ihnen Anregungen für Ihre eigenen magischen Visualisationen und Pfadarbeiten liefern.

I

Ich spazierte auf einen bewaldeten Hügel und gelangte zu einem freien Feld. Eine Wiese aus zartgrünem Gras breitete sich dort unter einem blauen Himmel aus. Ein leichter Windhauch raschelte sanft durch die Bäume, auf ihren Ästen sangen Vögel und ich verspürte ein Gefühl tiefer Ruhe, während ich über die Schönheit all dessen, was mich umgab, sinnierte. Doch dann, während ich ganz still an diesem Ort saß – einem inspirierenden Ort, der in jenem Moment ganz zeitlos und vollkommen wirkte –, fiel mir auf einmal ein, dass alles, was lebt, auch sterben muss. Mutter Natur hat ihren unendlich vielfachen Kreislauf von Geburt und Tod. Pflanzen wachsen aus der Saat, erblühen zur Reife und gehen dann vom Wachsen und Leben zum Sterben und in Staub über, während neues Leben entsteht und an ihre Stelle tritt.

Als ich mich erhob, um diesen Ort zu verlassen, da erkannte ich, dass auch ich in diesem Augenblick meinem eigenen Tod entgegenging, und ich fragte mich, ob auch meine Reise zu neuem Leben führen würde. Ich setzte meinen Weg fort, geriet dabei aber unabsichtlich auf einen mir unbekannten Pfad, denn schon bald fand ich mich in einem mir fremden Teil der Landschaft wieder.

Ich war vor eine harte und vom Zahn der Zeit verwitterte Felswand gelangt. Bisher hatte ich die Konsistenz von Granit immer als Symbol der Dauerhaftigkeit betrachtet, als etwas, das, vom Wandel unbetroffen, alle künftigen Zeiten überdauern würde. Aber jetzt fiel mir auf, dass der

Fels kleine Risse und Gräben aufwies – wie Runzeln im Gesicht eines alten Mannes. Auf einmal schienen sich diese Risse in dem Fels zu öffnen, schienen ein Tor zu bilden und ich wurde aufgefordert, einzutreten – obwohl ich nicht wusste, wer mich gerufen hatte. Und doch war der Ruf, ich solle eintreten, freundlich insistierend und mein Drang, den sich auftuenden Innenraum zu erforschen, nicht zu verleugnen. Daher setzte ich vorsichtig Schritt für Schritt meinen Weg fort, gelangte tief in das Innere der Erde und fragte mich, wohin mich diese Forschungsreise führen würde.

Die Erdspalte, in die ich eingetreten war, war dunkel und feucht, und doch schien sie mich willkommen zu heißen. Rings um mich her spürte ich, dass unsichtbare Kräfte und Mächte in der Erde an der Arbeit waren – und alles Lebendige, das in der Erde wuchs, am Leben erhielten und ihm halfen, sich nach dem lichtdurchfluteten Himmel zu strecken.

Bald darauf bemerkte ich ein ätherisches Leuchten am Ende meines Pfades und nun wusste ich, dass ich zu einer großen Höhle tief unter der Erde gelangt war. Ein nebliges grünlich braunes Licht spielte auf den Wänden der Höhle und erst da fiel mir auf, dass in diesem Flimmern von zartem Licht eine junge Frau tanzte.

Sie war nackt und wunderschön und doch schien ihr Körper die unterschiedlichsten Gestalten anzunehmen. Wie in einem Spiegel sah ich in ihrem tanzenden Körper endlos weite reife Weizenfelder und einen flüchtigen Moment lang strahlte goldenes Licht aus ihrem Gesicht. Aber dann verdunkelte sich ihre Gestalt, verhärtete sich zu einem Fels, wurde vollkommen undurchdringlich. Und doch ergoss sich nun, noch während ich zusah, über ihre Granitgestalt ein Bogen von reinem Wasser, löste ihre Härte auf und bald hatte sie sich in einen Fluss verwandelt, der munter durch die Landschaft floss und feinste Sandkörner mit sich führte. Dann tanzte sie wieder und ihr goldenes Haar wurde von einer sanften Brise in die Höhe geweht.

Während sie tanzte, rief sie mich an und sagte, sie tanze die unendliche Geschichte von Leben und Tod und wolle mich durch ihre Bewegungen die Bewegungen der Erde lehren. Und schon bald war sie zum Wesen des zyklischen Rhythmus an sich geworden, denn es gab keine Beständigkeit, keinen ruhigen oder stillen Punkt mehr in ihren sinnlichen Bewegungen.

Nun rief sie mich wieder an und umarmte mich mit den Strömen ihrer Energie. Und ich tanzte mit ihr, denn ich war zu nichts anderem mehr fähig. Und während wir uns umarmten, schwebte um uns her ein nebliges Licht auf und es war, als tanzten wir im Morgendämmer der ersten Tage der Welt. Ich war erfüllt von Freude, denn da wusste ich, dass sie und ich eins waren, und dies, obwohl ich sie in all diesen langen vergangenen Tagen meines Lebens vergessen hatte.

Doch dann wurde der Nebel dichter und ich konnte sie nicht mehr sehen. Ich rief nach ihr, aber als sich der Nebel schließlich wieder lichtete, konnte ich sehen, dass ich allein war. Die Jungfrau mit dem wunderbaren Tanz war verschwunden.

Ich stand auf einer Felsklippe, blickte mich um und fragte mich, wohin sie wohl entschwunden war. Und da streifte ein sanfter Windhauch mein Gesicht und wieder hörte ich ihre Stimme: »Ich bin die Welt«, sagte sie in sanften Worten zu mir, die wie Musik über mich hinschwebten. »Aber ich bin auch jenseits des Himmels. Folge dem Pfad. Wir werden uns wieder begegnen und wir werden wieder miteinander tanzen, aber wenn wir uns das nächste Mal begegnen, wirst du ein ganzes Universum durchwandert haben.«

II

Ich wanderte weiter und auf einmal schien es mir, als näherte ich mich dem Ende eines Tunnels. Ein strahlendes Licht lockte mich und dann hörte ich zum ersten Mal das jäh gestoßene Signal einer Trompete, reich und voll – ein herrlicher Klang, der ein Erwachen zu verkünden schien. Wogen reiner Musik durchströmten mich und die Verheißung von Licht vor mir zog mich durch das Dunkel weiter voran.

Ich gelangte in ein fremdes, mir ganz unvertrautes Land und stellte fest, dass noch andere Menschen außer mir hierher gelangt waren. Alle reckten die Hände gen Himmel, als müsse ein Wunder bevorstehen. Männer, Frauen und Kinder standen Seite an Seite versammelt da und warteten in freudiger Spannung.

Plötzlich war das gesamte Universum erfüllt von einem herrlichen Klang. Wogen einer königlichen Musik, die ich irgendwo schon einmal gehört hatte, durchströmten die Menschen. Ich war hingerissen von Ehrfurcht vor dieser edlen Musik, während sie meinen Körper mit vibrierender Energie erfüllte. Bald fühlte ich mich, als sei neues Leben in mir erwacht.

Dann wurde ich plötzlich von einer Masse wirbelnder orangefarbener Wolken erfasst und in die Luft gehoben. Ein neues Gefühl des Jubels durchflutete mich und ich hörte die Stimmen der Wolken und der Lüfte mich willkommen heißen im Himmel: »Ein Teil von dir ist nun zurückgeblieben«, erklärten mir die orangefarbenen Wolken, »aber ein anderer Teil von dir liegt vor dir. Wenn du diesen vergessenen Teil deines Wesens wieder entdeckst, wirst du erkennen, dass dein Leben wie Sterben war. Du kannst nun wiedererlangen, was vor langer Zeit dein Eigen war.«

III

Nun kam ich zu einer mächtigen Burg, die an drei Seiten von den Wassern des Schicksals und des Möglichen umgeben war. Noch während ich sie mir ansah, kam ein Krebs mit seinem bejahrten Panzer und seinen wild zuschnappenden Scheren aus dem Wasser gekrochen. Ich bemerkte zwei andere Tiere auf einem der Ufer neben der Burg. Eines von diesen war ein Wolf mit zottigem Fell und feindseliger Miene. Neben ihm stand ein Haushund, zahm und sanft in seinem Wesen, zum Überleben nicht mehr von erbeutetem Wild abhängig, sondern ein Freund der Menschen.

Hinter ihnen reckte sich die Furcht erregende Burg nach den Sternen, ihre Türme zerrissen den Nachthimmel. Hoch oben am Himmel sandte der silberne Mond seinen Blick auf das Wasser nieder. Unterdessen stand der Burgherr auf einer Zinne und rüstete, den Naturkräften jenseits seiner Burgmauern trotzend, zu einem Angriff gegen den Himmel.

Da wurde mir bewusst, dass der Mensch sich genauso wie ein Krebs mit einem schützenden Panzer umgibt, um voranzukommen, und dass ihm diese Rüstung nicht selten die Sicht auf das Licht versperrt. Auch spürte ich, dass ich, wenn ich die Burg des Mondes hinter mir lassen und weiter meiner Wege ziehen würde, schließlich zur zentralen Sonne, der Künderin des Lichts eines neuen Morgens, gelangen würde. Just da vernahm ich wieder den Ruf der tanzenden Jungfrau, die mich drängte, meinen Weg fortzusetzen.

IV

Der Pfad vor mir führte an den Fuß eines beeindruckenden, grasbedeckten Berges. Auf halbem Wege zu seinem Gipfel umringte ihn eine Felswand und verwehrte jedem den Zugang zu den höheren Regionen dieses heiligen Berges, der nicht vollkommen reinen Herzens war.

Hoch oben im Himmel warf die herrliche Sonne ihr strahlendes Licht in alle Winkel des Himmels. Außerdem schien sie auf ein Kind herab, das nackt in einem Kreis auf den tieferen Berghängen tanzte. Es streckte in unschuldiger Feier die Hände zum Himmel und schien die innerste Essenz der Sonne in sein Tanzen herabzuziehen.

Ich bemerkte, dass bestimmte Lektionen in die Felswand eingemeißelt waren, beim näheren Hinsehen merkte ich, dass es fünf waren. Die erste Lektion empfahl, die Welt so zu sehen, wie sie wirklich ist. Die nächste war eine Lektion über das Hören der Dinge, so wie sie wirklich sind, und darauf folgten weitere Lektionen, die die anderen Sinne, das Tasten, Riechen und Schmecken, betrafen. Und da begriff ich, dass jenseits der Welt der Sinneseindrücke eine andere Welt des spirituellen Bewusstseins liegt – eine Welt, die von den Göttern und Göttinnen heilig und frei von allem Profanen gehalten wird.

Ich konnte feststellen, dass jenes Kind dies instinktiv verstand, denn sein Herz war erfüllt von Freude. Es wusste, dass ihm eines Tages der Zutritt zu den höheren Hängen des heiligen Berges gewährt würde und dass es dort wieder mit den Göttern und Göttinnen der heiligen Regionen vereint sein wird.

V

Nun wagte ich mich in ein fruchtbares, von Gras bewachsenes Tal, das von hell strahlenden Sternen erleuchtet wurde, die am klaren Nachthimmel schienen. Zu meiner großen Verwunderung erblickte ich eine wunderschöne nackte Frau, die an einem Fluss kniete. Sie hielt zwei Krüge in den Händen, einer aus Gold, der andere aus Silber. Sie fing in diesen Gefäßen die heiligen Wasser des Lebens von den Sternen am Nachthimmel auf und goss dieses lebenserhaltende Wasser auf die Erde.

Ergriffen sah ich zu, wie sie mit einem der Krüge die Lebensessenz von den Sternen des Lichts auffing. Ich begriff, dass ihr Gefäß nie leer werden würde – denn sie war unverkennbar die Priesterin der ewig fließenden Wasser und dies war ihr heiliges Reich.

Und dann sah ich, dass ihr ganzer Körper in fahlem, silbernem Licht leuchtete und ihr wogendes Haar der Strömung des ewigen Flusses glich. Ich bemerkte auch, dass es acht Sterne waren, die an diesem Nachthimmel schienen, und dass einer von ihnen golden und heller als die anderen leuchtete. Dann sagte die Stern-Jungfrau zu mir, sie werde ihr kostbarstes Geheimnis mit mir teilen: Sie streckte den goldenen Krug gen Himmel und fing das Strahlen des hellsten Sterns ein. Dann kniete sie nieder und goss das eingefangene Nass auf die Erde. Und da schien mir, als käme in diesem kostbaren Moment neues Leben in die ganze Welt, obwohl zu dieser Stunde die meisten Menschen schliefen und von diesem Wunder in ihrer Mitte nichts bemerkten.

VI

Emporgehoben von den Wassern des Lebens, die mir die Jungfrau von dem Fluss zuteil werden ließ, setzte ich meinen Weg fort. Doch nun begann sich der Nachthimmel mit seinen strahlenden Sternen zu bewölken und ich spürte das Nahen eines Sturms. Schon bald hatte mich ein bedrohliches Dunkel verschlungen und es schien, als sei plötzlich das ganze Universum ein feindseliger und unsicherer Ort geworden.

Vor mir in dem grauen Licht sah ich einen hohen, verwitterten Steinturm, der bis in den Himmel reichte, doch auch dieser Turm war von dem Sturm bedroht. Nun schienen die Himmel ohne Vorwarnung zu zerreißen und ein wahres Meer aus Blitzen und Donner stürzte wütend herab auf den zitternden Turm. Riesige Trümmer von steinernem Mauerwerk stürzten schwer krachend zu Boden, stolze Zinnen sanken unter dem heftigen Angriff unterwürfig zusammen und bald war das gesamte Bauwerk von einer gewaltigen Flammenzunge verzehrt.

Da wurde mir nur allzu deutlich, dass es Kräfte und Mächte gibt, die die bescheidenen Leistungen des Menschen bei weitem übertreffen. Und es erschien mir ebenso klar, dass jeder, der danach trachtete, einen Turm zu bauen, der bis in die Himmel reichte, ihn mit edler Absicht konstruieren müsste – nämlich als demütige Opfergabe für die Götter im Himmel und nicht als stolzes, eitles Monument für die vermeintliche Macht des Menschen.

VII

Während ich in der düsteren Tiefe der Nacht meinen Weg fortsetzte, kam ich nun zu einer ärmlich beleuchteten Höhle. Als ich sie betrat, war mir, als würde ich direkt in die Eingeweide der Erde hinabsteigen. Ich fühlte mich zunehmend von einer tiefen Verzweiflung übermannt und konnte den Weg vor mir kaum noch erkennen.

Ich spürte die Gegenwart von anderen menschlichen Wesen, obwohl ihre Konturen schwer zu erkennen waren, und auf einmal konzentrierte sich meine Aufmerksamkeit auf eine grobe Kienspanfackel, deren flackernde Flamme breite, fratzenhafte Schatten auf die Höhlenwand warf.

Jetzt erkannte ich, dass die Fackel von einem grotesken bestialischen Wesen gehalten wurde. Bedrohliche, missgestaltete Hörner ragten ihm aus dem Schädel und ich konnte sehen, dass abscheuliche Verkommenheit und angeborene Bösartigkeit ihre tiefen Spuren in seinem entstellten, lederartigen Gesicht hinterlassen hatten. Spärliche Fellfetzen hingen um seine herabhängenden Lippen und seine Augen glichen glühenden Kohlen und hatten keine Pupillen. In seine Stirn war ein auf dem Kopf stehendes Pentagramm eingeritzt.

Vor dieser Gestalt standen zwei halb menschliche nackte Wesen, eine männliche und eine weibliche, die nichts als Ketten am Leib hatten. Auch auf ihren Köpfen hatten sich wie krankhafte Auswüchse Hörner entwickelt und die untere Hälfte ihrer Körper war gedrungen und gemahnte an die von Rindern. Sie waren durch ihr eigenes Selbstmitleid und ihre Unwissenheit an den dunklen Thron gekettet, den dieser gehörnte Gott voller Stolz einnahm.

Dann sprach der dunkle Gott zu mir und sagte, sein Reich sei der letzte Außenposten der Menschheit und es sei ihm ein Vergnügen, diejenigen, die brünstige Befriedigung in sinnlichen Genüssen fanden, zu diesen erst recht zu ermutigen.

Er bot mir eine besondere Position in seinem Königreich an und behauptete, seine Diener seien in keiner Weise gezwungen, für immer in seinen Diensten zu bleiben. Aber ich lehnte ab und bat, seine Höhle wieder verlassen zu dürfen. Er lächelte geringschätzig und glaubte meiner Entschlossenheit nicht, als ich meine Bitte wiederholte. Dann streckte er seinen Arm aus, hielt die Fackel in die Höhe und deutete mir an, ich solle näher treten, um sein Gesicht zu betrachten.

»Fürchte dich nicht«, sagte er, »denn selbst der Teufel ist nur eine andere Form des Lichts.« Ich trat nun noch näher an sein hässliches, entstelltes Gesicht und blickte suchend in seine dunklen, bodenlosen Augen. Und da drangen aus den Tiefen seines Körpers Strahlen von weißem Licht hervor, die immer intensiver leuchteten.

Schon bald erstrahlte sein ganzes Haupt von diesem Licht. Sein Gesicht war nicht mehr zu erkennen, seine Macht nicht mehr zu sehen. Und so ging ich an seinem strahlenden Haupt vorüber, so als schritte ich durch eine Tür, und als ich mich in jenem Moment umsah, da war mir, als sei seine bizarre Gestalt nichts anderes als ein monströses Trugbild, denn bereits seine Existenz an sich war auf nichts als Illusion gegründet. Ich sah mich noch einmal um, doch nun waren keinerlei teuflische Gestalten mehr zu sehen – sondern nur noch eine unerschütterliche felsige Fläche ohne einen sichtbaren Eingang in irgendeine unterirdische Höhle.

Ich fühlte mich siegreich und überwältigt von Freude. Die Dunkelheit war gewichen und ich war mir sicher, dass das neue Licht nicht mehr weit sein würde.

VII

Aber ich täuschte mich in dieser Hoffnung, denn wieder nahm die Landschaft ein sonderbares und bedrohliches Gesicht an. Die Sonne war bereits weit über dem Horizont, aber der gesamte Himmel erstrahlte rot vor Blut. Ich sah, dass ich auf einen umgepflügten Acker geraten war, der wie ein Feld der Schlacht und Folter übersät war von unüberschaubaren Massen niedergemetzelter Menschen.

Ein widerwärtiger und grauenhafter Skelett-Gott stolzierte auf eine herrische Art auf dem Acker hin und her. Er hielt eine große Sichel in der Hand, ihre metallene Klinge funkelte bedrohlich in der Sonne.
Mit Entsetzen sah ich, dass das Getreide, das er mähte, aus menschlichen Köpfen und Gliedmaßen bestand, die aus dem Boden zu wachsen schienen, um eine makabre Ernte zu produzieren. Unverkennbar war für ihn Erntezeit, und während er seine wütende Klinge durch die Luft schwang, fielen die Häupter von Königen wie von gewöhnlichen Sterblichen gleichermaßen und rollten über den Boden.

Der Skelett-Gott schien sich um Recht oder Unrecht seines Werkes nicht zu kümmern und fuhr mit seinen wilden, niedermähenden Gesten fort, er schwang seine schreckliche Waffe bis in alle Ecken und Winkel des Feldes. In dem bernsteingelben Licht liegend, wirkten die abgeschlagenen Köpfe und Glieder wie ein Hohn auf die passive Würde des nahen Flusses, der in Richtung der aufgehenden Sonne zu fließen schien. Und immer noch setzte der Schnitter unbeirrt sein Todeswerk fort.

Aber dann wandte sich der seltsame Knochenmann um und sprach zu mir. »Ich bin Tod der Erste«, sagte er, »aber nicht Tod der Letzte. Diejenigen, die bis hierher gelangen, brauchen ihre alten, abgetragenen Identitäten nicht mehr. Es ist nicht mehr von Belang, wer sie waren, als sie ihre Reise begannen, denn sie sind nur noch Erinnerungen aus früheren Zeiten. Ich helfe ihnen, über die Schwelle des Todes hinweg vorwärts zu kommen, damit sie danach in der Sonne wohnen können ...«

Darauf gab mir der Skelett-Gott mit einem Wink zu verstehen, ich solle mich hinüber zu dem Fluss begeben, und dort angekommen sah ich, dass er erfüllt war von goldenem Licht. Dann sagte er zu mir, ich müsse in Einhelligkeit mit dem Fluss weiterreisen und mich von seiner Strömung forttragen lassen – denn dann würde dies eine Reise von Licht zu Licht.

IX

Und so wurde ich von dem funkelnden, goldenen Fluss neuem Licht entgegengetragen, und während ich von seiner Strömung mitgerissen wurde, bemerkte ich, dass eine Seite des Flusses in Dunkelheit versank, während die andere im Licht der Sonne erstrahlte. Und da sah ich, dass der Fluss einen Wächter hatte, und dieser war von höchst beeindruckender Gestalt – denn er war umhüllt von strahlendem Glanz und majestätische Gewänder in Orange und Blau wogten von seinen Schultern.

In seiner Rechten hielt er ein Wassergefäß und in seiner Linken eine glühende Fackel. Zuerst konnte ich sein Gesicht nicht erkennen, denn es war in blendend goldenes Licht getaucht und meine Aufmerksamkeit wurde zu den Motiven hingezogen, die seine Brustplatte zierten. Bald entdeckte ich das Symbol der Sonne – der Quelle allen Lebens und Lichts – und dann sah ich, dass auch alle Sterne und Sternbilder des Himmels darauf vorhanden waren.

Dann sah ich, dass der Wächter des heiligen Stroms der Herr über zwei Begleitergeschöpfe war, und ich erfuhr ihre Namen: Sie waren der rote Löwe der Sonne und der silberne Adler des Mondes.

Nun streckte der Wächter seine Hand hinunter in den Fluss, schöpfte mit hohler Hand ein wenig Wasser und spritzte kristallklare Tropfen auf das Haupt des Löwen. Dann senkte er seine Fackel tiefer über das Haupt des Adlers und für einen Augenblick schien es, als sei der Körper des Adlers aus Glas, denn während ich hinsah, fiel ein Funke der Flamme herab in das Herz des Adlers und erfüllte seinen durchsichtigen Körper mit sanftem goldenem Licht.

»Ich bin Raphael«, sagte die Gestalt schließlich zu mir. »Ich hüte die Geheimnisse des heiligen Flusses und den Regenbogen im Himmel darüber.« Dann hieß mich Raphael meinen Weg fortsetzen und zu einem Berg mit zwei herrlichen Gipfeln wandern, die nun am Horizont sichtbar wurden. Zwischen diesen Zwillingsgipfeln konnte ich die rosig goldenen Strahlen der aufgehenden Sonne sehen, wie sie die Berghänge erstrahlen ließen und die Ankunft des neuen Tages verkündeten.

X

Und doch war ich wieder einer Täuschung erlegen, denn je näher ich dem Berg kam, desto weiter schien das Licht vor mir zurückzuweichen und ich wurde in immer tieferes Dunkel getaucht. Das Gelände hier war kahl und ungastlich, aber ich hatte das Gefühl, mir bliebe keine andere Wahl, als mich weiter voranzuwagen, obwohl ich mir nun meiner Richtung nicht mehr sicher war. Und doch empfand ich ein Gefühl der Sicherheit, denn ich fühlte mich innerlich stärker als je zuvor. Irgendwie würde ich ein führendes Licht finden müssen, das mir auf dem steinigen Bergpfad beistand.

Da bemerkte ich, dass ich nicht mehr allein war. Ganz plötzlich sah ich, dass ich wieder einen Führer hatte. Er war gewandet in graue Töne des Dämmerlichts und stand hoch oben auf einer Bergzinne. Er blickte zu mir herab und hielt eine Laterne in die Höhe, die ein Stern aus dem Nachthimmel illuminierte. In der anderen Hand hielt er einen hölzernen Stock, der ihm half, sich auf dem abschüssigen Gebirgspfad im Gleichgewicht zu halten. Er rief mir zu, ich solle zu ihm heraufkommen, und seine Stimme war reich und tief – erfüllt von der Musik der Täler und der Berge.

Als ich näher herankam, bemerkte ich, dass sein Gesicht teilweise von einer breiten Kapuze verdeckt war, aber sein Bart und sein Haar waren so weiß wie Schnee. Ich hatte das Gefühl, dass ich ihn schon einmal gesehen hatte, aber als ich mich ihm näher zuwenden wollte, erblickte ich kein Gesicht, sondern einen ganzen Ozean. Bald war überhaupt kein Bild mehr da, sondern nur noch meine eigene Spiegelung im Wasser. Ich sah meine eigenen Augen in den seinen und mein eigenes Gesicht an der Stelle, wo das seine gewesen war.

»Ich bin dein Vater und du bist mein Sohn«, sprach er zu mir, »aber jeder von uns ist zugleich auch der andere von uns beiden. Das hattest du vergessen, daher habe ich dich hierher geführt, damit du dich wieder erinnerst.« Das Licht aus seiner Laterne strömte wie warmer, heilender Balsam in mich ein, während er fortfuhr: »Dies« – er zeigte auf seine Laterne – »ist auch deine Laterne und du hast dich selbst geführt. Und schon bald wirst du deinem wahren Ich begegnen – nicht in den dunklen Windungen dieses Bergpfads, sondern an einem Ort des Lichts jenseits des Lichts. Und dann wirst du wirklich erfahren, wer du bist und woher du gekommen bist.«

XI

Und nun begegnete ich, als mein Führer in Robe und Kapuze wieder in der Dunkelheit des Berges verschwunden war, noch jemand anderem, an den ich mich erinnerte. Es war die Jungfrau, die bezaubernd schöne Frau, mit der ich getanzt hatte, als ich meine Reise begann. Jetzt war sie förmlich gewandet und ihre Miene war streng und ungerührt. Ohne ein Lächeln musterte sie mich, als suchten ihre Augen meine Seele.

In dem seidenen Gewebe ihres Kleides sah ich die Farben von Getreide, das in einer sanften Brise wogte. In ihrem wehenden Mantel war ein Feuer, das einladende Wärme, aber auch Vernichtung ankündigte. Ich wusste, dass es ihre Aufgabe war, meine bisherigen Fortschritte auf der Reise zu beurteilen, und dass mein Schicksal wie seit Anbeginn voll und ganz in ihren Händen lag.

In ihrer Rechten, die sie in einer ebenso feierlichen wie bedrohlich mächtigen Geste erhoben hatte, hielt diese Göttin der Gerechtigkeit ein stählernes Schwert und in ihrer Linken ein Paar goldener Waagschalen. »Ich hüte das Geheimnis des heiligen Lieds«, sprach sie zu mir, »und nur wenige erweisen sich würdig, es zu vernehmen. Es ist das Lied, das im gesamten Universum erklingt. Es ist das Lied, das allen Geschöpfen Leben und Atem einhaucht. Doch nur einige sind dazu bestimmt, seine Melodie zu vernehmen, wenn es sie zurück nach Hause ruft ...«

Unterdessen wurden ihre Augen hart wie der glänzende Stahl ihres Schwerts und ihr Körper wurde fest und undurchdringlich wie Stein. Nichts war mehr von der Spontaneität zu sehen, an die ich mich noch aus unserem früheren Beisammensein erinnerte, stattdessen aber herrschte eine beharrliche Ungerührtheit und Strenge, die mich mit Angst und Ehrfurcht erfüllte.

Nun streckte die Göttin ihr Schwert aus und legte mir seine Klinge auf den Kopf – eine Klinge, bedrohlich in ihrer Präsenz und dennoch leicht und wahr in ihrer Berührung. Ich sah mein Ebenbild in einer der goldenen Waagschalen gespiegelt und verfolgte zitternd, wie sie in die andere eine Feder legte. Und da wurde mir klar, dass sie mir darauf entweder gestatten würde weiterzugehen, oder mir mit der Überzeugungskraft ihrer Autorität den Durchgang versperren würde.

Ich vernahm ein Rascheln in den Vorhängen hinter ihr und wieder sah ich in den Falten ihres seidenen Kleides Bilder von den Wiesen und unserem ersten gemeinsamen Tanz. Nun strahlte ihre Gegenwart wieder Wärme aus und ich wusste, dass ich von ihrem Zorn verschont bleiben werde.

Sie sagte, mir würde nun ein Lied geschenkt werden, und dann hörte ich es auch schon – ein Echo, das in immer dichterer Folge widerhallte und bald zu einer Woge ekstatischer, himmlischer Musik anschwoll. Und dann schwebte ich gleichsam in dem Lebenslied der Götter, einem Lied, das durch die unendlichen Pfade des Weltalls zu hallen schien. Es war überwältigend schön, komponiert mit überschwänglicher Fülle und Anmut. Dann wurde es sanfter, von einem Strom fantastischer Harmonien reduziert zu einer einzigen Melodie. Es war meine Melodie, mein Lied ...

Nun riefen mich die Götter und ich wusste, dass ich meine Reise weiter fortsetzen durfte bis in das Land der ältesten Ahnen. Nun riefen sie nach mir, ich möge zurückkehren, und ich wusste, dass ich willkommen war in ihren heiligen Gefilden.

XII

Ich gelangte in eine Gegend, in der die Luft dünn und feucht wirkte – ein wässriges Gefilde, illuminiert von sanftem Licht, das aus den höchsten Sphären des Himmels herabzuströmen schien.

Und als ich nun in den wässrigen Himmel über mir blickte, da sah ich etwas sehr Merkwürdiges: Ein Mann hing mit dem Kopf nach unten wie eine Spiegelung in einem See. Er war kein gewöhnliches Menschenwesen, eines seiner Beine hing gekreuzt über dem anderen und seine Arme waren hinter dem Rücken verschränkt. Alles an ihm gemahnte an ein Omen von den Göttern.

Dann fuhr, noch während ich ihn betrachtete, ein intensives Licht in seinen Kopf herab und er strahlte nun wie eine Leuchtbake. Für einen Augenblick wurde ich in ein Meer von Licht getaucht, das erfüllt war von den unterschiedlichsten Formen und unendlichen Möglichkeiten.

Da erkannte ich, dass diese Gestalt wie eine Brücke zwischen dem Licht des Himmels und den unbewussten Meeren des Seins war und dass ich selbst aus diesen unendlichen Tiefen stamme. Und ich erkannte auch, dass ich, wenn es mir jemals gelänge, in höhere Sphären zu gelangen, schließlich in das Meer jenseits aller Meere, nämlich in das Meer des Geistes, eintauchen würde.

Und nun schien mir der Hängende auf einmal älter als alle Zeiten zu sein. Sein blondes, wehendes Haar war weiß geworden, sein feines, hübsches Gesicht verwittert von den Strömungen und Gezeiten der vorübergehenden Jahre. War sein Gesicht nun auch von Runzeln zerfurcht, seine Augen leuchteten noch immer erfüllt von der Weisheit der Götter.

Er sprach mich freundlich und herzlich an und sein Gesicht strahlte wieder wie eine Leuchtbake auf und keine Dunkelheit war mehr da in dem Wasser des Flusses.

XIII

Schließlich gelangte ich an das Tor, das als Eingang in das Land der großen Götter dient. Und an diesem Tor drehte sich eine riesige Scheibe, die mich sofort an das Rad des Schicksals erinnerte. Es bestand selbst aus kosmischem Feuer und während es sich drehte, schossen gewaltige Flammenstöße aus seinem Rund. Und da begriff ich, dass auf eine solche Art vor unendlich vielen Äonen die Sterne, Planeten und Sternbilder entstanden waren.

Keine Hand schien das Rad anzutreiben und doch war es in mächtiger Bewegung. Acht goldene Speichen stützten den riesigen Reif und heilige Wächter thronten in seiner Umgebung.

In den vier Himmelsrichtungen sah ich den roten Löwen und den silbernen Adler, den gelbbraunen Stier und das Gesicht des ersten und letzten Menschen. Und während sich das Rad um seine Achse drehte, erkannte ich in einem der Wächter den alten Schakalgott, den die Ägypter Anubis nannten und den die alten Griechen als eine Inkarnation des Götterboten Hermes verehrten.

Unter dem Blick des Anubis wurden Länder und Völker geboren, um mit einer Drehung des Rades zur Blüte aufzusteigen und wieder unterzugehen und aus dem Gedächtnis zu verschwinden. Kontinente und Kulturen stiegen zu Berühmtheit auf und zerfielen darauf in Nichts. Ideen, die einst hoch geschätzt waren, verfielen in Missachtung oder gingen verloren. Aber ich erkannte, dass die Reise der Menschheit immer weiter ging, und bereits dies war mir eine Quelle großer Freude und Inspiration. Denn die alten Götter und Göttinnen wussten, dass mit dem Vergehen der Zeit alle lebenden Geschöpfe ihr Schicksal erfüllen und wieder nach Hause zurückkehren werden.

XIV

Nun war ich in eine mit Gras bewachsene Ebene gelangt, auf der wieder die Sonne schien und der Himmel in goldenem Gelb erstrahlte. In der Ferne konnte ich zwei Gestalten sehen – eine menschlich, die andere eine tierische – und als ich näher kam, konnte ich sie deutlich erkennen: Die eine war die tanzende junge Frau, der ich vor kurzem in Gestalt der Göttin der Gerechtigkeit wiederbegegnet war. Diesmal hatte ihr Haar wieder die Farbe von goldenem Korn und ihre Stirn umkränzte eine Girlande aus wunderschönen wilden Blumen. Zu meiner Verwunderung sah ich, dass sie von dem roten Löwen der Sonne begleitet wurde. Und nun legte ihm das Mädchen einen Kranz aus weißen Rosen um den Hals zum Zeichen, dass auch der Löwe zu einem Symbol des Friedens geworden war.

Und dann erklang ein Lied aus dem Rachen des Löwen, es schien mir das Lied aller wilden Tiere der ganzen Welt zu sein. Es sang von der Zeit, als der Mensch in den ersten Tagen seiner Herrschaft durch die Wildnis streifte, von seinen Versuchen, sich das Reich der Tiere durch Macht und List zu unterwerfen, und davon, wie der Mensch schließlich zum Herrn der Tiere wurde und daraufhin ungehemmte Kraft und Wildheit zum Zeichen seiner Existenz wurde.

Als die Frau dieses Lied vernommen hatte, flüsterte sie dem Löwen zärtlich etwas zu und streichelte ihn. Es wurde deutlich, dass nun ein anderer Tag angebrochen sei – und dass die Macht der Liebe stets die Macht der rohen Gewalt besiegen werde. Und dies war ihre Botschaft: dass man mit der weißen Rose des Friedens den roten Löwen des Feuers besiegen kann.

XV

Ich setzte meine Reise über die Grasebene fort und sah, dass sich der Himmel von goldenem Gelb in königliches Blau verwandelt hatte. Auch die Luft war schwer gesättigt von feinen Tröpfchen aus erlesenem Tau und diese schimmerten in der Luft wie ein Prunkgewand aus silbernem Kristall. Und obwohl es noch Tag war, trug alles um mich her nun den Mantel der Nacht.

Ich betrat eine Zone aus wallenden Nebeln und fragte mich, wer hier wohl als Hüter des Heiligtums lebte. Auf einmal drang ein goldenes Licht aus dem Innern der Nebelschwaden und bald wurde es so grell und blendend, dass ich meine Augen schützen musste.

Nun hallte eine mächtige Stimme durch den Nebel, es war die Stimme von jemandem, dessen Autorität durch nichts zu erschüttern war: »Ich bin der Wächter des Streitwagens«, sprach sie zu mir, »und ich werde dich nun zu den heiligen Stätten bringen. Auf dieser Fahrt werden dir große Geheimnisse offenbart werden, doch zuvor musst du beweisen, dass du würdig bist, in sie eingeweiht zu werden.«

Da ergriffen mich Ehrfurcht und Angst, denn ich erkannte, dass ich voll und ganz der Gnade eines mächtigen Kriegers ausgesetzt war. Und doch erkannte ich auch, dass ich mich in diesen Gefilden freimütig auf seine Stärke und die Richtung, die er einschlug, verlassen konnte, wenn mein spirituelles Ziel edel war – denn er war zugleich der Wächter des Himmels und ein Krieger des Geistes.

Ich sah, dass der Wagenlenker mit einer goldenen Rüstung gewappnet war und dass er eine orangefarbene Krone trug, die das Symbol einer Meereskrabbe zierte. Sein Haar funkelte wie blass schwelendes Feuer und reichte ihm bis auf die Schultern, die die Insignien des Mondes trugen. Um seine Hüften war ein Band geschlungen, das die Sagen von den Planeten und Sternen erzählte und von den Göttern und Göttinnen, die über sie herrschten.

Der Wagenlenker hielt goldene Zügel und diese endeten am Halfter von zwei Himmelspferden, von denen das eine schwarz, das andere weiß war. Mit diesen Himmelspferden konnte er in seinem kosmischen Wagen bis in die entlegensten Winkel des Weltalls fahren. Der Wagen selbst war mit einem Baldachin geschmückt, den silberne Sterne zierten und vier Säulen aus goldenem Kristall trugen. Und die Räder des Wagens glichen Zodiakkreisen, die durch den Nachthimmel wirbelten. Während wir in rasender Fahrt durch die Himmel fuhren, war mir, als sprössen in unserem Fahrwasser neue Welten und Lebensformen auf.

Und nun flogen wir zu dem Land der Alten – zu den Wächtern der Zeit an sich – zu denen, die die Geheimnisse kannten und die Mysterien beschützten.

XVI

Wir stießen durch den Nebel herab und landeten auf den grasigen Hängen eines riesigen Berges. Ich erkannte, dass ich schon einmal auf diesem Abhang gestanden hatte.

Als ich nun in das Tal hinunterblickte, konnte ich wieder jene Felswand sehen, die die alltägliche Welt von dem heiligen Bereich der Götter und Göttinnen trennt. Und ich erinnerte mich wieder, dass dies der Ort war, an dem ich das kleine Kind im Gras in der Sonne tanzen sah.

Nun waren hier zwei Erwachsene, aber sie hatten die gleiche Unschuld und Reinheit wie das Kind von damals. Und auch sie waren nackt in diesem zauberhaften, unbefleckten Paradies auf den Hängen des heiligen Berges.

Der junge Mann war kräftig und wohlgebaut und das Licht heiligen Wissens leuchtete aus seinem Gesicht. Hier auf diesem heiligen Grund war er der Hüter von zwölf ewigen Feuern, die wie leuchtende Kreise glühten – und dies waren die zwölf Häuser des Tierkreises.

Seine Gefährtin war der Inbegriff von Anmut und Schönheit, eine Jungfrau in voller Jugendblüte und Unschuld. Hinter ihr konnte ich den heiligen Baum des Wissens erkennen, der in den gold- und orangefarben leuchtenden Himmel ragte, und die sich windende Schlange der Weisheit hatte sich zweifach um den Baum geschlungen.

Die beiden waren die ewigen Liebenden, die ihre Zärtlichkeit und liebende Sorge auf himmlische und unschuldige Art vereint hatte. Ich erkannte, dass sie Eva war und er Adam Kadmon – der erste Mensch – und dass sie beide die Ziele und Hoffnungen der gesamten Menschheit repräsentierten.

Dann wurde über ihnen der Himmel aus der Mitte eines goldenen Strahlens heraus von einer engelhaften Präsenz erfüllt. Dies war ihr Beschützer, der Erzengel Gabriel. Und Gabriel sagte: »Diese Kinder befinden sich in meiner Obhut, denn sie feiern die Liebe und Weisheit des Geistes. Dieses Land muss auf ewig ein Ort der Zuflucht und der Reinheit bleiben, denn es ist den Heiligen geweiht.«

XVII

Nun gelangte ich vor den ersten der mächtigen Götter und Göttinnen, den großen Lehrer, zu allen Zeiten bekannt als der Hierophant, der Hüter der Mysterien. Er saß auf einem Thron, errichtet aus Erde und zwischen zwei Säulen stehend, die eine war die Weisheit, die andere die Schönheit. Und ich begriff, dass er sein Wissen nur mit denen teilte, die würdig waren, es zu empfangen.

Ich wagte es nicht, in sein Gesicht zu blicken, aber ich sah, dass seine Robe, die bis auf den Boden vor mir reichte, flammenrot wie geschmolzene Lava war und dass er auf seiner Brust ein Pentagramm zu Ehren der fünf Elemente trug – dessen mächtigstes der Geist ist. In seiner Linken trug er einen goldenen Stab und in seiner Rechten die heiligen Schlüssel, die die Mysterien der Sonne und des Mondes aufschließen.

Immer mehr Mut fassend, blickte ich nun auf und sah, dass sein Gesicht reines weißes Licht war und dass auf seinem edlen Haupt eine dreischichtige Krone saß. Und während ich vor ihm stand, begann er zu singen und ich erkannte, dass dies das heilige Lied der ersten Tage der Welt war. Es war das Lied, dessen Harmonien allem Lebendigen im Universum seine Gestalt gegeben hatten, und da begriff ich, dass der Hierophant der wahre Herr der Erde ist und dass in ihm alle Geheimnisse des manifest gewordenen göttlichen Wortes ruhen.

Nun deutete er auf das Pentagramm auf seiner Brust und ich sah wieder den Silberstern und die Gestalt des ersten Menschen. Doch dann bemerkte ich in der Mitte des Pentagramms mein eigenes Gesicht und da wurde mir klar, dass auch ich bereits in frühester Zeit einen Namen erhalten hatte und dass dieser Name der wahre Grund war, weshalb ich auf die Welt gekommen war. Aber ich hatte den Namen, den man mir gegeben hatte, vergessen und ich war an diesen Ort zurückgekommen, um das Wissen darüber zu erlangen, wer ich wirklich bin.

Während ich dort stand, streckte der Hierophant seinen goldenen Stab aus und legte ihn mir sanft auf den Kopf. Und nun hallte die Musik der Götter – eine Kaskade von schwungvollen, ätherischen Melodien – durch meine Seele und ich sah mich, wie ich in einem unablässigen Kreislauf des Werdens alle Alter, den Tod, die Geburt, das Leben durchreiste. Eine Flut menschlicher Bilder strömte vor meinen Augen vorüber und da begriff ich, dass sie die Spuren meines eigenen Seins, meiner eigenen Existenz waren, die der Herr über die Erde wieder in das Reich der Schatten zurückgerufen hatte, als ihre Zeit vorüber war. Und ich spürte plötzlich voller Dankbarkeit, dass mein eigenes Wesen – mein heiliges und ewiges Wesen – intakt war, denn meine Seele war ein Geschenk der Heiligen.

Dann sprach der Hierophant zu mir und erklärte, dass mein wahrer Name mein kostbarster Besitz sei und ich ihn immer behüten und im Gedächtnis bewahren sollte. Und dann reichte er mir ein silbernes Pentagramm, das nur mir und keinem anderen gehörte, und heftete es mir an die Brust. Als ich es betrachtete, da staunte ich über seinen silbrigen Glanz – das Licht des Lebens – und ich sah, dass in seinem Zentrum mein innerstes und kostbarstes Geheimnis, mein wahrer und heiliger Name geschrieben stand.

XVIII

Ich setzte meine Reise fort und gelangte nun zu einer Reihe wunderlicher und Ehrfurcht erweckender Berge, die von den Kräften der Zeit selbst aus Kristallfeuer gehauen schienen.

Ich wusste, dass diese Berge einen Herrscher haben mussten, und da erblickte ich ihn auch schon – einen Herrscher, so alt wie das Land selbst, einen Herrscher, noch älter als die ersten Tage der Welt.

Er saß mit passiver Würde und vornehmer Präsenz auf einem Thron, gehauen aus rotem Fels. Von seiner Krone funkelte rotes und goldenes Licht und ich sah, dass seine Rüstung mit den Symbolen der Sonne geprägt war.

Die Rüstung des Herrschers war ein Geschenk seines kriegerischen Bruders, des Herrn des Wagens, der mit sicherer Hand über die äußeren Regionen des Kosmos herrschte.

Aber der Herrscher selbst war ein Herr des Friedens und hier auf seinem Thron saß er in ungetrübtem Schweigen und wachte über sein Reich, das den Gezeiten des ewigen Wandels unterworfen war. Und auf diejenigen in seinem Reich, die sich von Zeit zu Zeit erhoben und auszogen auf der Suche nach einem höheren Sinn und Harmonie, sandte der Herrscher Strahlen von gleißendem Licht und diese Lichtpartikel fielen auf die Welt herab als ein Segen der Götter.

Und doch war der Herrscher selbst der Monarch eines reglosen und unfruchtbaren Landes, denn es gab keine Göttin in seinem Reich, die Wachstum und Fülle in diese bergigen Gefilde würde bringen können. Und es hieß, der Herrscher habe sich in allen Äonen der Vergangenheit danach gesehnt, dass die süße Göttin des Mondes ihren Blick auf seine Welt werfen und sie mit ihrer Berührung segnen möge.

Daher spürte ich eine fortwährende Traurigkeit, denn ich wusste, dass jener Herr der Mächtigen nach einer Königin suchte, die ihm die Wasser des Lebens in sein Reich brächte und sich mit ihm als Göttin des Mondes vereine. Und doch schien bestimmt zu sein, dass der König und die Königin einander jenseits dieser heiligen Berge vielleicht doch noch finden – dass sie zu anderer Zeit und an anderem Ort eines Tages noch vereint werden.

XIX

Ich setzte meinen Weg fort, ließ das Land der öden Berge hinter mir und gelangte in ein fruchtbares Tal. Hier dehnten sich endlose Felder voll reifem goldenem Weizen und Haine voll herrlichen und üppig wuchernden Bäumen. Längs meines Pfades war der Boden im Überfluss mit Wildblumen übersät, die sich an der Sonne erfreuten, und ich sah einen kristallklaren Fluss, der durch das Tal führte und die reiche dunkle Erde mit seinem reinen Wasser nährte. Als ich näher kam, bemerkte ich, dass ich in das heilige Reich der Herrscherin, der Königin des Lebens und des Lichts, gelangt war.

Sie saß am Ufer des Flusses auf einem Thron aus Blumen und ein schillernder grüner Umhang ergoss sich von ihren Schultern auf die fruchtbare, reich bewachsene Erde herab. Ihr goldenes Haar tanzte mit Strahlen von Sonnenlicht und zu ihren Füßen wuchsen süße Rosen. Ihr Kleid zierten sämtliche Farben der vier Jahreszeiten und der zeitlosen Zyklen der Natur. Ihr Fuß ruhte auf einer silbernen Mondsichel.

Als ich in ihr liebliches Gesicht blickte, erkannte ich wieder das zauberhafte Mädchen von meinem Tanz im Morgendämmer der Zeit. Aber da wandelte die Herrscherin ihre Gestalt und nun war sie die Mutter von uns beiden. Und als ich in ihre weisen und freundlich grüßenden Augen sah, da fühlte ich mich ganz deutlich als ein Teil von ihr – denn ich war tatsächlich von der gleichen Essenz wie sie – und da wusste ich, dass ich ehemals aus ihrem Schoß auf die Welt gekommen war.

Dann schien es, als würde die Herrscherin eins werden mit dem kristallenen Fluss und der kristallene Fluss würde eins werden mit dem Meer – und die Schaumkronen und Wellenkämme des Meeres schienen ein universaler Tanz zu sein von allem, das war oder jemals sein konnte. Auf jedem wirbelnden Bogen der Gischt tanzten tausend in Spiralen kreisende Universen. Und in jeder Meeresmuschel an jedem Meeresstrand waren die Lieder und Geschichten von den unendlichen Küsten der Zeit zu verehmen.

XX

Und doch gab es eine Zeit, als die Königin des Lebens und des Lichts selbst jung gewesen war, als sie selbst noch nicht ihren Platz als Herrscherin auf dem Blumenthron eingenommen hatte.

Nun gelangte ich zu dem Tempel ihrer jüngeren Tage. Hier diente sie als Hohepriesterin des Mondes und thronte zwischen den Zwillingssäulen von Nacht und Tag. Ich suchte sie in ihrer Schattenwelt des Dämmerlichts auf, einem Reich von silbernem Schimmer.

Ihre Haut war weiß wie Schnee, aber ihre Augen und ihr Mund waren hart wie polierter Stahl. Von ihren Schultern ergoss sich ein Mantel aus Wasser, blauschwarz wie die Tiefen des Ozeans, bis zu denen nicht einmal die Strahlen der Sonne gelangten. Aufgerollt auf ihrem Schoß lag die Schriftrolle des heiligen Gedächtnisses, das Buch der Taten, die von der Menschheit vergessen, von den Göttern und Göttinnen aber erinnert worden waren wie die Bilder in einem Spiegel. Und ich wusste, dass in ihrer Rolle mein wahrer Name verzeichnet stand, ein Name, der mir als mein kostbarster Besitz verliehen worden war. Aber während der Hierophant mich erkannt und mir meinen Namen übergeben hatte, schien die Hohepriesterin mich nicht zu bemerken, als ich ihren Hof betrat. Es war, als hätte sich ein Schleier aus Nebel zwischen uns gesenkt – ein Schleier, der sie entrückt und unfassbar erscheinen ließ.

Ich fühlte mich einsam und verlassen durch ihre Kälte, ich fühlte mich ausgeschlossen durch ihr reserviertes Verhalten. Und doch strahlte ihre Gegenwart eine Frische aus und ich spürte, dass ich mich hier auf heiligem Grund befand, denn ihr Tempel war dem Morgendämmer der

Welt an sich geweiht. Später wurde mir klar, dass sich diese Hohepriesterin des Mondes, obwohl der Sonnenkönig hervorgetreten war, um von den Bergen des Feuers aus zu herrschen, noch nicht aus dem Reich der heiligen Träume herausgewagt hatte. Sie wohnte immer noch im Innern des Tempels der Schatten und blieb verschleiert vom nebligen Zwielicht der ersten Morgendämmerung.

XXI

Jenseits dieses Nebelschleiers gelangte ich nun in das Reich des Magiers, des Meisters der Erde, des Wassers, des Feuers und der Luft. Er war eine edle und Ehrfurcht gebietende Gestalt, seine Augen strahlten vor Blitzen und jeder seiner Schritte war wie grollender Donner. Er hielt seinen rechten Arm in den Himmel erhoben, beschwor die mächtigen Kräfte der Lüfte herab und sandte Blitzschläge in die Tiefen der Unterwelt. Und doch war auch er wie die Hohepriesterin des Mondes ein Wächter, der jenseits des Schleiers der Form wohnte. In ihm war die göttliche Welt noch neu und hatte noch nicht ihre Stimme in der Sprache der Alten gefunden.

Dieser Herr der Magie besaß vier Symbole, die sein heiliger Code waren. Als er mir das Zeichen für Erde zeigte, sah ich alle Berge und Täler, die das Rückgrat des Universums werden sollten.

Als er mir das Zeichen für Wasser zeigte, sah ich aus einem unendlichen Meer einen Kosmos auftauchen. Alle Gedanken und Erinnerungen, die sich jemals in menschliche Träume mischen konnten, waren in diesen heiligen Wassern aufgezeichnet.

Als er mir das Zeichen für Feuer zeigte, sah ich die Flamme jenseits der Flamme, das Licht im Innern aller strahlenden Sonnen. Und dies war das Licht jenseits des Lichts, das Universen erleuchtete, von denen bisher selbst die Götter und Göttinnen noch nicht geträumt hatten.

Und als er mir das Zeichen für Luft zeigte, fühlte ich den süßen Atem des Lebens, der in alle Dinge in den sich entfaltenden Welten der Form eingehaucht und künftig der wachsamen Sorge der Alten anvertraut würde.

Dann sah ich, dass Erde, Wasser, Feuer und Luft, zu einem vereint, ein wundervolles heiliges Lied gebaren und dies war das Lied des Geistes, des Spiritus. Und während dieses Lied hineinströmte in alle Welten, da wurden alle Richtungen zu einer Richtung, da wurde alle Schönheit zu einer Schönheit. Und es gab weder Trennung noch Unterschied, sondern nur eine einzige gewaltige und wunderbare Harmonie.

Dann erklärte mir der Magier, dass Erde, Wasser, Feuer und Luft meine Lichtseele geboren und mir meinen wahren Namen gegeben hatten. Und so begab ich mich nun noch weiter auf meiner Suche, um herauszufinden, woher ich gekommen bin.

XXII

Ich weiß, dass ich nun den letzten Pfad meiner Reise zu den Alten erreicht habe. Ich blicke mich um und sehe, dass ich an den Rand einer mächtigen Klippe gelangt bin, jenseits eines unendlichen Ozeans – der Ozean der Möglichkeit, aus der alle Dinge entstehen.

Ich bin allein und doch bin ich in Frieden. Dies ist mein Zuhause, denn hier war ich schon einmal gewesen. Rings um mich her fühle ich große Wärme und Liebe. Ich fühle mich wieder jung und erneuert. Ich trage eine innere Jacke, so weiß wie Schnee, und meine äußeren Gewänder sind bestickt mit den Siegeln der Sonne. Auf meiner Schulter prangt ein Emblem des silbernen Monds und um meine Hüfte trage ich einen Gürtel, auf dem die Legenden des Tierkreises aufgezeichnet sind. Und in einem kleinen Ranzen, der an meinem Gürtel hängt, befinden sich alle Dinge, die mir gehören auf dieser Welt. Diese wenigen Besitztümer habe ich auf meiner Reise gesammelt und doch weiß ich noch nicht, wie viel sie wert sind. Es sind Erinnerungen, die ich gehortet habe wie Münzen und die ich stolz bei mir trage als Andenken an frühere Zeiten.

Jetzt nehme ich diese wenigen Dinge aus meinem Ranzen, um meinen Reichtum abzuschätzen. Aber die Sonne hat sie erfasst und fordert ihren Anteil – und in dem gleißenden Licht zerschmelzen meine Erinnerungen zu nichts. Und doch besitze ich nun einen neuen Schatz. Das Licht ist noch strahlender und während ich auf die Felsen am Rand der Klippe hinunterblicke, bemerke ich eine einsame rote Rose, die wie das tiefe Feuer in den Augen der alles sehenden Götter leuchtet. Ich halte inne, um sie zu pflücken, und stecke sie in meinen Ranzen.

Die ganze Zeit über spüre ich die Verlockung des unendlichen Ozeans jenseits der Form, der mich von allen Seiten umarmt, während ich am Rand des Felssimses stehe.

Sie ruft mich. Ich höre die süße Stimme der jungen Frau aus den goldenen Weizenfeldern, ihr Rufen erklingt aus den Lüften. Sie freut sich, dass ich schließlich zu ihr zurückgekehrt bin; sie ist glücklich, dass ich gekommen bin. Und doch kann ich ihr Gesicht nicht sehen und auch nur einen Hauch von ihrer tanzenden Gestalt erkennen.

Aber ich spüre, dass sie um mich ist, rings um mich her. In meinem Inneren spüre ich ihre Liebe. Ich höre ihre Stimme. Wir sind bereits vereint. Sie ist ich und ich bin sie.

Wir treiben jenseits des Berges hinaus in das unendliche Meer allen Seins. Und während ich zurückblicke, sehe ich eine andere Gestalt als Imitation von mir und gekleidet in den Farben von Sonne und Mond. Ein Narr sitzt auf dem Rand der Klippe – aber ich kann sein Gesicht nicht erkennen.

Und nun hat sich der Ranzen von seinem Gürtel gelöst und die rote Rose ist hinabgestürzt auf die Felsen. Ihre Blütenblätter sind in fröhlicher Unordnung durcheinander gestoben und tanzen sorglos durch die Luft.

Musik zur magischen Visualisation

Am Ende dieses Buches und unserer gemeinsamen Reise durch magische Traditionen möchte ich Ihnen noch ein paar Anregungen mit auf Ihren Weg geben. Sie betreffen die Musik, ein seelenvolles Medium, das Sie wunderbar zur Unterstützung Ihrer magischen Tätigkeiten nutzen können.

Als in den Achtzigerjahren in immer größerem Umfang elektronische Musik der Gattung *ambient music* oder »atmosphärische Musik« auf den Markt kam, begann ich nach Arten von Musik zu suchen, die sich als Hintergrund zur magischen Visualisation und Meditation eignen. Dabei zog mich das Genre der Hintergrundmusik besonders an, da sie sehr minimalistisch, sanft und unaufdringlich ist.

In meinem Buch »Music for inner Space« entwickelte ich die Idee, verschiedene Zusammenstellungen von atmosphärischer Musik den Elementen Erde, Wasser, Feuer, Luft und Geist zuzuordnen, da wir speziell deren Merkmale häufig in bestimmten Musikstilen wiederfinden. Außerdem glaubte ich, dass sich dies als nützliche Korrelation erweisen würde, da die fünf Elemente, wie wir in diesem Buch mehrfach festgestellt haben, in zahlreichen mystischen Systemen, darunter im Yoga, in der Alchemie und in der magischen Tradition des Westens, eine zentrale Rolle spielen. Ich war überzeugt, dass es hilfreich sein könnte, bestimmte Sequenzen aufgezeichneter atmosphärischer Musik – also Erd-Musik, Wasser-Musik, Feuer-Musik usw. – auszuwählen. Ich wollte dann eine Reihe auf diese Art zusammengestellter Tonbandkassetten für den persönlichen Gebrauch als musikalischen Hintergrund nutzen, vor allem für die Tarot-Pfadarbeit oder die Visualisation auf der Grundlage bestimmter Elemente (zum Beispiel der Tattvas). Dies, so glaubte ich und so erfuhr ich es seither auch intensiv, könnte die Wirkung der magischen Praktiken noch vertiefen.

Zum Wesen von Musik

Musik ist sehr nützlich zur Unterstützung von Meditation und kreativer Visualisation, da sie in der Lage ist, Gefühle und Assoziationen zu stimulieren. Manche Musikarten wirken beruhigend und entspannend, andere dagegen sind intensiv und dramatisch oder sie helfen dabei, den Verstand zu schärfen oder vor dem inneren Auge ganz konkrete Bilder entstehen zu lassen. Manche Musikarten flößen uns ein Gefühl von Harmonie und Ausgeglichenheit ein, während uns andere disharmonische Formen rast- und ruhelos, nervös oder unentschlossen machen. Manche Musikstücke kommen uns vielleicht trivial oder verrückt vor, während andere Kompositionen eine Wirkung auf uns haben, die ergreifend und inspirierend ist.

Beim Auswählen von Musik für die Visualisation oder Meditation ist es natürlich wichtig, dass der Meditierende die Musik vorher testet, um sicherzugehen, dass sie die Assoziationen in die erwünschte Richtung lenken, damit sie ähnlich wie eine Affirmation eine bestimmte Gedankenfokussierung oder -orientierung zu verstärken hilft. Wenn die Musik und die Visualisation einander entgegenwirken, erweist sich die betreffende Musik natürlich als weniger geeignet.

In der Praxis eignen sich Musikstücke, die für das Element Geist ausgewählt wurden, gewöhnlich als allgemeiner atmosphärischer Hintergrund zur Entspannung und Meditation. Ein typisches Merkmal einer solchen Musik ist, dass sie keine starken melodischen Inhalte hat, uns in einen Zustand erweiterten Bewusstseins versetzt und durchgehend sanft und besinnlich bleibt. Dies ist eine Musik, die uns auf unserer inneren Geistreise buchstäblich in höhere Sphären versetzt.

Eine Auswahl von Musik zur Meditation und Entspannung

Aeoliah und Larkin: *Inner Sanctum* (Celestial Octaves)
Aeoliah und Mike Rowland: »Twin Flames Rising« und »We are One Light« aus *The Reiki Effect* (Oreade)
Ash Ra: »Ocean of Tenderness« aus *New Age of Earth* (Virgin)

Harold Budd und Brian Eno: *The Pearl* (EG/Polygram)
Brian Eno: *Ambient One: Music for Airports* (EG/Polygram)
Harold Budd und Brian Eno: *Ambient Two: The Plateaux of Mirror* (EG/Polygram)
Harold Budd: *The Room* (Atlantic)
Deuter: *Garden of the Gods* (New Earth)
Deuter: »Green Mandala« und »White Bird, Blue Sky« aus *Suns Spirit* (New Earth)
Steven Halpern: *Eventide* (Halpern Music); *Zodiac Suite* (Halpern Music)
Nancy Hennings und Henry Wolff: *Tibetan Bells* und *Tibetan Bells II* (Celestial Harmonies)
Iasos: *Angelic Music* (Bluestar Communications)
Japetus: *The Radiant Self* (Listen Music), *Visions of Paradise* (Listen Music)
Gyorgy Ligeti: »Requiem« und »Lux Aeterna« aus *2001 – Space Odyssee* Soundtrack (MGM)
Ray Lynch: *The Sky of Mind* (Windham Mill)

Eine Auswahl von Musik zur magischen Visualisation

Musik für das Element Erde
Deuter: *Ecstasy* (Kuckuck)
Brian Eno: *Ambient Four: On Land* (EG/Polygram)
Steven Halpern: *Deja Blues* (Halpern Music)
Kitaro: *Oasis* (Kuckuck), »Harmony of the Forest« aus *Thinking of You* (Domo)

Musik für das Element Wasser
Harold Budd und Brian Eno: *Ambient Two: The Plateaux of Mirror* (EG/Polygram)
Brian Eno: *Thursday Afternoon* (EG/Polygram)
Larkin: *O'cean* (Wind Sung Sounds)
Pink Floyd: »Echoes« aus *Meddle* (Harvest/EMI)
Robert Fripp und Brian Eno: *Evening Star* (Island)
Edgar Froese: *Aqua* (Virgin)

Musik für das Element Feuer

Ash Ra: »Sun Rain« aus *New Age of Earth* (Virgin)
Philipp Glass: »The Grid« aus *Koyaanisqatsi* (Island)
Laraaji: *Ambient Three: Days of Radiance* (EG/Polygram)

Musik für das Element Luft

Brian Eno: »Under Stars« und »Weightless« aus *Apollo* (EG/Polygram)
Robert Fripp und Brian Eno: »Wind on Water« und »Wind on Wind« aus *Evening Star* (Island)
Paul Horn: *Inside the Great Pyramide* (Mushroom)

Zum Abschluss: Die Zukunft der Magie

Gestatten Sie mir am Ende dieses Buches einen kleinen Ausblick auf die Zukunft der Magie. Ich hoffe, ich konnte Ihnen eine Einführung in das magische Denken und eine ausführliche Anleitung zum magischen Handeln geben. Sicher haben Sie nun auch schon mehr oder weniger intensive eigene Erfahrungen mit der praktizierten Magie gemacht. Und vielleicht fragen auch Sie sich, wohin der magische Pfad den Einzelnen, aber auch uns Menschen an sich führen könnte.

Wohin wird uns unsere Erforschung der visionären Magie im Laufe des neuen Millenniums führen? Ich persönlich denke, dass sich in den kommenden Jahren immer mehr Menschen von den konventionellen Wegen religiösen Ausdrucks abwenden und stattdessen das in seinem Wesen unergründliche Mysterium der Natur und die wundervolle Welt um uns herum verehren werden. Die Magie ist sowohl lebensbestätigend als auch naturbestätigend. Sie ehrt die Zyklen der Jahreszeiten, sie ehrt die Götter und Göttinnen der Schöpfung und sie ehrt unsere heilige Verbindung mit dem Universum als Ganzem.

Immer mehr Menschen beginnen sich heute auf ihre eigenen intuitiven Antworten, auf ihr eigenes *inneres Wissen* zu verlassen, während sie ausziehen, um in ihrem Leben einen Sinn und ein spirituelles Ziel zu finden. Die Magie erfüllt die gesamte Natur und das gesamte Leben mit heiligem Potenzial. Wir alle werden durch die Erweiterung unseres persönlichen Horizonts verwandelt und die Magie hilft uns auf außerordentlich effiziente Weise, dies zu erreichen.

In früheren Zeiten verband man die Welt der Magie in erster Linie mit Aberglauben und Volksbrauchtum; die Magie selbst schien einer früheren Epoche anzugehören. Aber dies ist längst nicht mehr so. Ich bin sicher, dass die Magie ihren wiedergewonnenen Stellenwert auch in der Zukunft behaupten wird und dass das öffentliche Interesse an ihr im Laufe der Zeit sogar noch zunehmen wird.

Magie ist ein fortlaufender Prozess der spirituellen Selbstverwandlung. Die Magie zeigt uns, wie wir unser eigenes inneres Potenzial erforschen und die Früchte dieses Potenzials mit anderen teilen können. Sie fordert auf zu einem tiefen Respekt vor der Natur und ihren Prozessen und sie erfordert die volle Anerkennung des Paradoxons, dass, sosehr un-

sere moderne westliche Kultur auch von der Informationstechnologie beherrscht sein mag, unsere Existenz auf dieser Erde an sich noch immer ein unergründlich tiefes Geheimnis für uns ist.
Wenn wir während unserer Zeit hier auf Erden ein positives und sinnvolles Leben führen können, wenn wir dazu beitragen können, unsere vertrauten Wirklichkeiten in heilige Wirklichkeiten zu verwandeln, und wenn wir unser visionäres Potenzial dazu nutzen können, um unser eigenes Leben und das der Menschen unserer Umgebung fruchtbarer, ertragreicher und gutartiger zu machen, dann werden wir mit Sicherheit dazu beitragen, unsere Welt zu einem besseren Lebensort zu machen. Diese Prinzipien regelmäßig in die Praxis umzusetzen bedeutet, die Kraft der Magie auf beste Weise zu nutzen.

Literatur

I. Spezielle Werke zur praktischen Magie

ASHCROFT-NOWICKI, D.: *First Steps in Ritual.* Wellingborough 1982.

ASHCROFT-NOWICKI, D.: *The Shining Paths. An Experiential Journey through the Tree of Life.* Wellingborough 1983.

ASHCROFT-NOWICKI, D.: *Highways of the Mind. The Art and History of Pathworking.* Wellingborough 1987.

BARDON, Franz: *Die Praxis der magischen Evokation.* Anleitung zur Anrufung von Wesen uns umgebender Sphären. Freiburg i.Br. 1956.

BOWES, S.: *Woman's Magic.* London 1999.

BROOKE, E.: *A Woman's Book of Shadows.* London 1993.

BUDAPEST, Zsuzsanna: *The Holy Book of Women's Mysteries.* Oakland, Kalifornien 1989.

BUTLER, W.E.: *The Magician. His Training and Work.* London 1959.

DE AGELES, L.: *Witchcraft. Theory and Practice.* St. Paul, Minnesota 2001.

EASON, C.: *A Complete Guide to Magic and Ritual.* London 1999.

FARRAR, Janet u. Stewart: *Acht Sabbate für Hexen und Riten für Geburt, Heirat und Tod.* Übersetzt v. Thomas Wolf. Soltendieck ca. 1996.

FARRAR, Janet u. Stewart: *The Witches' Way.* London 1984.

FARRAR, Janet u. Stewart: *The Witches' Bible.* New York 1985.

FARRAR, Janet u. Stewart: *The Witches' Goddess.* London 1987.

FARRAR, Stewart: *What Witches* Do. Phoenix, Washington 1983.

FORTUNE, Dion: *The Mystical Qabalah.* London 1957.

GRAY, D.: *How to be a Real Witch.* Sydney 2001.

HORNE, E.: *Witch.* Sydney 1998.

HOWARD, M.: *Way of the Magus.* Berkshire 1996.

KING, Francis, u. Stephen SKINNER: *Techniques of High Magic. A Manual of Self Initiation.* London 1977.

KNIGHT, Gareth: *A Practical Guide to Qabalistic Symbolism.* 2 Bde. Cheltenham 1965.

MUMFORD, J.: *Ecstasy Through Tantra.* St. Paul, Minnesota 1988.

STARHAWK: *Der Hexenkult als Ur-Religion der Großen Göttin. Magische Übungen, Rituale und Anrufungen.* Übersetzt v. Ulla Schuler. München 1992.

WARREN-CLARKE, L.: *The Way of the Goddess.* Dorset 1987.

WILLIAMS, B.: *Ecstatic Ritual.* Dorset 1990.

II. Allgemeine Werke über Magie, Mythologie und mystische Traditionen

ABRAHAM, L.: *A Dictionary of Alchemical Imagery.* Cambridge 1998.

ADLER, Margot: *Drawing Down the Moon.* Boston 1988.

ALVARADO, L.: *Psychology, Astrology and Western Magic. Image and Myth in Self-Discovery.* St. Paul, Minnesota 1991.

ANKARLOO, Bengt, u. Stuart CLARK (Hrsg.): *Witchcraft and Magic in Europe. The Twentieth Century.* London 1999.

BERTHELOT, Marcellin: *La Chimie au Moyen Age*, Bd. 2. Paris 1893.

BOLEN, Jean S.: *Goddesses in Everywoman.* New York 1985.

BOLEN, Jean S.: *Gods in Everyman.* New York 1989.

BURCKHARDT, Titus: *Alchemie. Sinn und Weltbild.* Andechs 2. Aufl. 1992.

CAMPBELL, Joseph: *Der Heros in tausend Gestalten.* Übers. v. Karl Koehne. Frankfurt a. M. 1953. (Erstausgabe: *The Hero with a Thousand Faces.* New York 1949).

CAMPBELL, Joseph : *Lebendiger Mythos.* Übers. v. Hans-Ulrich Möhring. München 1992. (Erstausgabe: *Myths to Live By.* New York 1972).

CAMPBELL, Joseph : *The Inner Reaches of Outer Space. Metaphor as Myth and as Religion.* New York 1988.

CASE, P. F.: *The Tarot.* New York 1947.

CASTANEDA, Carlos: *The Teachings of Don Juan.* Berkeley, California 1968.

CASTANEDA, Carlos: *Eine andere Wirklichkeit.* Übers. v. Nils Lindquist. Frankfurt a. M. 1972.

CASTANEDA, Carlos: *Reise nach Ixtlan. Die Lehre des Don Juan.* Übers. v. Nils Lindquist. Frankfurt a. M. 1974.

CASTANEDA, Carlos: *Tales of Power.* New York 1974.

CASTANEDA, Carlos: *Der Ring der Kraft.* Übers. v. Nils Lindquist. Frankfurt a. M. 1976.

CASTANEDA, Carlos: *Die Kunst des Träumens.* Übers. v. Thomas Lindquist. Frankfurt a. M. 1976

CAVENDISH, Richard: *The Tarot.* London 1975.

CHAUDHURI, Haridas: »Yoga Psychology«. In: C. TART (Hrsg.): *Transpersonal Psycholgies.* New York 1975.

CROWLEY, Aleister: *Magick in Theory and Practice.* New York o.J. (privat veröff. Paris 1929, diverse Neuausgaben).

CROWLEY, Aleister: *Book Four.* Dallas 1972 (Erstausgabe: 1913).

CROWLEY, Vivian: *A Womans Kabbalah. Kabbalah for the 21st Century.* London 2000.

CROWLEY, Vivian: *Wicca. The Old Religion in the New Millennium.* London 1996.

CROWTHER, Patricia: *Lid off the Cauldron.* London 1981.

DRURY, Nevill: *Vision Quest.* Dorset 1984.

DRURY, Nevill: *Music for Inner Space.* Dorset 1985.

DRURY, Nevill: *The Occult Experience.* London 1987.

DRURY, Nevill: *The Elements of Shamanism.* Dorset 1989.

DRURY, Nevill: *Exploring the Labyrinth. Making Sense of the New Spirituality.* New York 1999.

DRURY, Nevill: *Magie. Vom Schamanismus und Hexenkult bis zu den Technoheiden.* Übers. v. Wieland Grommes. Aarau, München 2003.

DRURY, Nevill: *Lexikon des esoterischen Wissens.* Übers. v. Erika Ifang. München 1988.
DYER, W.: *Real Magic.* New York 1992.
DYER, W.: *Your Sacred Self.* New York 1995.
EDINGER, E.: *Ego and Archetype.* London 1973.
ELIADE, Mircea: *Schamanismus und archaische Ekstasetechnik.* Übers. v. Inge Köck. Frankfurt a. M. 1975.
FEINSTEIN, D., u. S. KRIPPNER: *Personal Mythology.* Los Angeles 1988.
FISDEL, Stephen A.: *The Practice of Kabbalah.* Northvale, New Jersey 1996.
GETTINGS, Fred: *The Book of Tarot.* London 1973.
GETTY, A.: *A Sense of the Sacred.* Dallas 1997.
GRAY, E.: *A Complete Guide to the Tarot.* New York 1973.
GRAY, W.G.: *Inner Traditions of Magic.* Weiser, Maine1984.
GREEN, M.: *The Elements of Natural Magic.* Dorset 1989.
GREER, Mary K.: *Women of the Golden Dawn.* Rochester, Vermont 1995.
GROF, Stanislav (Hrsg.): *Ancient Wisdom and Modern Science.* Albany 1984.
HALIFAX, Joan (Hrsg.): *Die andere Wirklichkeit der Schamanen. Erfahrungsberichte von Magiern, Medizinmännern und Visionären.* München 1985.
HALIFAX, Joan (Hrsg.): *Schamanen. Zauberer, Medizinmänner und Heiler.* Übers. v. Ursula Richter. Frankfurt a. M. 1983.
HARNER, Michael: *Der Weg des Schamanen.* Interlaaken 1982, Neuausgabe München 1999.
HARNER, Michael: *The Jivaro.* Berkeley, Kalifornien 1984.
HARVEY, Graham: *Listening People, Speaking Earth.* London 1997.
HOFFMAN, E., *The Heavenly Ladder. Kabbalistic Techniques for Inner Growth.* Dorset 1996.
HOUSTON, Jean: *The Search for the Beloved. Journeys in Sacred Psychology.* Wellingborough 1990.
HOUSTON, Jean: *The Hero and the Goddess.* New York 1992.
HOUSTON, Jean: *Begeisterung für das Mögliche.* München 2002.
HOWE, Ellic: *The Magicians of the Golden Dawn.* London 1972.
HUTTON, R., *The Triumph of the Moon. A History of Modern Pagan Witchcraft.* Oxford 1999.
JAMAL, M.: *Shape Shifters.* New York, London 1987.
JONES, Prudence, u. Caitlín MATTHEWS (Hrsg.): *Voices from the Circle.* London 1990.
Jordan, M.: *Witches. An Encyclopedia of Paganism and Magic.* London 1996.
JUNG, Carl Gustav: *Symbole der Wandlung.* Gesammelte Werke, Bd. 5. Olten, Freiburg i. Br. 1995.
JUNG, Carl Gustav u.a.: *Der Mensch und seine Symbole.* Übers. v. Klaus Thiele-Dormann. Olten, Freiburg i.Br. 9. Aufl. 1986.
KALWEIT, Holger: *Traumzeit und innerer Raum.* München 1990.
KAPLAN, A.: *Meditation and Kabbalah.* New York 1982.
KELLY, Aidan: *Crafting the Art of Magic.* St. Paul, Minnesota 1991.
KING, Francis (Hrsg.): *Astral Projection, Magic and Alchemy.* London 1971.
KING, Francis: *Tantra. The Way of Action. A practical Guide to its Teachings and Techniques* [= *Tantra for Westerners*]. Rochester, Vermont 1990.

KING, Francis: *Tantra als Selbsterfahrung. Einführung in den indischen Weg zum Wachstum der Persönlichkeit.* München 1987.
KNASTER, M.: »The Goddesses in Jean Shinoda Bolen«. In: *East West.* März 1989.
Levi, E.: *The Key of the Mysteries.* London 1959.
LEWIS, James R. (Hrsg.): *Magical Religion and Modern Witchcraft.* Albany 1996.
LILLY, John: *Simulationen von Gott. Spielräume des menschlichen Bewusstseins.* Basel 1986.
LUHRMANN, T.M.: *Persuasions of the Witches' Craft.* Cambridge, Massachusetts 1989.
MATT, D.C.: *The Essential Kabbalah.* New York 1995.
MATTHEWS, Caitlín u. John: *Der westliche Weg.* Übers. v. Malwine Blunck. 2 Bde. Reinbek Sonderausg. 1999.
McKENNA, T.: *The Archaic Revival.* San Francisco 1991.
METZNER, Ralph: *The Unfolding Self. Varieties of Transformative Experience.* Novato, Kalifornien 1998.
MOORE, R., u. D. GILLETTE: *King, Warrior, Magician, Lover.* San Francisco 1990.
NEIHARDT, John G.: *Black Elk Speaks.* New York 1972. (Deutsch: *Ich rufe mein Volk. Leben, Traum und Untergang der Ogalalla-Sioux.* Übers. v. Siegfried Lang. München 1962.)
O'HARA, G.: *Pagan Ways.* St. Paul, Minnesota 1997.
PEARSON, C.S.: *The Hero Within.* San Francisco 1989.
PEARSON, C.S.: *Awakening the Heroes Within.* San Francisco 1991.
RADHA, S.S.: *Kundalini Yoga for the West.* Boulder, Colorado 1981.
REDGROVE, H. Stanley: *Alchemy. Ancient and Modern.* London 1922.
REGARDIE, Israel (Hrsg.), *The Tree of Life. A Study in Magic.* London 1932.
REGARDIE, Israel (Hrsg.): *The Golden Dawn.* 4 Bde. Chicago 1937–1940.
REGARDIE, Israel (Hrsg.): *The Middle Pillar.* Chicago 1945.
REGARDIE, Israel (Hrsg.): *The Philosopher's Stone.* St. Paul, Minnesota, 1970.
RICHARDSON, A.: *Priestess. The Life and Magic of Dion Fortune.* Wellingborough 1987.
RICHARDSON, A.: *Die jüdische Mystik in ihren Hauptströmungen.* Frankfurt a. M. 1957.
RICHARDSON, A.: *Origins of the Kabbalah.* New Jersey 1990.
RICHARDSON, A.: *On the Mystical Shape of the Godhead.* New York 1997.
RICHARDSON, A.: *Zur Kabbala und ihrer Symbolik.* Frankfurt a.M. 1973.
SHUMAKER, Wayne: *The Occult Sciences in the Renaissance.* Berkeley, Kalifornien *1979.*
SKELTON, Robin: *Spellcraft.* London 1978.
STOCKTON, E.: *The Aboriginal Gift.* Sydney 1995.
TART, C. (Hrsg.): *Transpersonal Psychologies.* New York 1975.
VALIENTE, Doreen: *An ABC of Witchcraft. Past and Present.* London 1973.
VALIENTE, Doreen: *Witchcraft for Tomorrow.* London 1978.
WAITE, Arthur Edward: *The Holy Kabbalah.* New York 1960.
WAITE, Arthur Edward: *The Pictorial Key to the Tarot.* New York 1973.
ZOHAR, Danah: *The Quantum Self.* London 1991.

Sachwort- und Namenregister

Nevill Drury
Magie
Vom Schamanismus und Hexenkult
bis zu den Technoheiden

240 Seiten, mit über 200 farbigen und schwarzweißen Abbildungen, Hardcover mit Schutzumschlag
ISBN 3-85502-930-X

Fast jeden Tag stößt man auf das Wort »Magie« oder etwas, das man für magisch hält. Doch was ist Magie eigentlich – gibt es so etwas wirklich oder ist es nur eine Einbildung oder eine Art, etwas zu umschreiben, das man sich vernünftig nicht erklären kann?

Dieses Buch klärt darüber auf, was Magie ist – welche Rolle sie in der Geschichte gespielt hat und was sie heute noch für die Völker dieser Welt bedeutet. Es zeigt, wie die Menschen sich erklärt haben, was magische Zusammenhänge sind, welche Kräfte dahinter stecken und wie man sie als Magier, Schamane oder Hexe für die eigenen Zwecke einsetzen kann.

Einleuchtend und klar wird die Geschichte und das Wesen der Magie in allen Facetten dargestellt: von Animismus, Geisterglaube und Schamanismus über die Aspekte der monotheistischen Weltreligionen wie Gnosis und Kabbala bis hin zur modernen Ritualmagie, den Konzepten des Neuheidentums oder der Göttinnen- und Wicca-Kulte.

AT Verlag

Wolfgang Bauer / Clemens Zerling
Das Lexikon der Orakel
Der Blick in die Zukunft

312 Seiten, mit 135 Abbildungen,
Hardcover mit Schutzumschlag
ISBN 3-86533-006-1

Lässt sich die Zukunft abfragen? Können wir ein verhängnisvolles Schicksal abwenden, Sternstunden herbeiführen, das Glück an uns binden? – Die Suche nach der Zukunft ist für die meisten Menschen eine ernste Angelegenheit und bleibt immerwährend aktuell, vor allem in Zeiten der Unsicherheit und des Umbruchs. Mit diesem Buch wird allen Suchern Information, Sicherheit und Klarheit über das Thema ‚Wahrsagung' vermittelt.

Das Lexikon führt zu den bekanntesten Orakelstätten der Alten Welt, stellt die klassischen Propheten wie auch die modernen Wahrsager vor. Es bringt Unterhaltsames, Vergnügliches und Skurriles aus der Welt der Vorzeichen und Wahrsagungen. Vor allem findet der Leser hier die gängigsten Orakelverfahren und erhält zugleich die Anleitung, wie sie in der Praxis zu verwenden sind.

Aus dem Inhalt:
Astrologie, Auguren, Bleigießen, I Ging, Kartenlegen, Magischer Spiegel, Münzorakel, Nostradamus, Nummerologie, Orakel von Delphi, Propheten, Runen, Tarot, Teeblätter- und Kaffeesatzorakel, Wünschelrute

Atmosphären Verlag

Annekatrin Puhle
Das Lexikon der Geister
Über 1000 Begriffe aus Mythologie, Volksweisheit, Religion und Wissenschaft

383 Seiten, 41 farbige und 114 schwarzweiße Abbildungen, Hardcover mit Schutzumschlag
ISBN 3-86533-011-8

Die weite Welt der Geistererscheinungen. Geister können jedem von uns begegnen, zu allen Tages- und Nachtzeiten, sie erscheinen in allen Ländern und seit ältesten Zeiten – sie sind international, interkulturell, zeitlos, allgemein.

»Das Lexikon der Geister« bringt uns die Welt der Geister näher und macht uns mit den unzähligen Varianten und Nuancen geisterhafter Erscheinungen und Wesen bekannt, die seit der Antike in der Kulturgeschichte eingefangen und erhalten sind. Es enthät den neuesten Stand der Geisterforschung und gibt Antwort auf die Fragen: Was sind Geister? Wie kann man Angst vor Geistern überwinden? Wie können Geister für uns eine Lebenshilfe sein?

Aus dem Inhalt:
Ahnen, Astralreise, Beschwörung von Geistern, Elementargeister, Elfen, Engel, Erlkönig, Feen, Geister von Verstorbenen, Gespenster, Halloween, Irrlicht, Kobold, Nachtmahr, Nahtoderfahrung, Nixen, Oberon, Poltergeister, Psi, Rübezahl, Schutzengel, Sirenen, Spukschloß, Tattermanndl, Trolle, Weiße Frau, Wichtel, Wiedergänger, Zauberkraut, Zwergenkönige

Atmosphären Verlag